유사역사학 비판

『환단고기』와 일그러진 고대사

유사역사학 비판 — 『환단고기』와 일그러진 고대사

초판 3쇄 발행 2021년 1월 11일
초판 1쇄 발행 2018년 11월 30일

지은이 이문영
펴낸이 정순구
책임편집 정윤경
기획편집 조수정 조원식
마케팅 황주영

출력 블루엔
용지 한서지업사
인쇄 영신사
제본 영신사

펴낸곳 (주) 역사비평사
등록 제300-2007-139호 (2007.9.20)
주소 10497 : 경기도 고양시 덕양구 화중로 100(비전타워21) 506호
전화 02-741-6123~5
팩스 02-741-6126
홈페이지 www.yukbi.com
이메일 yukbi88@naver.com

이 도서는 2018년 경기도 우수 출판콘텐츠 제작지원 사업 선정작입니다.

유사역사학 비판

『환단고기』와 일그러진 고대사

이문영 지음

類似
歷史學
批判

역사비평사

나는 왜 유사역사학을 비판하는가?

회고 — 싸움꾼이 된 소설가

어쩌다 만나는 사람들이 내게 흔히 하는 질문이 있다. 왜 수십 년째 유사역사학 비판을 하고 있느냐는 것이다. 짧게 답할 수도 있지만 길게 이야기할 수도 있다. 마침 지면이 생겼으니 길게 풀어보도록 하겠다. 그 시작은 1990년대로 올라간다.

1990년대 초반, 나는 편집기획회사를 운영하면서 소설과 게임 시나리오 등을 작성하는, 역사학과 아무 관련 없는 삶을 살고 있었다. 인터넷은 존재하지 않았고, 'PC통신'이라는 새로운 문명의 맹아가 막 발생하던 시절이었다. 나는 하이텔에 둥지를 틀었다.(정확히 말하면 하이텔은 그때 '케텔'이라는 이름이었다) 그러던 어느 날 하이텔에 한국사동호회(약칭 '한사동')라는 모임이 있다는 것을 알게 되었다. 사학과를 졸업했고 역사 공부를 좋아했던 나는 선뜻 '한사동'에 가입했다. 대략 1993년경의 일이다.

뜻밖에도 한사동에서 만난 것은 당시 아직 '재야사학'이라 불리던 — 물론 지금도 언론 등에서는 여전히 재야사학 혹은 민족사학으로 불린다— 엉터리 역사책을 선전하는 글들이었다. 바로 그 유명한 『환단고기』 말이다.

『환단고기』를 한사동에서 처음 본 것은 아니었다. 내가 『환단고기』와 처음 만난 때는 1986년이었다. 일반적으로 널리 알려진 판본은 임승국 번역의 『한단고기』(정신세계사)인데, 같은 날인 5월 10일에 이민수가 옮긴 『환단고기』(한뿌리)도 나왔었다. 이때 한뿌리출판사는 『규원사화』와 『단기고사』와 같은 위서(僞書)도 함께 펴냈다.

당시 대학교 2학년이던 나는 큰 호기심을 가지고 얼른 이 책들을 구해 읽었지만 엄청난 실망감만 느꼈다. 누가 봐도 거짓말일 수밖에 없는 내용이었기 때문이다. 그런데 '한국사동호회'라는 이름을 내건 역사 애호가 모임에서 이 엉터리 역사책들이 소중한 역사 기록인 양 떠받들어지는 것을 보고 있자니 어이가 없어도 이만저만 없는 것이 아니었다.

나는 '그 책들은 엉터리다, 역사책이라 볼 수 없다'는 내용의 글을 올렸다. 곧바로 격렬한 반론에 부딪쳤다. 우리 고대사는 식민사학자들에 의해 왜곡되었고, 우리가 아는 역사는 다 거짓말이며, 진실은 오로지 『환단고기』에 있다는 반박을 들었다. 모욕적인 인신공격은 덤이었다.

사람들이 그 책의 주장을 액면 그대로 믿는다는 점에 나는 큰 충격을 받았다. 책도 당연히 거짓말을 한다. 책에 적혀 있다고 해서 반드시 진실이라는 보장은 없다. 더구나 똑같은 '책'인데도 역사학자가 쓴 책은 믿지 않고 사이비들이 쓴 것만 믿는다. 왜 이런 일이 생길까? 사람들은 책에 쓰여 진 것을 믿는 게 아니라 자신이 믿고 싶은 책을 읽을 뿐임을 그때는 잘 몰랐다.

이미 역사학계는 『환단고기』를 검토한 바 있고, 그에 따라 『환단고기』가 왜 위서인지 논리적으로 밝힌 논문들도 발표되었다. 일반인을 위해 비교적

평이한 문체로 쓴 『한국사 시민강좌』 시리즈도 이 책을 다뤘다. 나는 『환단고기』가 위서임을 증명한 경희대 조인성 교수의 논문을 요약하여 '한사동'에 올렸다. 글을 올리면서 '이처럼 명백한 논증을 보고나면 딴소리는 못하겠지' 생각했다. 오판이었다.

『환단고기』를 옹호하는 이들은 이른바 '재야사학자'가 쓴 책들을 들고 와서 조인성 교수의 논증에 저항했다. 일반인들에게는 전문가의 주장이나 사이비의 주장이나 그저 똑같은 '주장'일 뿐이었고, 전문가의 논문이나 사이비의 책이나 그저 똑같은 '활자'에 불과했다.

『환단고기』의 마력에 깊이 빠진 이들은 그 책에는 지극히 관대하면서 역사학에 대해서는 엄격 그 자체인 이중 잣대를 가지고 있다. 이중 잣대를 가능하게 한 힘은 '애국심'이었다. 민족주의로 똘똘 뭉친 애국심이 그들의 유일한 판단 기준이었다. 그 잣대에서 벗어난 주장은 먹혀들지 않았다. 그들은 전문가의 권위를 전혀 인정하지 않았다. 전문가들 역시 '오염'되었다고 생각했기 때문이다. 물론 그 생각 역시 '재야사학자'들이 불어넣어주었다.

나는 이 '재야사학자'들을 '유사역사가'라고 부른다. 역사가처럼 보이지만(유사하지만) 역사가가 아닌 사람들이다. '사이비'라는 말은 '그런 것 같지만 아닌 것'이라는 뜻이다. 유사와 사이비는 같은 뜻이다.

뜻밖에 역사학자들 중에도 이렇게 되묻는 이들이 있다. '유사역사학'이라는 용어는 과격하지 않은가? 유사역사학이 있다면 '진짜 역사학'도 있다는 뜻이냐? 그런 물음을 던지는 이유는 유사역사학의 주장을 여전히 학문의 일종으로 보기 때문이다. 완전히 잘못된 질문이다. 이는 눈사람을 보고 '눈사람에도 사람이라는 말이 붙어 있으니 사람 아니냐'고 묻는 것과 마찬가지다. '유사역사학'에 '역사'와 '학'이라는 글자가 들어 있다고 해서 그것이 역사학의 일종은 아니다. 유사역사학이 있고 없고는 역사학과 아무런 관련도 없다. 눈사람이 있고 없고가 사람이라는 존재와 아무 관련이 없는 것과 같다. 그러나 전문가들도 이렇게 말할 정도니 일반인들이 '유사역사학'이 뭐냐고 물어보는 것도 당연한 일일지 모른다.

이 문제는 조금만 시야를 넓히면 간단한 문제임을 알 수 있다. '유사과학' 이야기를 한다고 해서 '진짜 과학'은 어디 있느냐고 묻지 않는다. '유사품에 주의하세요'라고 말하면 당연히 가짜를 주의하라는 의미다.

역사학은 과거를 해석하여 재구성하는 학문이다. 절대적이고 완전무결한 재구성이란 불가능하기 때문에 역사학자들은 다른 해석을 존중하는 자세를 가지게끔 훈련받았다. 나의 해석만 옳고 다른 해석은 다 틀렸다고 이야기하지 않는다. 그에 따라 오늘 이 순간에도 학계에서는 수많은 논쟁이 오가고 있는 것이다. 역사학자들은 유사역사학의 터무니없는 주장마저도 역사학적으로 받아들여보자는 '순진한' 생각을 하는 경우가 많다. 그러나 이는 인형을 보고 진맥을 하려는 것과 마찬가지 행위이다.

'유사' 대신 '사이비'를 쓰면 더 명확해진다. '사이비 기자'를 고발한다고 '진짜 기자'는 어떤 기자인지 묻지 않는다. '사이비 종교'가 있다면 '진짜 종교'는 따로 있냐고 묻지도 않는다. 유사역사학이란 '가짜'를 말하는 것이다. 역사학과 비슷해 보이지만 엉터리 가짜이다. 여기서 다시 질문을 던질 수도 있을 것이다. 그럼 둘을 나누는 차이는 대체 무엇이냐고. 그것은 학문을 하는 방법에 달려 있다. 역사학이 쓰는 방법을 사용하지 않으면서 역사학인 척하는 것이 유사역사학이다.

『환단고기』라는 책이 역사책이라고 주장한다면 역사학의 검증 틀을 통과해야 한다. 하지만 유사역사가들은 그런 검증 틀을 제대로 작동시키지 않는다. 그들은 스스로 그 책이 과거에 쓰여졌다고 주장하는 것을 그대로 받아들인다. 논리적 빈틈은 '애국애족'이라는 무기로 메워버린다. 객관성을 없애고 주관에 호소하며 역사학으로 둔갑시킨다.

유사역사가들은 『환단고기』로 그럴싸하게 포장하여 일반인들을 매혹시켰다. 그 환각에서 사람들을 건져내기란 참으로 힘든 일이며, 시간이 필요하다. 사람은 원래 자기 잘못을 잘 인정하지 않는다. 충분히 오랫동안 숙고한 뒤에야 자신의 선입견을 변경할 수 있다. 그런 이유로 나는 『환단고기』라는 늪에 빠진 사람을 건져내는 일보다 그 늪에 사람들이 더 이상 발을 들이지 않게 하는 일이 훨씬 중요하다고 생각했다.

1990년대 초, 내가 『환단고기』를 비롯한 일련의 위서들, 그리고 그 위서에 기반한 유사역사가들의 책들을 하나씩 섭렵하고 학습의 결과를 '한사동'에 올린 것은 그런 이유였다. 글이 올라갈 때마다 악플이 달렸고, 나는 그 댓글들 하나하나에 반박했다. 엄연히 생업이 있는 사회인으로서 지식에도 한계가 있었던 나로서는 매우 힘든 일이었다. 엉터리 주장은 쉽게 생겨나지만 거기에 반박하기 위해서는 수많은 책을 뒤져야 한다. 그 덕분에 내 서가에는 관련 책들이 하나둘 늘어가기 시작했다. 그러다 갑자기 IMF가 터졌고, 하이텔이 사라졌다. 나도 일상으로 돌아왔다. 유사역사학 문제는 다시 만날 일이 없으리라 생각했다. 결론부터 말하자면 착각이었다.

2004년에 나는 이글루스에 블로그를 하나 만들어 하이텔 시절에 썼던 유사역사학 비판 글들을 하나씩 올려놓았다. 자료 보관의 차원이었을 뿐, 딱히 누군가에게 보여주려 한 목적은 아니었다. 그런데 사람들이 조금씩 방문하기 시작했다. 하이텔의 '초록불'이 맞냐고 내 닉네임을 기억하고 물어오는 이들도 있었다. 물론 당연히 악플도 달리기 시작했다. 10년이 지나는 동안 유사역사학의 주장은 더욱 과감해졌고, 기존에 내가 썼던 글들은 시대의 성과를 반영하지 못한 부분들이 있었다. 악플에 상대하려니 공부가 좀 더 필요했다. 자료들도 더 많이 봐야 했다.

유사역사가들은 출전을 제대로 달지 않았으므로 — 이들은 역사학 방법론을 공부한 적이 거의 없기 때문에 자기주장의 근거를 제시하는 법을 아예 모르는 경우가 많다 — 나는 분명하게 반론하기 위해 그들이 내세우는 주장의 근거부터 찾아내야 했다. 오독에 오독이 겹치면서 얼토당토않은 이야기로 변질된 것들이 대부분이었다. 그 결과 내 블로그에는 유사역사학 관련 글들이 자꾸만 쌓여갔다. 그리고 다른 사람들의 근거로 활용되면서 블로그 자체도 꽤 유명해지기 시작했다. 이 방면에 한해서는 말이다.

나는 소설가이고 편집자다. 세상에 강력하게 자리 잡고 있는 유사역사학 신봉자들과 다투는 것이 내 본업에 유리할 리 없었고, 사실은 나쁜 점이 더 많았다. 창작에 쏟아야 할 시간을 앗아갈 뿐 아니라 내 이름이 실린 기사에 악플이나 달리게 만드는 일이었으니까.

그럼에도 불구하고 2007년에 나는 유사역사학에 대한 책을 한 권 쓸 결심을 했다. 유사역사학 시각의 책은 시중에 넘쳐흐르는데, 그들에 대한 비판서는 하나도 없다는 현실 때문이었다. 이런 불균형이 가져오는 심각한 문제는 '위키피디아'처럼 시민 참여로 만들어지는 백과사전에서 잘 드러난다. '위키피디아'는 속성상 블로그와 같은 인터넷 공간에 게시된 글은 참고 자료로 사용할 수 없고, 출판된 책이어야 인용할 수 있게 되어 있다. 그런데 유사역사학 책은 서점의 서가 하나를 채울 만큼 엄청나게 많이 출간되어 있는 반면, 사이비 주장에 맞서는 책은 없어 '위키피디아'에서 유사역사학의 공세를 막는 데 한계가 있었다. 결국 나는 3년에 걸쳐 책을 썼고, 『만들어진 한국사』(파란미디어, 2010)라는 제목으로 출간했다. 이것으로 역사학을 전공한 사람으로서 내가 우리 사회에 진 빚은 다 갚는 거라고 생각했다.

이제는 더 이상 이 문제를 다루지 않고 창작 활동에만 매진하려고 했다. 그러나 그렇게 되지 않았다. 나무는 가만히 있으려 해도 바람이 내버려두지 않는다는 말이 있다. 불행히도 내 경우도 그러했다.

『만들어진 한국사』는 유사역사학에 대한 백신 역할을 하기는 했으나 널리 알려지지는 않았다. 다만 전문가 그룹에 내 존재를 드러내는 역할은 했다. 그래서 천만뜻밖에도 역사학계에서 나를 찾는 일이 벌어졌다. 책과 논문으로만 접하던 학자들과 만날 기회가 생겼다.

2016년에 경희대학교 한국고대사·고고학연구소 콜로키움에서 강연을 하고, 한국고대사학회에서 주관하는 한국사 시민강좌의 한 꼭지를 맡았다. 2017년에는 역사학술지인 『역사비평』에 『환단고기』에 대한 논문을 싣기도 했다. 『매일경제』 온라인판에는 「물밑 한국사」라는 칼럼을 연재했다. 이런 활동을 놓고 유사역사학 쪽에서는 역사학계가 나에게 밥벌이를 시켜준다고 빈정댔는데, 이런 일이 밥벌이가 되지는 않는다. 그저 책을 내면서 끝내고자 했던 유사역사학과의 악연이 좀 더 길어졌을 뿐이다.

유사역사학 신봉자들은 빈정대는 정도를 넘어서 신문사 측에 내 칼럼을 중지시키라는 압력을 행사하기까지 했다. 그들은 「소설가 이문영이 매경을 이용하여 역사에 뜻있는 국민들의 공분을 자아낸 칼럼 내용」이라는 36쪽에 달하는 문건을 가지고 와서 신문사를 압박했다. 이 때문에 신문사는 권위 있는 학회 두 곳에 「물밑 한국사」의 내용에 문제가 있는지 문의하기까지 했다. 당연히 「물밑 한국사」의 내용은 일반적인 역사학계 주장에 위배되는 바 없다는 판정을 받았고, 나는 예정된 60회의 연재를 무사히 마칠 수 있었다.

유사역사가들은 자신들과 다른 주장을 용납할 줄 모른다. 그들의 밑바닥에는 자랑스러운 한민족의 역사를 방해하는 '매국노'들에 대한 증오가 가득하다. 그런 '매국노'의 발언권을 봉쇄해야 한다고 굳게 믿는다. 사회 전반에 이런 불건전한 증오심이 넘실대는 것은 매우 위험한 일이다. 유사역사학은 그동안 학문에만 매달렸던 학자들도 더 이상 무시할 수 없는 지경으로 자라났다. 그 결과 『만들어진 한국사』가 학자들 눈에 띄게 된 것이다. 인터넷의 발전은 검증되지 않은 정보의 확산에도 기여했다. 가짜 뉴스가 범람하듯이 가짜 역사 지식도 넘쳐흐르고 있는 중이다. 이제는 이런 일을 가만히 두고만 볼 수 없게 되었다. 그리하여 그동안 몇몇 선구적 학자들이 해왔던 비판이 바야흐로 역사학계 전반으로 확산되기 시작했다.

나는 왜 유사역사학을 비판하는가

유사역사학 이야기를 하다보면 문제의 심각성을 잘 모르는 이들로부터 "남이야 뭘 믿건 말건 타인에게 피해만 안 주면 그만 아니야? 왜 유사역사학에 시비를 걸고, 없애야 한다느니 하면서 난리인 거야?"라는 질문을 받기도 한다. 여기에는 큰 오해가 있는데, 나는 한 번도 유사역사학의 발언권을 빼앗아야 한다고 주장한 적이 없다. 표현의 자유가 있는 우리나라에서 누가 무슨 주장을 하든 그것은 기본적인 자유에 속한다. 다만, 표현하는 것이 자유롭다고 해서 비판받지 않을 권리가 생기는 것은 아니다. 유사역사학의 주장을 비판하는 것 역시 표현의 자유이다.

한편, '나는 『환단고기』 같은 것은 믿지 않지만'이라고 말머리를 꺼내면서

도 유사역사학의 주장을 옹호하는 이들을 간혹 만날 수 있다. 그들은 흔히 일본에서 새역모('새로운 역사 교과서를 만드는 모임(新しい歴史教科書をつくる会)의 약칭)가 중심이 되어 교과서 등을 통해 역사를 왜곡하고 중국 역시 동북공정 등으로 역사 왜곡을 하는데, 이에 대항하기 위해서 우리도 『환단고기』 같은 것들을 이용하여 역사를 '포장'할 필요가 있지 않겠느냐고 말한다. 유사역사학 신봉자들이 "일본과 중국은 거짓말로 역사를 포장하지만 우리는 진실만 이야기해도 그들의 주장을 무너뜨릴 수 있다!"고 외치는 것에 비하면 참으로 건전해 보일 지경이다. 그러나 역사학은 진실을 탐구하는 학문이다. 거짓말임을 알지만 필요하니까 사용하자는 주장은 정말 위험천만하기 짝이 없다. 더 이상 학문이라 할 수 없는 주장이다.

일본의 경우 문제는 후쇼샤(扶桑社) 교과서 등 극우 교과서나 문부성의 역사 편찬 지침 같은 것들이다. 일본의 시민사회는 이런 역사 왜곡에 반대 의사를 명백히 하고 있으며, 그 때문에 후쇼샤 교과서의 채택률은 한국의 뉴라이트가 집필한 교학사 발행의 『한국사』 교과서 채택률처럼 극히 낮았다.

중국의 동북공정은 현재 중국 영토에 속하는 지역에 있던 과거 나라들의 역사까지 중국사의 일부분이라는 억지 논리이다. 이런 주장은 세계 학계에서 통용될 수 없기에 결국 사라지고 말 것이다. 중국의 정치적 입장에 의해 만들어진 역사일 뿐이다.

그런데 이에 대항한답시고 유사역사학에서 내세운 것은, 과거 우리나라의 영토가 현재 중국 땅에 속해 있기 때문에 오히려 중국사가 우리나라 역사의 일부분이라는 주장이었다. 결국 동북공정과 똑같은 논리다. 더 큰 문제는 과거에 그런 적이 없는데 있다고 우기는 거짓 주장이라는 점이다. 논리 자체는 동일하니까 만약 중국 측이 유사역사학의 주장이 거짓임을 증명하기만 하면 동북공정은 아무 문제도 없게 된다.

또한 중국이 한반도 유사시에 북한에 진군할 근거를 만들기 위해 역사를 왜곡한다는 주장 역시 동북공정을 과대평가하는 망상에 불과하다. 중국의 한반도 개입은 6·25전쟁 당시 증명되었듯 동북공정과 아무런 상관이 없다. 중국은 북한에 투자한 자산을 지킨다는 명분으로, 또는 북한 정권의 원병 요청에 응하는 형태로 언제든 한반도 문제에 개입할 수 있다.

잘못된 사실에 대항하는 가장 좋은 방법은 그것이 잘못되었다고 말하는 것이다. 거짓말에 거짓말을 보태봐야 거짓말만 늘어난다. 서로 비난하면서 자기 목소리를 더 키우기 위해 서로를 이용할 뿐이다. 적대적인 것 같지만 사실은 의존적인 관계인 셈이다.

국사편찬위원장을 지낸 정옥자는 이런 말을 한 적이 있다.

> 전두환 대통령 시절에 재야사학이 붐을 이룬 적이 있습니다. 이 재야사학의 특징은 굉장히 애국적이라는 거예요. 그런데 너무 극우로 치우쳐서, (…) 아주 애국적이면서도 한편으로는 좀 위험합니다. 구체적으로 말씀드리면 만주를 답사하고 다니면서 '여기도 우리 땅'이라며 태극기를 꽂고 의식 같은 걸 치르는데, 정말 애국적이고 감격스럽고 가슴 뛰는 일이지만 중국은 그걸 보고 동북공정을 시작한 거죠. (…) 우리가 재야사학의 빛과 그림자에 대해서 생각해볼 때가 되지 않았나 생각합니다.
>
> ─ 정옥자, 〈대한민국 60년, '역사, 미래와 만나다'〉 60일 연속 강연(2008년 8월 11일).

동북공정의 시작에 이들 '재야사학자'들이 기여한(?) 바 있다는 이야기다. 정옥자는 유사역사학을 '재야사학'이라고 불렀는데, 여기서 분명히 지적하고 넘어갈 점이 있다.

'재야'라는 말은 원래 '정·관계의 밖에 있는 인사'를 가리키는 말이다. 역사학 쪽에서 비슷한 표현이 사용된 것은 1959년 2월 27일 소설가 강무학이 '국사 편찬을 위해 재야인사를 섭외해야 한다'고 발언한 데서 찾을 수 있다. '재야사학'이라는 말이 본격적으로 사용된 것은 1970년대 들어서였다. 1975년 초대 문교부 장관 안호상 등이 '국사찾기협의회'를 결성하면서 '재야사학'이라는 말이 인구에 회자되기 시작했다. 오늘날 '재야 역사학자'라는 표현은 흔히 유사역사가를 가리키는 용어가 되었다. 그러나 유사역사가들은 '역사학'의 방법론을 사용하지 않는 이들로, 결코 '역사학자'라 볼 수 없다. 실제로 우리 주변에는 나를 비롯해 아마추어 역사 연구자들이 수없이 존재하는데, 그들이야말로 '재야사학자'라는 명칭을 돌려받아야 할 것이다.

유사역사학 신봉자들은 '한국사는 한국인이 연구해야 한다'는 주장도 종종 한다. 그럼 거꾸로 한국인은 유럽사나 일본사, 중국사를 연구하면 안 되는 건가? 이 신봉자들은 러시아 학자 U. M. 부틴(Yu. M, Butin)이나 미국 학자 존 카터 코벨(John Carter Covell), 중국 학자 서량지(徐亮之) 등의 책은 곧잘 인용한다. 즉, 이들은 타국의 역사를 공부하면 안 된다는 것이 아니라 자기 입맛에 맞는 연구만 취급한다는 입장인 것이다.

유사역사학 신봉자들의 주장을 받아들이면 우리는 고대부터 현대까지 축소 지향의 역사를 가진 민족이 된다. 고대에는 전 아시아를 지배했던 한민족이 지금은 한반도 중남부로 찌그러진 상태가 아닌가? 이는 그들이 주장하는 '자랑스러운 한민족'이라는 대전제에 정면으로 위배되는 일인데도, 이런 모순을 그들은 전혀 느끼지 못한다. 또한 유사역사학 신봉자들의 주장을 받아들이면 우리는 중국·일본과 형제지간이 되는데, 이런 주장은 일본제국이 내세웠던 대동아공영권과 똑같은 것이다.

대체 왜, 한민족의 영광을 위해 헌신(?)하는 유사역사학의 주장을 따라가다 보면 오히려 한민족을 비하하고 한민족의 역사를 흐리게 만드는 결과가 빚어지는가? 유사역사학이 학문의 엄정함과 아무 관련도 없는 '사이비'이기 때문이다. 그들은 당장 괜찮아 보이는 것은 무엇이든 다 주워 삼켜서 자기 몸의 일부로 만들어버렸다. 그 결과 자신들이 내세운 주장끼리 충돌하는 상황에 이르렀다. 이렇게 자체모순이 가득한 이야기를 가지고 세계 학계와 겨루겠다고 하면 남는 것은 자멸밖에 없다.

이들의 주장을 하루빨리 걷어내야 한다. 이들이 끊임없이 엉터리 주장을 남발하는 바람에 형태상 조금만 비슷해 보여도 해당 논의를 기피하려는 태도가 발생한다. 학문에는 본래 금기가 없어야 한다. 자유로운 생각의 결과물을 학문의 틀 안에서 정제해나가야 하는데, 유사역사학으로 비칠까봐 사고의 틀 한쪽을 가둬버리는 것이 지금의 불행한 현실이다. 이것이야말로 유사역사학이 역사학에 끼치는 가장 큰 해악이라 할 수도 있을 것이다.

이 책에서는 유사역사학이 무엇인지, 어떤 길을 통해 어떤 위치에 도달했는지, 그리고 그것이 우리에게 어떤 악영향을 미치고 있는지 하나하나 따져보기로 한다. 이 작업이 유사역사학 문제에 대한 나의 마지막 책이 되기를 가슴 깊이 바란다. 이제부터는 필자 같은 '재야학자'가 아니라 역사학을 업으로 삼는 전문가들이 서슬 푸른 칼날로 유사역사학을 해부해야 하니까.

2018년 11월

이문영

차례 _ 유사역사학 비판

일러두기

중국의 지명과 인명, 특히 근현대 인물은 원칙적으로 외래어표기법을 따라야 하지만, 이 책에서는 우리식 한자 발음으로 표기했다. 고대사 관련 중국인의 이름이나 지명 등은 관례적으로 우리식 한자 발음으로 표기하기 때문이다. 그뿐만 아니라 오늘날의 중국 쪽 지명이나 근현대 인물의 경우 유사역사학계에서 대체로 우리식 한자 발음대로 쓰고 있는데, 유사역사학의 주장을 밝히고 비판하는 것이 이 책의 목적인 만큼 표기법을 일치시키고자 했다. 다만, 몇몇 현대 인물의 경우에는 외래어표기법에 따른 중국어 발음 표기를 병기해놓았다.

類似歷史學 批判

제1장

유사역사학, 위서, 열등감

1. 유사역사학의 정의

유사역사학의 유사(類似)란 국어사전에서 '서로 비슷함'으로 정의된다. '역사학 비슷한 것'이라고 하면 유사역사학이 아마추어들의 '재야사학' 같은 것으로 여겨질 수도 있을 듯하다. 하지만 이 용어는 그렇게 해석할 수 있는 게 아니다. 유사역사학은 'pseudohistory'의 번역어이다. 'pseudohistory'를 구글에서 검색하면 약 12만 개의 결과물이 나올 만큼, 이 용어는 일반적으로 사용되고 있다. history 앞에 붙는 pseudo가 바로 '유사'에 해당한다. pseudo라는 접두어가 붙은 가장 일반적인 용어는 pseudoscience, 즉 유사과학이다. 구글 검색에서 pseudoscience는 243만 개가 검출된다. 한글로 검색을 해도 유사과학은 69만여 개, 유사역사학은 같은 번역어인 사이비역사학과 합해서 7만여 개 정도가 나온다.

구글 검색에 따르면 'pseudohistory'는 'pseudoscience'보다 더 이른 시기에 등장했다. 유사역사학은 근대 이후의 현상이다. 1815년에 간행된 찰스 A. 엘튼(Charles, Abraham Elton)의 *The Remains Of Hesiod The Ascraean, Including The Shield Of Hercules : With A Dissertation On The Life And Aera, The Poems And Mythology Of Hesiod*라는 긴 제목의 책에서 유사역사학이라는 용어를 최초로 사용했다. 엘튼은 호메로스와 헤시오도스의 경연에 대한 전승은 사실이 아니라고 주장하면서, 이를 가리켜 '유사역사학'이라고 칭하며 비판했다. 호메로스와 헤시오도스의 경연이란 그 두 사람이 에우보이아 섬에서 시 경연대회를 가졌는데, 헤시오도스가 이겨서 청동 세발화로를 얻어 신전에 바쳤다는 이야기다. 엘튼은 헤시오도스가 경연에서 호메로스와 겨루지 않았으며 전승되는 그 이야기는 호메로스보다 뛰어나다는 뜻을 담은 비유적 의미로 사용되었다고 해석했다.

이와 같은 일들은 이후 점점 증가했다. 『사이비역사의 탄생』(이론과실천, 2010)을 쓴 로널드 프리츠(Ronald H. Fritze)는 "사이비역사와 사이비과학은 근대 이후에 나타나는 현상이다. (…) 대부분 19세기 마지막 사반세기 이후의 산물이다. 그런 산물들을 가능하게 만든 것은 현대사회라는 조건이다"라고 말한다. 『왜 사람들은 이상한 것을 믿는가』(바다출판사, 2007)의 저자이자 미국의 과학잡지 『스켑틱(*SKEPTIC*)』의 발행인인 마이클 셔머(Michael Shermer)는 유사역사학을 "뒷받침하는 증거나 개연성이 없는데도 주로 정치적이거나 이념적인 목적으로 제시되는 주장"이라고 정의한다. '유사'라는 말의 뜻은 한국어 정의가 아니라 영어 'psuedo'의 정의를 따라야 한다. 그 뜻은 '가짜의', '거짓의', '유사한', '사이비' 등이다.

나는 2008년 11월 27일에 〈초록불의 잡학다식〉 블로그에서 「그것을 유사역사학이라 부르기로 한다」라는 포스팅을 통해 그때까지 '재야사학', '국수주의 역사학' 혹은 비칭으로 '환빠'라 불려온 주장들을 통칭하여 '유사역사학'이라 부르자고 제안했다. 이후 이 용어가 국내에 정착했다. 그러자 유사역사학 신봉자들은 '유사역사학'이라는 개념을 내가 창작한 정체불명의 단어라고 비난했다. 이에 대해 나는 '유사역사학이라는 단어는 오랫동안 서구에서 사용해온 용어를 번역한 것'이라고 설명했다. 다시 말해 내가 처음 '유사역사학'이라는 말을 쓴 것이 아니다. 그 점 역시 2008년에 쓴 글에 밝혀두었다. 그 대목을 옮겨본다.

> 이 책에서는 사이비 사이언스—즉 과학의 탈을 쓴 엉터리들, 가령 영구기관을 만든다는 무리라든가—를 가리켜 '유사과학'이라고 부르고 있다. 순간 유사역사학이라는 말이 머리에 떠올랐다. 그리고 이 책의 말미에는 유사역사학(pseudohistory)이 등장한다. 홀로코스트를 부정하는 유사역사학에 대한 이야기를 하고 있는 것이다.
>
> — 이문영, 「그것을 유사역사학이라 부르기로 한다」,
> 〈초록불의 잡학다식〉 블로그(orumi.egloos.com/3994827).

위 글에서 언급한 '이 책'은 『사이비 사이언스』(찰스 M. 윈, 아서 W. 위긴스 지음, 김용완 옮김, 이제이북스, 2003)이다. 2001년에 미국에서 출간되었고 2003년에 우리말로 번역되었다. 이덕일 한가람역사문화연구소장은 '유사역사학'이라는 용어가 일제강점기 때 나온 '유사종교'라는 말에서 비롯되었다고 비난하는데, 그야말로 어처구니없는 일이다.

그 비난은 역사학계를 식민사학으로 규정짓는 유사역사학 측 주장의 연속선상에 있다. 유사역사가들은 이런 주장을 어떻게든 일제강점기와 연관지으려고 노력한다. 일제가 '유사종교'라는 말을 썼고 식민사학계가 그

용어를 응용해서 '유사역사학'이라는 말을 만들었다는 것, 일제가 우리나라 종교를 유사종교로 몰아가 박해했듯이 역사학계가 자신들을 유사역사학으로 몰아서 박해한다는 논리인데, 유사종교라는 말도 영어 단어 'pseudoreligion'의 번역임을 모른 척하는 것이다. 또한 그들은 '유사종교'를 막무가내로 독립운동과 연결시켜 사람의 감정에 호소하고자 한다. 일제강점기에 대표적인 유사종교로 백백교가 있었다. 살인·강간을 밥 먹듯이 저지른 백백교가 독립운동 단체였던가.

어떤 것이 거짓말로 점철된 유사역사, 즉 가짜 역사일까? 서구사회에서 가장 유명한 유사역사는 나치가 유대인을 학살하지 않았다는 '홀로코스트 부정론'이다. '홀로코스트 부정론'이 얼마나 큰 영향을 미쳤는지는 이것을 다룬 영화까지 있다는 데서 쉽게 알 수 있다. 실화를 바탕으로 만들어진 영화 〈나는 부정한다(Denial)〉(2016)는 미국의 역사학자 데보라 립스타트(Deborah Lipstadt)가 홀로코스트 부정론자인 유사역사가 데이비드 어빙(David Irving)과 재판에서 맞서는 내용을 담고 있다.

사실이 아닌 것으로 밝혀진 내용은 모두 유사역사일까? 역사학이 발전하면서 새로운 자료의 발견 등으로 과거에 믿었던 것들이 사실과 다르다는 것이 밝혀지기도 한다. 그렇다면 과거에 잘못 알고 있던 역사는 유사역사가 되는 것일까?

프랑스대혁명의 도화선 중 하나는 왕비 마리 앙투아네트의 "빵이 없으면 케이크를 먹으면 되지"라는 말이었다는 이야기가 있다. 오랫동안 마리 앙투아네트가 이런 말을 했다는 것이 역사적 사실로 여겨졌다. 하지만 그건 사실이 아니었다. 이 말은 루소의 『고백록』에 나오는 것으로, 루소는 이 말을 마리 앙투아네트가 프랑스에 시집가기 전에 '고귀한 공주'라는 익명의 표현으로 썼다. 이제 와서 이 말이 역사적 사실이라고 믿는 역사학자는 없다. 하지만 아직도 많은 사람이 그렇게 믿고 있고, 농담 삼아 이야기하기도 한다. 그럼 이 이야기를 믿었던 과거 사람들이나 지금 믿고 있는 이들이 유사역사를 따르는 사람이 되는 것일까? 당연히 그렇지 않다. 잘못 알고 있거나 새로운 사실을 몰랐다고 해서 유사역사를 믿는 사람이 되지는 않는다. 그저 잘못된 이야기일 뿐이다. 로널드 프리츠(Ronald Fritze)는 "사이비역사와 사이비학문을 솎아내는 일 못지않게 중요한 것은 지금은 폐기된 부정확한, 잘못된, 또는 구닥다리가 된 역사와 과학을 구분하는 일"이라고 말한다. 그가 말하는 사이비역사는 유사역사와 동일한 뜻이다. 이 용어의 차이는 단지 영어 'pseudohistory'를 어떻게 번역하는가의 문제이다.

김부식의 『삼국사기』와 사마천의 『사기』 같은 고대의 역사책에는 믿을 수 없는 이야기들이 적혀 있다. 알에서 사람이 태어나기도 하고 제비 알을 받아먹고 아기를 낳기도 한다. 이 같은 명백한 거짓말이 적혀 있다고 해서 이 역사책들이 잘못되었다고 하지는 않는다. 그것은 고대인들이 그런 이야기를 믿었다는 역사적 증거이다. 이런 신비롭고 이상한 이야기도 하나의 역사 자료가 되는 것이다. 전근대에는 이해하지 못하는 자연현상이나 만연했던 미신 때문에 그저 잘못 알고 잘못 전해졌던 일들이 현대에 와서는 자신들의 이데올로기나 금전적 이익을 위해 날조되기에 이르렀다. 이것이 바로 유사역사학의 정체다.

예컨대 중국인이 미국을 최초로 발견했다는 멘지스(Gavin Menzies)의 책 『1421』은 출판 에이전트와 출판사의 농간으로 만들어진 베스트셀러였다. 프리츠는 자신의 책에서 이 과정을 상세히 기술했다. 멘지스는 영국 해군 잠수함의 함장 출신이다. 그 책은 원래 1421년의 중국과 나머지 세계에 대한 내용으로 이루어졌는데, 출판 에이전트인 루이지 보노미가 책에 아주 작은 부분으로 서술된 정화의 원정 항해에 흥미를 느끼고 전체 내용을 세계 탐험 항해로 바꿀 것을 요구했다. 보노미는 PR전문회사를 통해 주요 언론에 멘지스와 1421년에 대한 그의 가설을 기사화하게 했다. 『데일리 텔레그래프(*The Daily Telegraph*)』가 이 '떡밥'을 물었다. 보노미는 왕립지리학회에서 멘지스와의 간담회를 개최했고, 한 출판사가 50만 파운드(약 10억 원)의 판권료를 내놓기에 이르렀다. 멘지스의 원고는 원래 190쪽에 불과했는데, 유령 작가를 포함해 130여 명이 원고 개작에 달라붙어 500쪽짜리의 책으로 완성했다. 이 책은 당연히 전문가들의 혹평을 받았다. 런던대학 교수로 탐험사 분야의 권위자인 펠리페 페르난데스 아르메스토(Felipe Fernndez‑Armesto)는 멘지스가 "사기꾼이거나 천치"라고 비난할 정도였다. 멘지스는 성공에 고무되어 쿠빌라이 때 마르코폴로와 중국 함대가 세계를 탐험했다거나 1434년에 중국 함대가 런던을 방문했다는 터무니없는 내용을 책으로 펴냈다. 멘지스는 미디어와 인터넷을 이용했다. 그는 인터넷 웹사이트를 만들고 독자들에게 자신의 가설을 뒷받침할 증거를 보내달라고 했다. 전문가들이 볼 때 완전히 무가치한 수천 건의 정보가 쏟아졌다. 멘지스는 "대중은 내 편이다. 문제는 그들이 어떻게 생각하느냐다"라고 말하며 전문가들의 의견을 무시하고 있다.

돈벌이뿐만 아니라 이데올로기적인 목적도 유사역사를 만들어낸다. 홀로코스트 부정론도 여기에 속한다. 나치에 대한 평판을 바꾸고 나치즘의 부활을 노리는 것이 목적이다. 물론 그 과정에서 부수적으로 돈도 생긴다.

우리나라에는 『환단고기』를 필두로 하여 이른바 '상고시대'에 위대한 한민족이 아시아를 지배했다는 유사역사가 널리 퍼져 있다. 이런 주장은 국수주의 이데올로기를 전파시키려는 목적이 강하다. 북한이라는 공산주의 국가의 위협으로부터 나라를 지키기 위해서는 국가에 대한 강한 충성심이 담보되어야 하는데, 강한 충성심은 저절로 만들어지지 않는다. 위대한 국가가 있어야 강한 충성심도 따라오는 것이다. 유사역사를 만든 사람들은 그렇게 생각했다. 1970년대 유사역사 단체였던 '국사찾기협의회'의 기관지 『자유』를 살펴보면 이 같은 생각을 얼마든지 찾을 수 있다.

> 조국과 민족의 생존, 번영을 이룩하자면 먼저 국민의 애국심을 일으켜야 한다. 국민의 애국심이 강렬하여야 용기와 인내력을 발휘하여 국난을 극복하고 그 민족의 생존, 번영을 보장하는 것이다. 국민의 애국심을 일으킬 방법이 무엇인가?
>
> 이는 위대한 역사를 발견하는 것이다. 고대 '유태' 민족이 위대한 자기 역사를 발견하지 못하였을 때에 민족의식이 말살되어 파쟁, 분열, 침체, 타락에 임하여 야만민족으로 지내다가 '바빌로니아' 포수생활(捕囚生活)을 할 때에 위대한 '유태' 역사를 발견한 후 민족의식을 회복하고 전진, 분투하여 문화민족으로 갱생하였다.
>
> 뿐만 아니라 중국, 독일, 일본은 위대한 역사를 위조하여 국민의 애국심을 일으키므로써 번영·발전하였다. 이상의 사실은 조국과 민족의 생존 번영을 이룩하는 방법은 오직 위대한 역사를 발견하는 데 있다는 것을 실증하고 있다.
>
> — 최인, 「민족중흥과 민족주의」, 『자유』 1975년 5월호.

국사찾기협의회의 이름으로 나온 글은 더욱 가관이다.

국권(國權)은 힘이다. 힘이 없으면 국권이 설 수 없으며 국권이 서지 못하면 민족과 개인이 있을 수 없다. (…) 나라는 나의 극락이며 나라는 나의 천당이다. (…) 그러므로 나라를 떠나서는 민족이 없는 것이며 민족의 자립이 곧 나 자아인간의 자립이기 때문에 오천만 뇌혈이 막강한 무력이 되고 세계의 신문화가 막대한 응원이 된다는 것이다. 그렇다면 막강한 무력도 힘이며 막대한 응원도 힘이니 힘은 곧 국권이다.

— 국사찾기협의회, 「천하만사선재지아(天下萬事先在知我)」, 『자유』 1979년 5월호.

이들은 국수주의라는 말을 싫어하지 않고, 오히려 왜 국수주의를 배척하느냐고 묻는다. 국가의 권위와 의사에 절대적 우위를 두고, 국민은 그에 기반한 공통된 국가의식을 갖춰야 한다고 말한다. 그를 위해서는 날조된 역사를 만드는 일도 개의치 않는다. 물론 표면적으로는 자신들만이 숨겨진 진실을 알고 있다고 주장한다.

연대를 그대로 믿는다면 석기시대에 동아시아 대부분을 지배하는 '제국'은 성립할 수가 없다. 이는 사실 이전에 상식의 문제이다. 그럼에도 불구하고 이런 주장을 진지하게 믿는 사람들이 얼마든지 있으며, 그중에는 사회 지도층 인사들도 적지 않다. 대체 어떻게 이런 일이 가능한 것일까? 그런 심리의 기저에는 열등감이 존재한다.

제가 치우천왕 이야기를 처음 알게 된 것은 대학교 때였습니다. 그때 참으로 안타까웠습니다. 왜 초등학교 때, 중고등학교 때, 우리 역사와 신화에 대한 밑그림이 그려지기 전에 이 이야기를 알지 못했던가 하고 말입니다. 그랬더라면 우리네 역사를 보며 늘 패배의식에 젖어 있기보다 (비록 마취제 성격이 있었을진 몰라도)

더 큰 상상력과 창의력, 자긍심을 키울 수 있지 않았을까 하고 말입니다.

— 권태호, 「'치우천왕'과 "구역질나는 삼국사기"」, 『한겨레』 2005년 10월 4일.

"우리네 역사를 보며 늘 패배의식에 젖어 있"는 것이 일반적인 한국인의 정조다. 이른바 '한민족의 역사'가 지독하게 강조되면서, 우리는 역사 속의 한민족 국가들이 망할 때마다 마치 현재 내 가족이 수난을 당하는 것처럼 여겨왔다. 고조선과 대한민국을 등치시키고, 고조선을 멸망시킨 한나라와 중국을 등치시킨다. 고구려와 대한민국을 등치시키고, 고구려를 무너뜨린 당나라를 중국과 등치시킨다. 이렇게 되면 남는 것은 '원수의 나라 중국'이다. 하지만 역사를 뒤져보면 우리나라가 중국을 점령하거나 이긴 적이 거의 없다. 오히려 중국으로부터 온갖 문물을 수입한 기록들만 발견된다. 중국에 대한 패배의식을 버릴 길이 없다. 이런 패배의식에 가득 찬 사람 앞에 찬란한 민족의 영광을 노래하는 자칭 '역사책'이 등장해서 잃어버린 역사를 되찾자고 하면 이성이 마비되고 마는 것이다.

1985년에 유사역사가들의 모임인 '국사찾기협의회'가 기관지 『자유』에 실린 글들을 모아서 펴낸 『국사광복의 횃불』이라는 책이 있다. 이 책에 실린 소설가 김성한의 글을 보자.

왜가 엉터리 증거로 내세우는 것이 서기 607년에 왜의 성덕태자가 수양제에게 보냈다는 국서였다. 이것은 일본 중학교 과정에서는 반드시 나오는 것으로 (…) 기록에는 국서의 서두에 나오는 몇 마디만 남아 있다. 해 뜨는 고장의 천자가 해 지는 고장의 천자에게 편지를 보내노라 무고한가. (…) 이것은 『수서(隋書)』라는 중국의 역사책에 나오는 내용이라고 못을 박기도 했다. 누구나 경험했겠지만 이것은 적지 않은 충격을 주었다. 일본도 중국과 같이 대등한 천자국으로 강국 행세를 했다니 두려울 수밖에 없는 것이다. 이것이 사실(史實)이냐고 어떤 애국자에게 물었더니 대답이 시원했다. 왜놈아들 새빨간 거짓말이다. 그의 설명은 계속되었다. 왜놈아들이 자기네를 추켜세우고 우리를 내리 깎는 것은 하나같이 거짓말이다. 원래 우리는 그놈애들 선생이었다. 잠깐 실수를 해서 강점당했다뿐이지 곧 광복을 했다. 『수서』라는 책을 읽지는 못했으나 중국인들이 무슨 할 일이 없어 그따위 허튼 소리를 실었겠는가. 거짓말을 해도 분수가 있지 망할 놈들!

— 안호상 감수, 김세환 편저, 『국사광복의 횃불』, 국사찾기협의회후원회, 1985.

일본이 중국한테 당당하게 천자라고 말해서 충격을 받았다는 이야기다. 일제강점기에 학교에서 이 대목을 배우고 놀랐다는 이야기는 그만큼 열등의식을 느꼈다는 뜻이다. 가뜩이나 우리나라 통치자들은 죄다 '왕'인데 일본은 '천황'이라 부른다는 사실 때문에 이미 주눅이 들어 있었는데, 이런 이야기를 접하면 더욱 놀라고 마는 것이다. 그러다보니 그거 다 거짓말이라는 말에 '그러면 그렇지' 하고 안심하게 된다. 상대를 거짓말쟁이로 만들어버리면서 도덕적 우위에 서자 열등감이 소멸되는 것이다.

그러나 해당 구절은 실제로 『수서』에 실려 있다. 대신 뒷이야기가 더 있다. 일본의 국서를 전해 받은 수양제는 매우 언짢아하며 일본에 사신을 보내서 이러지 말라고 훈계했다. 왜왕은 "서쪽에 대수(大隋)가 있어 예의지국이라 하여 조공을 보냈습니다"라고 말했다. 『수서』의 구절을 해명하는 일은 이것으로 충분하다. 그러나 애초에 그런 구절이 없었다고 거짓말을 하고, 그 거짓말이 마음에 흡족하면 확인 절차도 없이 믿어버린다. 유사역사학의 행태와 그것을 받아들이는 모습이 이 한 편의 글에 모두 드러나 있다.

1980년대의 베스트셀러 『한단고기』(임승국 옮김)의 해제에는 이렇게 적혀 있다.

> 자국의 역사에 대해 긍지를 갖고, 그것을 자랑하며, 그 얼을 되새기고자 하는 것이, 또 이를 통해 민족정기를 부추기고자 하는 것은 하등 부끄러울 일이 아니다. 이제 이 책, 한단고기 한 권을 읽어 마칠 때쯤에는 우리의 참된 역사와 전통, 하느님 나라 백성의 긍지와 자부심으로 맥박이 고동칠 것임을 믿어 의심치 않는다.

『한단고기』의 역자 후기도 살펴보자.

> 국사 교과서의 내용을 보아도 우리나라 역사는 바로 대륙에 채이고 섬나라에 짓밟힌 꼴과 다를 바가 없으니, 어려서부터 이렇게 배운 사람들이 패배주의적이고 비관적인 국가관·민족관에 빠지지 않는다면 오히려 이상스러울 것이다.

이들은 역사를 미화하는 것을 당연하게 생각한다. 앞서 살펴본 『국사광복의 햇불』에는 이런 이야기들이 넘쳐흐른다. 제목들만 몇 개 나열해보겠다.

- 전○종은 족보 쓸 때 자기 부조(父祖)가 노자(奴者)라면 노자라고 쓰겠나
- 변태섭은 우리 국사를 자조토록 치부만을 폭로해놓았다
- 유원동은 우리가 청국에 조공했다고 떠벌려놓았다
- 고병익은 고려가 원에 공녀한 치부만 과장해놓았다

역사학자들의 역사 서술 가운데 마음에 들지 않는 부분을 골라서 성토하고 있다. 그들은 역사 서술을 이렇게 폄하한다.

> 영광된 사실(史實)은 감춰버리고 치부만 침소봉대로 떠벌려 써놓은 것은 왜사적곡필(倭史賊曲筆)을 복사한 느낌이다. 이 따위에게 옳은 국사 쓰기를 기대할 수 없다.

우리는 한국사를 가문의 역사처럼 생각하는 경향이 있다. 민족주의가 오랫동안 강조되어온 결과이다. 그리하여 고대의 일도 마치 어제 삼촌이 도둑맞은 것처럼 여기면서 역사를 들여다본다. 로마의 멸망은 아무렇지도 않게 읽으면서, 고구려의 멸망은 할아버지네가 망한 양 분통을 터뜨리면서 읽는다. 그러다보니 유사역사를 믿는 사람들은 현재 한국사 교육에 극도의 저항심리를 느끼게 된다. 객관적이고 학문적으로 한국사를 설명하는 일은 불필요하고 심지어 나쁜 것이 되고 만다. 이런 마음가짐을 가진 이에게 '역사가들이 영광된 한국사를 감추고 있다'는 속삭임이 들리면 순식간에 그쪽으로 마음이 쏠릴 수밖에 없다.

1986년 『한단고기』가 나와 베스트셀러가 되고 유사역사를 믿는 사람들이 많아지자, 급기야는 유사역사가와 역사가들을 모아놓고 토론회를 개최했다. 1987년 2월 26~27일 양일간 열린 이 토론회에 몰려든 유사역사학 신봉자들은 강당에서 밤을 지새며 토론회를 지켜보았다. 그러나 그들의 목적은 역사에 대한 새로운 지식을 얻는 것이 아니었다. 그때 방청인의 발언들을 보자.

"우리가 여기 모두 모여서 열을 토하고, 또 모두 애국심으로 이러하는데, 이 것이 사대주의 혹은 식민주의, 왜색주의, 반도사관에 얼룩진 우리 민족의 올바른 역사를 찾아서 우리 후손에게는 긍지를 가진 떳떳한 국민으로서 세계에 웅비할 수 있는, 우리 후손에게 가르치려는 것이 목적인데……"

"국사를 다시 써가지고 우리 후손들에게는 올바른 역사 위대한 역사를 가르친다는 것이 전 국민의 염원이에요"

"그런데 거기에 대해서, 교수님들 죄송합니다. 결론은 우리가 역사를 고치자고 하는 것이지, 그 해명을 들으려고 온 건 아닙니다. 진의는 역사를 바로잡기 위해서 여기에 온 거지, 거 뭐 구절이…… 역사 구절이 어디가 틀렸다, 그것을 아는 것은 전문적으로 공부하는 학교에서 하는 것이고 여기에서는 근본적으로 역사가 고쳐지느냐, 안 고쳐지느냐, 또 사이비 교수들이 지금 백주에 말이야, 안호상 박사님 말씀마따나 일본 놈이 아니라 한국 사람들이 백주에 배를 내밀고 어깨에 힘주고 다니는 이 사회에서 역사가 참으로 바로 고쳐질 것이냐, 또 그 사람들이 나 죽었소 하고서 이제는 다 자기 현직이라든지 그런 주장을 다 후퇴하고 농사를 지으러 갈 거냐, 둘 중에 하나가 결정이 되어야 될 줄 믿습니다."

"계속 국민운동을 일으켜서 소위 일본 사람들이 말하는 것과 같은 그 식민 지사관의 학자들이 일선에서 후퇴할 때까지 우리들이 국민운동을 전개할 것을 여러분들이 동의하면, 이것을 결의안으로 제출합니다. (박수)"

— 임효재 외, 『한국상고사의 제문제』, 한국정신문화연구원, 1987.

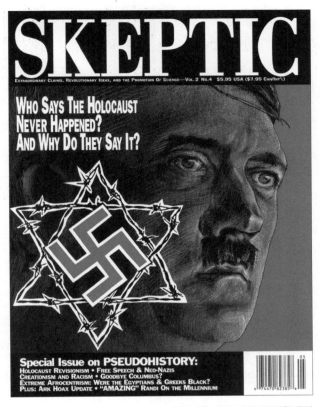

SKEPTIC MAGAZINE Vol 2, No 4, 1994 표지 이미지다. 표제 아래 핵심 기사를 알려주는 문구는 "누가 왜 홀로코스트는 일어난 적이 없다고 말하는가?"이다. 하단에는 "유사역사학 특집(Special Issue on PSEUDOHISTORY)"이라고 쓰여 있다. 『스켑틱』은 1994년에 이미 유사역사학에 대한 특집을 실었다.

 역사 문제를 토론한다는 자리에 방청인으로 온 사람들이 이미 결론을 내려놓은 채 앉아 있었던 것이다. 역사를 전공한 교수들의 의견을 들을 생각은 전혀 없었다.

 역사학은 근거를 가지고 설명하는 학문이지, 상상에 의존해 추론만 하는 학문이 아니다. '유사역사학'이라는 용어가 '유사종교'라는 용어에서 나왔다는 망상을 입증하려면 단어의 유사성이 아니라 그렇게 주장하는 근거를 제시해야 한다. 흥미로운 점은, 유사역사학은 원래 근거는 뒷전에 둔 채 단어의 유사성만 가지고 추론을 통해 자기주장을 늘어놓는 습성을 보인다는 점이다. 그런 버릇이 튀어나온 예라고 할 수 있다.

세계 최대의 온라인 서점 아마존에서 'pseudorhistory'를 검색하면 34개의 검색 결과가 나온다. 미국 사람들이 일제가 만든 '유사종교'라는 용어를 참고하여 '유사역사학'이라는 용어를 만들어 사용했으리라 생각할 수는 없을 것이다.

'유사역사학'이라는 용어 말고 보통 사람들도 단번에 알아들을 수 있는 '사이비역사학'이라는 용어를 써야 한다는 주장도 있다. 나는 둘 다 상관없다고 생각한다. 문제는 용어가 아니다. 어떤 말을 쓰건 이 엉터리가 역사학의 한 분야인 것으로 착각하는 이들이 있다는 점이 문제다. 과학자가 데이터를 조작해서 획기적인 발견을 했다고 주장하면 그것은 '사기'다. 과학의 한 분야가 아니라 그냥 '사기'다. 역사학에서도 마찬가지다.

이때 이런 문제 제기가 따라온다. "자기 마음에 안 든다고 마음대로 유사역사학 딱지를 붙이고 아무 말도 못하게 만들면 어떻게 하나?"

마땅히 그런 짓도 비학문적인 행위이다. 실제로 그런 일이 일어난다면 그때 성토해야 한다. 일어나지도 않은 일을 가정해서 그런 일이 일어날 수도 있으니까 유사역사학 이야기를 하면 안 된다고 하는 건 잘못된 주장이다. 당연히 어떤 주장을 유사역사학이라고 말하는 것은 신중하게 증거를 가지고 해야 하는 일이다. 그렇게 하지 않을 경우 비난을 면할 방법은 없다. 사이비들을 확실히 분리해놓으면 학문의 틀 안에서 다양한 논의가 가능해진다는 점을 이해해야 한다.

가짜의 세계는 다양하다. 돈이 잘 벌릴 것 같아서 만들 수도 있고, 자신들의 이데올로기를 전파하기 위해 만들 수도 있고, 종교를 위해 만들 수도 있다. 공통점은 조작된 자료를 가지고 기존의 사실을 부정하면서 자기주장을 일방적으로 펼친다는 것이다. 그럼 조작된 자료라는 것은 어떻게 알 수 있는가? 역사학자들이 그들의 자료를 검증하고 판정을 내릴 수 있다. 우리나라 유사역사학의 고약한 문제는 이 심판관(역사학자) 자체가 오염되었다고 몰고 가는 데 있다. 유사역사학에서는 역사학자들을 친일파, 매국노, 식민사관 추종자로 비난하며 낙인을 찍고 있다.

앞서 유사역사학을 믿는 사람들을 '환빠'라 부르기도 한다는 언급을 했다. 인터넷상에서는 오래전부터 사용된 말이지만 일반인들에게 알려진 건 얼마 되지 않았다. 2016년에 갑자기 이 말이 언론 지면에 많이 등장했는데, 그것은 국정 한국사 교과서와 관련된 문제 때문이었다.

'환빠'라는 말은 『환단고기』 추종자'를 가리키는 속어다. '빠'는 본래 아이돌 연예인을 쫓아다니는 여성 팬을 얕잡아 칭하는 '빠순이'의 약자였다. '순이'라는 말도 '공순이'처럼 여성을 얕잡아 보는 말이다. 여성 팬들이 연예인을 '오빠'라고 부른다고 해서 생긴 말이 '빠순이'다. 그리고 '빠순이'로부터 특정 현상을 무조건 추종하는 이들을 가리키는 '빠'라는 말이 생겨났다. 이렇게 해서 『환단고기』를 무조건 추종하는 사람을 가리키는 말인 '환빠'가 탄생했다. 정확히 누가 먼저 이런 말을 썼는지 알 수 없지만, 인터넷 공간에서 흔히 볼 수 있었다. 지금도 널리 쓰이고 있기는 하지만, 대상을 비하하는 비속어에서 출발한 말이므로 이 단어는 되도록 사용하지 않는 것이 옳다고 본다.

2. 위서의 세계사

그럼 사람을 이처럼 미혹하는 『환단고기』란 대체 뭘까? 『환단고기』는 '한민족의 고대사를 비밀리에 전해온 역사책'이라고 주장하는 가짜 역사책(위서)이다.

위서(僞書), 즉 가짜 역사책이라는 건 또 뭘까? 믿을 수 없는 이야기가 잔뜩 적혀 있는 책을 위서라고 부르는 걸까? 『삼국사기』를 보면 알에서 사람이 나오기도 하고 용이 사람을 낳기도 한다. 이런 이야기가 실제일 리 없다. 그렇다면 『삼국사기』도 위서일까? 물론 아니다. 옛날 사람들은 전해 내려오는 이야기들을 역사책에 기록해놓았다. 그런 옛이야기들이 적혀 있다고 역사책이 위서가 되지는 않는다. 그럼 위서, 즉 가짜 역사책이란 대체 무엇인가?

먼저 지은이를 가짜로 만든 책을 가리킨다. 『환단고기』는 신라시대, 고려시대, 조선시대 사람이 지은 책들을 묶어놓은 것이라고 주장된다. 하지만 이 책은 현대에 만들어졌다. 사람들을 속이기 위해 고대의 인물들이 만든 책이라고 주장하고 있을 뿐이다.

믿을 수 없는 이야기가 적혀 있다고 해서 무조건 위서가 아닌 것처럼, 믿을 수 있는 이야기가 적혀 있다고 신뢰할 만한 사서가 되는 것도 아니다. 『환단고기』는 1970년대까지 알려진 여러 사료들을 그 안에 담고 있다. 그리고 당연하게도 이처럼 신뢰할 만한 이야기들이 들어 있는 책이므로 믿을 수 있는 사서가 된다고 주장한다. 그러면서 그 안에 민족적 감성을 자극하는 내용들을 양념처럼 뿌려놓는다. 우리 민족이 드넓은 영토를 소유하고 중국, 일본 등을 모두 지배했다는 망상을 집어넣은 것이다. '우리 역사는 왜 이렇게 못났는가, 중국·일본에 침략이나 당하다가 결국 식민지가 되어버린 못난 역사'라고 생각하며 열등감을 가지는 사람일수록 『환단고기』가 말하는 웅장한 가짜 역사에 빠져들기 쉽다.

앞에서 2016년 국정 한국사 교과서 문제가 불거졌을 때부터 '환빠'라는 말이 신문지상에 종종 등장했다고 말했다. 국정교과서와 '환빠'는 무슨 관련이 있을까? 이 이야기는 박근혜 전 대통령에게서 시작된다.

2013년 8·15 경축사 때 박근혜 대통령은 "고려 말의 대학자 이암 선생은 '나라는 인간에 있어 몸과 같고, 역사는 혼과 같다'고 하셨습니다"라고 말했다. 이암은 「단군세기」를 저술했다는 인물(물론 이는 『환단고기』의 주장일 뿐이다)이며, 해당 인용구는 『환단고기』 「단군세기」 서문에 나오는 구절이다. 대통령 연설에 『환단고기』의 문구가 인용된 것이다. 정권의 핵심에 유사역사학 추종자가 있지 않고서는 그와 같은 인용을 하기 힘든 일이었다. 정치인들 중에는 유사역사학 모임에서 축사를 하거나 유사역사학 모임에 적극적으로 참석하는 경우도 심심찮게 발견된다. 유사역사학은 정권에 밀착하려는 경향을 가지고 있기도 하다.

당연히 이런 정부에서 강행하는 국정 한국사 교과서에 유사역사학의 시각이 들어가지 않을까 하는 우려가 생겨났다. 역사학계는 '국정'이라는 폭력적인 역사 교과서 편찬 문제와 유사역사학에 대한 우려를 담아 국정 한국사 교과서 반대운동을 맹렬히 펼쳤다. 역사학계가 이처럼 일치단결해서 반대운동에 나선 것은 유례없는 일이었다. 반면에 유사역사학 쪽 사람들은 관망하는 자세를 유지했다. 국정이 문제가 아니라 고대사 내용이 문제라고 말하는 이들도 있었다. 대세가 기울어진 막판에는 유사역사학 쪽에서도 국정교과서 반대의 목소리를 내는 사람이 나타났다. 이덕일 한가람역사문화연구소 소장이다. 그러나 국정교과서에 대한 철학이 부재했던 그는 국정교과서 반대 강연에 나와서 강연 시간의 거의 대부분을 '역사학계가 식민사학을 따르고 있다'고 비난하는 데 사용했다.

국정교과서 문제에 앞장서서 반대의 목소리를 높였던 사람 중 한 명이 2015년 당시 도종환 국회의원이었다. 도종환 현 문화체육관광부 장관(2017년 6월 장관 임명)의 역사관에 문제가 있다는 말은 이미 많이 나돌고 있었다. 그것은 동북아역사재단이 추진하던 동북아역사지도 편찬사업의 좌초와 관련이 있다. 2015년 3, 4월에 열린 '동북아역사왜곡대책 특별위원회'가 동북아역사지도를 점검하는 과정에서 당시 도종환 국회의원을 비롯한 대다수 의원들이 유사역사학적 시각을 드러냈기 때문이다. 그 결과 45억 원 이상이 들어간 편찬사업은 폐기되어버렸다. 수년간 역사학계의 역량이 투입된 결과물이 빛을 보지 못하게 된 것이었다. 이에 대해서 유사역사학계 쪽은 지도 고증의 문제 때문이라고 공격했지만, 그때 도종환 의원은 역사적 문제가 아니라 지도의 기술적 문제로 폐기되었을 뿐이라고 자신의 책임이 아님을 강변했다. 하지만 도종환 의원의 발언은 국회 회의록에 그대로 수록되어 있으며, 그 발언 내용을 읽어보면 유사역사학의 영향을 받았음을 쉽게 알 수 있다.

중국의 역사서 『독사방여기요』 17권을 보면 청나라 당시 영평부에 대한 설명이 나오는데요. 이곳은 현재 하북성 노룡 지역입니다. '수나라에서 노룡현으로 개칭했다. 또 조선성이 영평부 북쪽 40리에 있는데 한나라 낙랑군의 속현이다.' 이렇게 기록이 되어 있는데요. 데이터베이스가 완성되었다고 말씀하셨지 않습니까? 재야사학자들이 주로 주장하는 게 중국 역사서를 근거로 해서 주장을 하지 않습니까? 그런 경우가 많습니다. 그것도 충분히 귀를 열고 받아들여

위의 발언은 유사역사학에서 낙랑군이 요서 지방에 있었다고 주장할 때 동원하는 대표적인 레퍼토리다. 역사학계에서는 이미 논파된 지 오래된 낡은 가설이기도 하다. 그의 이 같은 발언 때문에 인터넷상에서는 '환빠가 장관이 되어서는 안 된다'는 말까지 나왔다. 도종환 장관은 『환단고기』를 본 적도 없다'는 말로 맞섰다. 하지만 자본주의자라고 해서 꼭 『국부론』을 읽고 자유주의자들은 모두 『자유론』을 읽었겠는가? '환빠'라는 말은 '유사역사학 추종자'를 가리키는 대명사로 쓰이고 있다는 점을 알아야 한다. 『환단고기』를 봐야만 '환빠'가 되지는 않는다. '환빠'는 '유사역사학 추종자'를 가리키는 인터넷상의 비속어일 뿐이다. 다시 말하면, 이것은 역사 인식의 문제이지 『환단고기』를 보았는지의 여부로 가릴 문제가 아니다. '환빠'라는 말은 유사역사학 전체를 가리키는 용어가 될 수 없고 비속어에 불과하므로 사용하지 않는 것이 좋다는 말은 이미 했다. 바로 이런 경우에도 본질과 상관없는 이야기만 오가게 될 수 있다. 인문학에서 용어 정의가 중요한 이유다.

문화체육관광부 장관 후보 시절 그의 역사관에 대해 역사학계가 우려했던 것과 반대로 유사역사학 추종 세력은 일제히 환영하고 나섰다. 유사역사학 쪽에서 도종환 장관 임명을 환영한 것은 물론 그가 자기네 편일 것이라 생각했기 때문이었다. 그들은 언제나 권력을 탐한다. 다행히도 도종환 장관은 청문회에서 역사학에 정치권력이 개입해서는 안 된다는 입장을 내놓았다. 아직은 우리 사회에 희망이 있다는 증거일 것이다.

유사역사가는 민족이라는 집단을 최우선시하는 쇼비니즘의 소유자들이다. 인도에서는 이런 유사역사학을 정체성으로 하는 인도인민당이 집권한 뒤 2002년에 구자라트 폭동이 일어났고 2천여 명의 이슬람교도들이 죽임을 당했다. 이런 일로부터 교훈을 얻지 못한다면 우리 '민족'의 앞날은 어두울 수밖에 없다.

자국·자민족을 우선시하는 움직임은 전 세계에 걸쳐 일어나고 있다. 21세기에도 이런 움직임은 여기저기서 발견된다. 우리는 우등민족이고 너희는 열등민족이라고 생각하는 한 갈등을 멈출 방법은 없다. 유사역사학은 민족의 자부심을 키운다는 미명 아래 중국과 일본에 대한 증오를 키우고 있으며, 동남아 국가들을 아예 불가촉천민처럼 다룬다. 이런 사상이 친일파의 손에서 싹튼 것 역시 이상한 일이 아니다. 이것은 근본적으로 '아리안인 최고'를 외친 나치즘과 '만세일계의 황국신민'을 외친 일본제국의 사상을 모태로 탄생했기 때문이다. 일본이 고대에 아시아를 지배했다는 내용에서 일본이라는 주어를 한국으로 바꾸었을 뿐이다. 고대 한반도에서 일본으로 문물이 전파된 사실이 많이 있기 때문에 이런 변환 작업은 간단하게 이루어질 수 있었다. 『환단고기』는 우리말로 번역되기 전에 일본어로 먼저 번역되었다. 일본의 유사역사가 그룹에서 이 책이 자신들의 세계관을 보충하는 데 큰 도움이 된다는 사실을 알아차렸기 때문에 벌어진 일이다.

인류가 동등한 권리를 지니고 자유롭게 살아가야 한다는 이상을 실현하는 데 유사역사학이 어떤 도움을 줄 수 있겠는가? 이들이 권력에 가까이 갈수록 우리는 불안한 세계로 한 걸음씩 가까워진다는 점을 명심해야 한다.

조지 오웰(George Orwell)의 걸작 『1984』를 보면 '증오의 시간'이라는 것이 나온다. 맹렬한 증오를 터뜨리는 시간이다. 그렇게 현실의 불만을 쏟아내게 하는 것이다. 유사역사학이 주는 증오의 감정도 이와 같다. 이런 맹목적인 증오가 동북아 평화에 무슨 도움이 될 것인가?

유사역사학 문제는 결코 우리나라만의 특이한 현상이 아니다. 따라서 이에 대한 연구도 세계 곳곳에서 진행되고 있다. 그중에는 세계적 차원에서 유사역사학 연구를 수행하는 경우도 존재한다. 즉, '유사역사학'이라는 사이비 학문은 전 세계적 공통점을 가지고 있다는 이야기다.

새크라멘토 시립대학 철학과 교수인 로버트 T. 캐롤(Robert T. Carroll)이 쓴 『회의주의자 사전』(한기찬 옮김, 잎파랑, 2007)은 유사역사학을 다음과 같이 설명하고 있다. 중요 부분만 발췌했으며, 아래 화살표(➡)로 이어지는 서술은 그의 설명에 따라 한국의 유사역사학을 대입해본 것이다.

● 신화, 전설, 모험담, 그리고 이와 유사한 문학을 문자 그대로 사실로 취함.

　➡ 유사역사가는 '단군신화'라는 말에 발끈하며, 단군은 역사적 사실로 존재했기 때문에 '신화'라고 부르면 안 된다고 주장한다. 이들은 신화 속에 나오는 지명들을 발음의 유사성을 통해 엉뚱한 곳에서 찾아낸 뒤에 그곳에 그 나라가 있었다고 주장한다. 또한 이들은 조선시대 시인들이 중국 문물을 읊은 시들을 조선이 중국 땅에 있었다는 증거라며 제시하기도 한다.

● 고대 역사 문헌에 비판적·회의적인 태도를 취하지 않고 그 명목 가치를 그대로 받아들이며, 고대 사가의 주장에 대한 경험론적·논리적 반증을 무시함.

　➡ 유사역사가는 사마천의 『사기』에 한사군의 이름이 나오지 않는 것이 한사군이 없었다는 증거라고 주장한다. 이들은 사마천이 다른 점령지에 설치된 군현의 이름 역시 적어놓지 않았다는 점을 고려하지 않는다. 이들은 명백한 오탈자도 자신들에게 유리하다면 무비판적으로 수용한다.

● 절대로 확실한 것만이 '진실'이라고 할 수 있으며, 절대로 확실한 것은 존재

하지 않기 때문에 그 무엇도 진실이 아니라는 극단적인 회의적 개념에 집착하여 역사적 진실이 존재할 가능성을 부인함.

➡ 유사역사가는 학계의 정설도 자신들의 가설과 마찬가지로 불확실한 것이라고 주장하며 학계의 권위를 무너뜨리곤 한다.

- 자신의 의제에 맞는 것은 호의적으로 인용하고, 맞지 않는 문헌은 무시하거나 해석에서 제외하면서 고대 문헌을 선택적으로 사용함.

➡ 유사역사가는 자신에게 불리한 사료는 모두 일본제국주의자와 친일파에 의해 왜곡되었으며, 자신의 주장을 입증할 사료가 부족한 까닭은 침략했던 중국인들과 그들에게 굽신대던 왕실에서 불태웠기 때문이라고 주장한다.

- 의제에 들어맞기만 하면 그것이 진실일 수도 있는 '가능성'을 진실이 되기에 충분조건이라고 간주함.

➡ 백제가 요서를 공략했을지도 모른다고 어떤 학자가 말하면, 유사역사가는 백제가 요서에 분조(分朝)를 설치한 것으로 그 역사학자가 인정했다고 주장한다.

- 인종적 편견이나 무신론, 자민족우월론 때문에, 또는 정치나 종교적 의제에 반대하기 때문에 자기들 주장을 억압하는 음모가 있다고 강조함.

➡ 유사역사가는 일본제국주의의 사주를 받아온 역사학계가 구습을 버리지 못하고 자신들의 주장을 탄압하고 있다고 주장한다.

여기에 더해 유사역사학은 이런 주장도 한다.

- 역사는 승자가 기록한 것에 불과하기 때문에 역사학이란 엄정한 과학이 아니며, 그저 국가의 이익 또는 도덕에 봉사하면 되는 것이라고 주장함.

➡ 유사역사가는 '자국을 미화하는 것이 도대체 왜 나쁘냐'고 말하며 반대론
자를 매국노로 몰아붙인다. 또한 '민족의 우수성을 주장하는 것이 왜 나쁜 일
이냐'며 상대방을 비도덕적인 인간으로 몰아붙인다. 이 문제가 도덕과 아무
관련도 없다는 점을 이들은 알지 못한다.

로버트 T. 캐롤은 고대 역사서를 날조하는 사례를 아래와 같이 설명했다.

고대 문서를 발견했다고 주장하고 그것을 자신의 사상을 피력하기 위한 목
적으로 공표하는 이런 기법은 지금도 이를테면 『천국의 예언』(제임스 레드필드가
쓴 책으로 뉴에이지 운동을 위한 영적 안내서) 같은 데서 여전히 사용되고 있다.

"고대 문서를 발견했다고 주장"하는 기법이라니 왠지 낯설지 않다. 『환단
고기』도 현대에 와서 '발견'된 고대 문서라 주장된다. 러시아에는 『벨레스
서(Velesova kniga)』가 있다. 고대 슬라브 민족의 영광을 다룬 문서로, 역시 현
대에 '발견'되었다고 한다. 『벨레스서』는 1950년대에 미국의 러시아 이민
자들 사이에서 발행되던 잡지 『불새』에 공개되면서 알려졌다. 원래는 목판
이었으며, 이젠백(Izenbek)이라는 러시아 장교가 발견하여 미로류보프(Yuri
Mirolyubov)가 연구했다고 한다. 물론 그 목판은 현재 어디로 갔는지 알 수 없
다. 『환단고기』의 원본이 어디에 존재하는지 모르는 것과 동일하다. 러시아
에서 빈 몸으로 간신히 미국으로 도망쳐 온 이젠백이 목판 수십 개를 가져
왔다는 것도 말이 되지 않는다. 이유립(李裕岦)이 빈 몸으로 38선을 넘었는데
『환단고기』를 어떻게 챙길 수 있었는지 설명할 수 없는 것과 동일하다. 일본
에도 이런 위서들이 있다. '고사고전(古史古伝)'이라 불리는 여러 종류의 문서

들이다. 이 문서들도 하나같이 권력자의 탄압으로 인해 비밀스럽게 전해졌다고 주장된다.

이와 같이 유사역사학에는 위서의 등장이 많다. 하지만 꼭 위서가 있어야만 하는 것은 아니다. 『환단고기』가 등장하기 이전에도 『환단고기』와 같은 주장은 많이 있었다. 그런 주장들이 결집하여 『환단고기』라는 형태가 만들어졌다고 보는 편이 옳다.

로널드 프리츠는 『사이비역사의 탄생』에서 유사역사학과 역사학을 구분하는 방법에 대해 이렇게 말했다.

사이비역사(pseudohistory) 내지 사이비과학(pseudoscience)이란 무엇인가? 대단히 까다로운 질문이다. 사이비역사를 규정할 수 있는 진정한 출발점은 '역사란 무엇인가'라는 고전적인 질문에 답하는 것이다. 역사에 대한 단순하고도 우아한 정의는 '인간의 과거에 대한 진짜 이야기'다. 문제는 사이비역사가들도 자신의 생각이나 저술이 인간의 과거에 대한 진짜 이야기라고 주장한다는 것이다. 그렇다면 한 개인이 역사와 과학에서 무엇이 진실이고 사실인지, 무엇이 거짓말이고 허위인지를 어떻게 구분할 수 있을까? 그 답은 증거이다. 증거는 고대의 기록일 수도 있고, 고지도, 유물, 역사와 관련된 고고학적·과학적 발견의 형태가 될 수도 있다. 또 다른 답은 그런 증거를 분석하고 평가함에 있어서 객관적이고 경험적인 방법을 사용했는가이다. 사심 없이 주제를 다루는 객관적인 학자들은 증거를 편견과 선입견 없이 본다. 아니, 적어도 인간적으로는 가능한 한 편견에 물들지 않으려고 부단히 노력한다.

유사역사가들은 증거를 역사학자처럼 다루지 않는다.

사이비역사가들은 증거를 선별적으로 채택한다. 자신의 생각과 어긋나는 것은 무시하고 자신의 주장을 강화해주는 증거만을 사용한다. 사이비역사가들은 논리 전개 과정에서 가능성과 개연성의 구분을 흐려버리는 경향이 있다. '어떤 일이 가능하다'고 했을 때는, 그런 일이 일어나거나 일어났을 수 있지만 실제로는 발생하기는 어렵다는 얘기다. 반면에 '어떤 일이 개연성이 있다'고 할 때에는 일어났거나 일어날 가능성이 매우 높다는 얘기다. 역사와 사이비역사의 또다른 차이는 지성의 무대에 등장한 선수들 사이에 벌어지는 논쟁과 공방의 성격이다. 그들은 하고 많은 증거 중에서 하필이면 예외적인 것에 주목한다.

역사학자들은 해석을 놓고 대립한다. 하지만 유사역사가들은 아주 기본적인 사실을 가지고 논쟁을 일으킨다. 기본적인 사실에 대한 의문을 그럴싸하게 포장해서 던지면 그 충격이 더 커지기 때문이다. 논리적 추론이 가능한 문제들에 대해서도 그들은 '완벽하게 부합하는 증거가 없다'고 무작정 부정하거나, 사서의 오류나 특별한 이유로 게재된 듯한 사소한 문제들을 꼬투리 잡아서 억지 주장을 한다.

예를 들어 백제가 중국 땅에 있었다는 그들의 주장을 보자. 백제의 서쪽에는 바다가 있었다는 많은 증거들이 사서에서 충분히 발견된다. 하지만 유사역사가들은 '백제 수도인 부여에 왕궁터가 없다'고 우기거나(없는 것이 아니라 아직 발굴되지 못한 것이다), 『삼국사기』에 어딘지 잘 모르겠다고 적힌 백제 지명을 중국 땅에서 찾아내 '백제는 중국 땅에 있었다'고 주장한다. 시기나 지명에 대한 고증은 신경 쓰지 않는다.

또한 그들은 최신 연구 결과를 인용하지 않고 역사학계에서도 예전에 이미 수정된 견해들을 가지고 와서 반박한다. 프리츠는 이렇게 말한다.

사이비역사와 사이비학문을 솎아내는 것 못지않게 중요한 것은 지금은 폐기된 부정확한, 잘못된, 또는 구닥다리가 된 역사와 과학을 구분하는 것이다. 중세 때는 지구를 중심으로 우주를 설명하는 이론이 정통적인 세계관이었고, 당대 주류 지식의 일부였다. 요즘 지구 중심적 태양계 이론을 학문적으로 치장해 주장하는 사람이 있다면 사이비학자라는 평가를 받을 것이다.

찰스 M. 윈(Charles M. Wynn)과 아서 W. 위긴스(Arthur W. Wiggins)가 공저한 『사이비 사이언스』에 나오는 아래와 같은 내용도 경청할 만하다.

역사는 무엇보다도 하나의 이야기라 할 수 있다. 역사는 이미 일어난 사건들에 대해 이야기한다. 또한 역사는 그런 사건들에 대해 질문을 던지고, 경험적 자료를 이용하여 그 근원적 원인들에 대해 설명하고자 한다는 점에서 과학이기도 하다. 모든 과학자들과 마찬가지로 역사가들은 이용 가능한 사실은 무엇이나 고려하고, 다음으로 그 사실들에 적합해 보이는 이론들을 구성한다. 그리고 이후 얻어진 정보가 어떤 이론과 모순된다면 그 이론을 수정하거나 폐기한다. 이와 반대로 유사역사가들은 그들이 참인 것으로 선호하는 이론을 뒷받침하기 위해, 자신들이 무엇이 "사실들"이기를 원하고 있는지를 결정한다.

유사역사학에 빠진 사람들이 그것을 '믿음'으로 지키고자 한다는 점을 『사이비 사이언스』는 다음과 같이 설명한다.

일단 어떤 믿음을 갖게 되면, 사람들은 모순되는 증거 앞에서조차 애초의 믿음을 지키려고 하는 경향이 있다. 설명이란 현상을 밝히기 위해 개발된 것임에도 불구하고, 이들은 그 설명이 잘못된 증거에 기초하고 있거나 비이성적임이 밝혀졌을 때에도 여전히 그것을 바꾸려고 하지 않는다. 변화에 대해 이렇게 비이성적으로 저항하는 것을 우리는 '믿음 집착(belief perseverance)'이라고 부른다.

그렇다면 이러한 사람들을 어떻게 상대해야 하는가? 『사이비 사이언스』는 이렇게 말한다.

> 사람들이 자신의 믿음을 뒷받침하는 증거만 찾으려 하는 성향을 잠재울 수 있는 한 가지 유용한 방법은, 그들을 그렇게 믿게 만든 추론의 부당함, 즉 그 추론 안에 잠재되어 있는 결함들에 초점을 맞출 수 있도록 돕는 것이다. 그들에게 믿음을 제공한 추론과 상반되는 추론으로 그들이 주의를 돌릴 수 있게 하고, 그 상반된 추론을 하나하나 확인하도록(이상적으로는 하나하나 직접 쓰면서 확인하도록) 용기를 북돋아준다면, 믿음에 모순되는 증거들을 무시하는 성향이 언젠가는 없어질 것이다.

유사역사학은 음모론에 기반하여 기존의 역사 사실과 다른 주장을 근거 없이 내놓는 엉터리 주장을 가리킨다. 유사역사학은 일반적으로 민족주의와 결합하여 국수주의적인 주장을 펼친다. 그런데도 우리나라에서는 '좌파'라 일컫는 사람들이 유사역사학의 주장에 빠져드는 경우가 많다. 극우파가 갈고닦아 만들어놓은 틀 위에 민주화 이후 좌파 세력의 일부가 업혀서 세력을 확대해나가고 있다.

이런 주장이 먹혀들도록 한 토양은 박정희가 깔아놓았던 민족 중심의 교육이었다. 유신 체제는 '한국적 민주주의'라는 이름으로 선전되었다. 학생은 누구나 예외 없이 "우리는 민족중흥의 역사적 사명을 띠고 이 땅에 태어났다"로 시작하는 국민교육헌장을 외워야 했다. 국민학교 시절, 이걸 다 외우지 못하면 집에 갈 수도 없었다. 극장에서 영화를 상영하기 전에도 애국가가 나오고(그때마다 자리에서 일어나야 했다), 저녁 6시가 되면 전 국민이 국기하강식에서 흘러나오는 애국가가 끝날 때까지 그 자리에 멈춰서서 경례 자세를 취하거나 가슴에 손을 얹어야 했다. 지금은 상상하기 힘들 정도로 민족에 대한 '세뇌'가 벌어지던 시대였다.

1970년대 내내 그렇게 귀에 못이 박히도록 '민족'에 대해서 들었지만, 정작 실제 역사는 그런 세뇌에 도움이 될 만한 콘텐츠를 제공하지 못하고 있었다. 고구려가 조금 튀는 듯했지만 곧 신라의 '배신'으로 멸망했고, 발해는 흐지부지 사라졌다. 그 뒤 내내 반도에 갇혀 살던 나라가 결국 야만스런 일본에 먹혀버렸다. 이렇게 못마땅한 역사를 가진 '민족'이라니!

1975년부터 1976년까지 1년간 역사학자 이선근은 국무회의에서 주 2회씩 한국사 특강의 시간을 가졌으며, 그 강의 내용을 묶어 『한민족의 국난극복사』(휘문출판사, 1978)라는 책을 냈다. 그 책에 이런 대목이 있다.

19세기 이후로 서구의 물질문명을 재빨리 모방하여 신판 제국주의를 자랑하게 된 일본이 5백년 왕조의 이 나라를 침략하게 되자 그들은 우리 민족의 역사와 문화와 전통을 무시하고 또 날조하여 자주 자립의 능력이 전연 없는 미개 열등한 민족으로 낙인 찍고 중상모략함으로써 (…)

우리 민족이 한반도를 중심 생활권으로 하면서도 때에 따라 만주 대륙으로 웅비하기도 하고 혹은 반도 안에 위축되기도 했던 사실은 결국 그때그때의 국가관 확립 여부에 있었다 해도 과언이 아닌 것이다.

　이후 유사역사학에서 전개될 중요한 두 가지 인식이 여기 담겨 있다. 하나는 우리 역사를 왜곡한 주체가 일본제국이라는 것, 다른 하나는 한반도 내로 영토가 한정되는 것을 '위축'으로 판단하는 것이다. 이선근은 한민족의 민족성을 '평화를 사랑하는 문화민족'이라고 정의한다. '다른 나라를 침략한 적이 없고 외적이 침입할 때만 끈질기게 저항한 끈기의 나라'라는 정의는 당시뿐만 아니라 현재까지도 지속되는 한민족에 대한 보편적 인식이다. 평화·문화·저항·끈기 등의 미사여구가 동원되었지만, 결국 평화란 남을 침략할 만큼의 무력이 없었음을 뜻했고 저항과 끈기는 남의 침략을 받아 발생한 수동적인 자세였으며, 문화란 무력의 빈곤을 감추기 위한 안티테제로 인식되었다.

　세계사 시간에 배우는 '세계 4대 문명' 같은 찬란한 문명이 없는 한민족의 역사란 세계사의 변두리일 수밖에 없었다. 역사란 모름지기 피라미드나 지구라트 같은 거대 조형물이 있어야 멋진 것이고, 갑골문자나 쐐기문자 같은 고대 문명의 흔적이 있어야 위대하다고 배우며, 알렉산더의 마케도니아나 로마제국, 중국제국 같은 거대한 국가가 형성되어야 가치가 있다고 생각하게 되면서, 그런 것이 전혀 존재하지 않는 자국사에 대한 채워지지 않는 갈증을 내면화해버린 사람이 부지기수였다.

　한민족의 우수성이나 조상이 남긴 문화유산의 가치를 강조할수록 다른 나라의 문화유산과 비교하게 되고, 더 크고 더 멋진 유적·유물이 없음에 대한 불만이 커져가는 악순환 속에서, 유사역사는 사람들에게 '그 모든 것보다 더 위대한 것'을 제시해주었다. 일단 자기 마음을 만족시키는 '보물'을 발견한 뒤에는 결코 그것을 놓을 수 없다. 유사역사가 진짜 역사임을 증명해 내고 싶어지는 것이다.

민족주의 세뇌가 이미 진행되어 있던 세대는 순식간에 '크고 아름다운' 『환단고기』의 세계에 빠져들었다. 우리 민족의 위대한 역사를 왜곡하고 숨겨온 집요한 세력이 있다. 바로 친일파! 그들은 역사학계를 장악하고 진실을 숨겨왔다!

피가 뜨겁고 순수한 사람일수록 더 쉽게 이 판타지에 빠져들었다. 친일파가 권력을 장악하고 자신들의 세계를 세뇌하고 있다는 것이 80년대 운동권의 논리 중 하나였다. '의식화 학습'은 곧 기득권 세력이 강요한 세계관을 벗어버리는 길이었다. 이 논리에 역사학을 끼워 넣기란 아주 쉬웠다. 우리가 지금까지 배워온 역사는 기득권 세력이 강요해온 기득권의 논리에 맞춰진 것이다. 그들이 숨긴 진실을 이제 보여주겠다. 이리 와서 『환단고기』를 보라!

사실 이 이야기는 『환단고기』를 정답으로 제시하는 결론 부분만 빼면 아주 틀렸다고 할 수도 없다. 1980년대까지는 아직 역사학 연구에서 미진한 부분이 많았고, 기득권을 옹호하는 방식의 왕조 중심, 지배자 중심의 역사 공부가 주류를 이뤘던 것도 일정 부분 사실이었다. 하지만 그 대안이 가짜 역사에 있을 수는 없다.

문제는 이런 식으로 『환단고기』의 뿌리를 알지 못한 채 그 세계에 빠져든 이들이 많아지면서 본래 극우의 논리였던 유사역사학이 훨씬 복잡한 양상을 띠게 되었다는 점이다. 상식적으로 이해할 수 없지만 이른바 진보 언론이라는 『한겨레』, 『경향신문』, 『프레시안』 같은 매체들에서 유사역사가들이 지면을 확보하고 대중 선전 선동을 전개할 수 있었던 이유도 여기에 있다.

시카고대학 종교학과 교수인 브루스 링컨(Bruce Lincoln)의 『신화 이론화하기』(김윤성 외 옮김, 이학사, 2009)는 유사역사학을 표면에 내세우지는 않았지만 유사역사학의 해악을 잘 설명하고 있는 책이다. 그는 영국 태생의 동양학자 윌리엄 존스(William Jones) 경이 1786년에 내놓은 유럽 언어들과 인도의 산스크리트어, 그리고 페르시아어의 관계와 공통 기원에 대한 가설이 어떤 파장을 끼쳤는지를 잘 보여준다. 존스의 이론은 게르만인들로 하여금 자신들이 찬란한 그리스·로마와 공통의 조상을 가지고 있다는 점을 깨닫고 문화적 열등감에서 벗어나게 해주었다. 그리고 아리아족과 관련이 없는 유대인을 상정함으로써 독일인에게 유대인 박해의 근거를 만들어주었다. '인도-아리아 어족'이라는 것이 존재한다는 사실 위에 '민족'이 덧씌워지면서 후일 나치가 이 신화를 이용해 홀로코스트라는 전대미문의 대범죄를 저지를 계기가 착착 만들어져갔던 것이다.

유사역사학에서는 파미르 고원을 중요시한다. 파미르 고원에서 인류가 발생했다는 말도 흔히 한다. 그런 척박한 곳에서 생명체가 진화했다는 걸 믿는다는 것 자체가 어이없는 일이다. 인류가 아프리카에서 기원했다는 것은 이제 상식이다. 나치도 파미르 고원을 아리아 어족의 발원지라고 믿었다. 그곳에 탐험대까지 파견할 정도였다. 1938년 히틀러의 심복 하인리히 힘러는 나치 친위대원 에른스트 샤우퍼를 대장으로 세워 원정대를 파견했다. 샤우퍼는 티베트에서 卍(만)자가 새겨진 불상을 발견하고 그것을 나치의 상징인 하켄크로이츠라고 믿었다. 힘러는 그 불상이야말로 독일인이 티베트에서 기원한 아리안의 후손임을 증명한다고 선전했다. 실제로는 천 년 전에 만들어진 불상에 불과했는데도 말이다. 이런 엉터리 이야기들이 뭉쳐서 파미르는 인류의 성지로 떠받들어졌고, 그 영향은 우리나라에도 미쳤다.

1903년 제정 러시아의 비밀정보부는 「시온 장로들의 프로토콜」(흔히 「시온 의정서」로 알려짐)이라는 문건을 만들어냈다. 이 문서는 유대인들이 세계를 지배하는 흑막이라는 주장을 담고 있었고, 히틀러에게도 큰 영향을 주었다. 이 문서가 허위라고 주장한 권위 있는 학자와 언론의 의견은 「시온 의정서」를 곧이곧대로 믿는 이들에게 아무 의미가 없었다. 문서의 진실을 감추기 위한 유대인들의 공작으로 치부되었던 것이다. 이쯤 되면 학술적 토론이나 논쟁은 어떤 의미도 없다. 하나의 위서가 유대인 대학살이라는 거대 범죄의 주춧돌이 되었던 것이다.

아이슬란드의 시인 스노리 스투를루손(Snorri Strurluson)은 1220년에 쓴 『산문 에다(Prose Edda)』에서 트로이를 세계의 중심으로 설정했다. 스노리는 트로이인들이 북유럽으로 와서 자기들의 조상이 되었다고 주장했다. 그 근거는 트로이의 왕 프리아모스에게 트로르라는 이름의 손자가 "있었을 것이고" 그가 바로 토르(북유럽 신화에 나오는 신)라는 것이었다.

르네상스기 네덜란드의 요하네스 고르피우스 베카누스(Johannes Goropius Becanus)는 모든 언어의 조상 언어가 네덜란드어라고 주장했다. 이 주장 이후 자신이 제일 잘 알고 좋아하는 언어와 민족이 가장 오래되고 가장 완벽하다고 착각하는 행위를 고르피우스주의(Goropianism)라고 부르게 되었다.

스노리가 트로이인을 자기들 조상으로 삼은 이유는 이 오래된 '민족'이 멸절한 탓에 그들을 자기 조상이라 주장할 후손이 없는 유명한 '민족'이기 때문이었다. 같은 이유로 17세기의 학자 마르쿠스 주에리우스 복손(Marcus Zuerius van Boxhorn)은 스키타이족이 북유럽의 조상이라고 주장했다. 스키타이 역시 후예가 없었기 때문이다. 이런 행태는 후계자가 없는 고대의 악신 '치우'를 우리나라의 유사역사가들과 묘족이 서로 조상이라고 주장하는 것과 동일한 현상이다.

윌리엄 존스는 성서와 민족들을 연관시켜서 노아의 세 아들 중 함의 후예는 인도, 페르시아, 로마, 그리스, 고대 이집트 등이라고 주장했고, 셈의 후예로는 유대인과 아랍인 등을, 몰상식한 야벳의 후예로는 타타르인과 슬라브인, 북유럽인과 아시아인들을 집어넣었다. 또한 중국인, 일본인, 고대 멕시코인과 페루인은 가장 훌륭한 함의 후예에 넣을 수 있을지 모른다고 했다.

브루스 링컨은 신화학이 어떻게 한 세기가 넘도록 아리아 신화들에 특권을 부여해왔는지, 그리고 그 특권화가 어떻게 가설적이고 심지어 허구적인 인종, 민족 혹은 문명이 담론적으로 구축되는 데 주된 역할을 했는지를 분석했다. 민족을 위대함으로 감싸서 국가의 이익에 봉사하게 만드는 일은 독일에서만 벌어진 것이 아니었다. 그런 일은 강력한 국가를 필요로 하는 곳이라면 어디서나 일어났고, 일어나는 중이다. 스웨덴, 인도, 베트남, 터키, 카자흐스탄 등등, 모두 이런 움직임 속에 있다.

브루스 링컨은 이렇게 말한다.

> 우리는 하나의 어족이 존재한다고 해서 이것이 반드시 하나의 공통기어(共通基語)가 존재함을 의미하는 것은 아니라는 점을 인정한다. 더욱이 설령 공통기어가 존재한다고 해도, 이것이 곧 원민족, 원신화, 원이데올로기, 본향의 존재를 상정하거나 수반하는 것은 아니다.

이광수(부산외대 교수)의 『인도 수구 세력 난동사』(나름북스, 2016)는 유사역사학을 정치철학으로 삼는 인도국민당이라는 정당이 어떻게 인도에서 정권을 차지하게 되었는가를 분석한 책이다. 인도국민당은 우리나라의 독재 정권이 '공산당 빨갱이'를 내세워 인권을 탄압하고 정권을 유지했던 것처럼 무슬림을 적으로 상정하여 공격하면서 자신들의 입지를 갖춰나갔다. 그들은 그 과정에서 인도인이 세계 최고의 민족이라는 유사역사학을 내세웠다.

'유사역사학의 주장은 황당하니까 세력을 얻지 못할 것'이라는 생각은 너무나 순진하다. 역사의 교훈을 보자면 이런 주장들이 힘을 얻어 권력을 장악하는 일이 없지 않았다.

마이클 셔머는 『왜 사람들은 이상한 것을 믿는가』(류운 옮김, 바다출판사, 2007)에서 정치적 극단론자와 비주류 단체의 성격을 정리했는데, 이는 유사역사학 단체들과 관련해서 시사점이 크다.

> ① 자기들은 진리를 알고 있다고 절대적으로 확신한다.
> ② 미국이 어떤 음모 집단에 의해 조종된다고 생각한다.
> ③ 상대방에게 공공연한 증오를 내보인다.
> ④ 민주주의적 절차를 신뢰하지 않는다.
> ⑤ 일부 시민들의 기본적인 자유권을 기꺼이 부정한다.
> ⑥ 무책임한 고소·고발, 인신공격에 줄기차게 매달린다.

이런 양태는 우리나라 유사역사학 단체들의 행동과 다를 바가 없다. 자신들만 역사의 진실을 알고 있다고 주장하면서, 친일파와 노론에 의해 나라가 조종되고 있다고 생각하기 때문에 역사학자(친일파와 노론의 앞잡이)를 증오하고 이들의 권리를 박탈해야 한다고 믿으며 무책임한 인신공격을 가한다. 셔머가 말하는 이들의 행동 패턴 중에는 이런 것도 있다.

대중의 주목을 받기 위해서 "증거 하나만 대보라"고 요구하면서 증명의 부담을 자기 쪽에서 체제 쪽으로 돌리려 한다. 창조론자들은 전이 형태가 존재했음을 증명하는 "화석 하나만 대보라"고 요구하고, 홀로코스트 부정론자들은 유대인이 가스실에서 죽임을 당했다는 "증거 하나만 대보라"고 요구한다.

우리나라의 유사역사가는 낙랑군이 평양에 있었다는 증거 하나만 대보라고 떠든다. 역사학은 단 하나의 증거로 움직이는 것이 아니라 수많은 증거들의 결합을 통해 귀납적으로 증명되는 학문이다. 이 증거들 가운데 한두 가지 불일치가 존재한다고 해서 전체 결론이 무너지는 일은 발생하지 않는다. 그러나 유사역사가들은 증거의 수렴을 거부하고 자기들 주장에 맞는 것만 취사선택하여 대중에게 알린다.

박근혜 정부 시절 역사학자와 유사역사가 사이에 여러 차례 토론이 벌어졌다. 이들 토론에서 유사역사가들의 주장은 여지없이 무너졌다. 하지만 아무리 역사학자가 열과 성을 다해 설명해도 유사역사가들은 자신들의 주장을 수정하지 않았다. 그들은 지엽적이고 말단적인 문제를 가지고 트집을 잡거나, 사소한 문제라 중요하지 않다는 말로 두루뭉술하게 공격을 피해갔다. 그런 뒤 돌아서서는 학계가 토론을 기피한다고 말하고 다닌다.

이들 토론을 유튜브에서 확인해볼 수 있음에도 유사역사가의 주장이 대중에게 먹히는 경우가 많다. 역사학자들의 증명은 지루하고 까다롭고 전문적이라, 유사역사가가 "그런 건 전혀 중요하지 않아요"라고 퉁명스럽게 한마디 하면 일반 대중은 '그 말이 맞는가보다'라고 생각해버리기 때문이다.

이런 경험은 유사역사가와의 토론이 무의미함을 증명하는 것이기도 하다. 그들의 주장을 논파하기 위해 굳이 얼굴을 맞대고 앉을 필요는 없다. 책과 논문을 통해 그들의 주장을 논파해주기만 한다면 말이다. 영화 〈나는 부정한다〉의 첫 장면에서 유사역사가 데이비드 어빙이 역사학자 데보라 립스타트의 강연장에 나타나 토론을 제의하는데, 립스타트는 자기 책에 모든 내용이 있다면서 거절한다. 사이비에 대처하는 방법은 어디나 마찬가지다.

유사역사학은 사람들을 끌어들이기 위해 상식을 무너뜨린다. 먼저 그들은 기존 권위를 무시하게 만든다. 정통성이 없는 정권만큼 취약한 정권은 없다. 학문의 권위가 없는 학설도 일반인에게 취약해 보이기는 마찬가지다. 이런 이유로 유사역사가들은 역사학계를 친일파의 후예라고, 조국을 위해 연구하지 않고 친일파를 위해 연구한다며 끊임없이 선전·선동을 해왔다. 그렇게 함으로써 역사학계의 반론을 도덕적 우위에서 막아낼 방패를 만들어낸 것이다. 유사역사가들은 대개 다음과 같은 특징을 가진다.

- 적절하게 훈련받거나 자격을 갖추지 못함 : 역사학과 출신이 아니거나 학계에서 인정받지 못하고 있다. 그들은 '학계가 부정하기 때문'이라는 논리로 빠져나간다.
- 특정 사료를 과장하거나 함부로 추정함 : 사료적 가치가 현저히 떨어지는 『만주원류고』를 금과옥조로 섬기거나, 두찬으로 이름난 『요사』·『금사』 등에 의지하고, 당대 기록보다 후대 기록을 중시한다.
- 긍정적 사료만 중시하고 부정적 사료는 무시함 : 자신들의 주장을 뒷받침할 수 있는 것만 제시한다.
- 입증되지 않는 개인적 사례를 강조함 : '내가 경험한 바로는' 이런 사료는 말이 안 된다, 따라서 잘못된 것이라는 식의 논리를 펼친다.
- 객관적인 자세를 갖지 못하고 주관적으로 판단함 : 역사에 객관은 없다면서

자신들이 마치 적당히 주관적인 것처럼 위장해서 주장을 늘어놓는다.

● 사기성 있는 주장을 함 : 고의적으로 사료를 엉터리로 해석하고 맞다고 우긴
다. 또한 반론을 무시하고 도덕적 공격만 되풀이한다. 그동안 누적된 유사역
사학에 대한 비판에 대응하지 못하고 상대에게 욕설만 퍼붓는다.

그럼 대체 유사역사가의 엉터리 이야기를 사람들은 왜 믿는 걸까? 셔머는
이렇게 말한다.

크레도 콘솔란스(내 마음을 달래주기 때문에 믿는다). 다른 어떤 이유보다도 사람들
이 이상한 것을 믿는 이유는 바로 믿기를 원하기 때문이다. 느낌이 좋다, 편안
하다, 위로가 된다는 것이다.

자신들이 믿는 것이 비이성적이고 잘못된 증거 위에 있음이 명백해도 회
피하려 한다. 더구나 그들은 스스로 믿는 것이 옳다고 확신하기 위해 자신
들의 믿음을 강화할 수 있는 증거만 받아들인다. 이를 '확증편향(confirmation
bias)'이라고 부른다. 이미 믿음 집착이 있는 사람이 확증편향으로 자신에게
유리한 말만 들으면서 역사학자들의 새로운 이야기에는 귀를 기울이지 않
는다. 그런 이들에게 유사역사가들은 "역사는 전문가들만의 영역이 아니
다"라고 선동한다.(그런데 역사 전문가가 아닌 나를 비난할 때는 정반대 논리를 동원한다)

이러한 문제는 역사학이 발달할수록 더욱더 심해진다. 이해하기 어렵고
복잡해질수록 전문가에 대한 증오심이 커지기 때문이다. 『전문가와 강적
들』(정혜윤 옮김, 오르마, 2017)의 저자 톰 니콜스(Tom Nichols)는 다음과 같이 말한
다.

여기서 또 하나의 문제는 대부분의 일반인들이 '과학적 방법'의 기초를 배운 적이 없거나 잊어버렸다는 사실이다. 과학적 방법은 일반적인 질문을 가설, 검증, 분석으로 바꾸는 일련의 단계들이다. 문제는, 사람들이 '증거'라는 단어를 흔히 쓰기는 하지만 그 말을 지나치게 느슨하게 사용한다는 사실이다. 일반적으로 대화에서 '증거'는 '합의된 규칙에 따라 사실 여부를 테스트하는 과정을 거치고 난 무언가'가 아니라, '내가 진실이라고 생각하는 것'이라는 뜻으로 쓰이는 경향이 있다는 말이다.

톰 니콜스가 지적한 바와 같이 확증편향의 문제는 보통의 일반인보다 더 배우고 똑똑한 사람이 음모론에 빠질 때 일어난다. 음모론은 이해하기 복잡한 사회현상을 설명하는 데 매력적이다. 예컨대 이런 식이다. '우리는 비참한 역사를 가지고 있어. 내가 속한 역사가 그럴 리가 없지. 『환단고기』를 보니까 우리 역사는 찬란했어. 그런데 왜 우리는 그 사실을 몰랐지? 일제 때의 식민사학자에게 세뇌당한 제자들이 한국사를 꽉 움켜쥐고 있기 때문이었군. 이 반동분자들을 몰아내야 해. 아무튼 우리 역사가 찬란했었음이 틀림없다니 행복해.'

그들은 『환단고기』와 같은 유사역사를 통해 열등감을 치유받고 위안을 얻는다. 그것이 가짜라면 위안은 사라지고 열등감이 돌아올 것이다. 절대 용납할 수 없는 일이다. 『전문가와 강적들』에는 이런 우리 사회의 현상과 관련하여 음미해볼 만한 대목이 있다.

슬픔이나 혼란에 직면한 개인들이 딱히 이유가 없을지도 모르는 일에 대해서도 일단 아무 이유라도 찾고 보듯이, 국가적 차원의 끔찍한 경험을 하게 된 사회 전체는 집단적으로 기괴한 이론에 끌리게 된다. 캐나다 작가 조녀선 케이가 말한 바 있듯이, 음모론과 그 뒤에 놓인 잘못된 추론은 "거대한 집단적 외상을 겪은 사회에서" 특히 매력적으로 다가온다.

사회학자 전상진(서강대 교수)은 『음모론의 시대』(문학과지성사, 2014)에서 음모론에 대해 일곱 가지 정의를 내렸다. 그중 주요한 부분을 유사역사학에 대입해보자.

- 음모론은 필사적이고 절실한 물음이자 답변이며, 기대와 현실의 간극을 해결하는 방책이다.
  - ➡ 우리 역사가 찬란해야 한다는 민족주의자들에 대한 절실한 대답은 『환단고기』와 같은 책으로 등장한다.
- 음모론은 복잡한 사안을 단순하게 만든다.
  - ➡ 유사역사학 역시 복잡하기 이를 데 없는 과거를 단순 명료한 것으로 치환해버린다.
- 음모론은 방어기제로 내 고통의 원인으로 탓할 무언가를 제공해준다.
  - ➡ 유사역사학은 증오할 대상으로 일본과 중국을 던져준다.
- 음모론은 고통을 유발하는 문제의 모든 이유와 원인을 사람의 모습으로 만든다.
  - ➡ 한국사의 모든 고통이 식민사관을 고수하는 역사학자들로부터 비롯되었다고 본다.
- 음모론은 이원적 사고이다. 세상에는 착한 우리 편과 사악한 적들이 있을 뿐이다.

➡ 유사역사가들은 "우리는 권력에 의해 쫓겨난 희생자이고, 저들은 기득권 자로서 온갖 것을 누린다. 저들은 바로 '강단사학자'들이다"라고 강조한다.

개인적인 위로 차원에서 읽을거리가 필요하다면 웹소설과 웹툰을 읽기를 권한다. 추리소설처럼 두뇌 회전을 요하는 읽을거리도 좋을 것이다. 편안하고, 느낌이 좋고, 위로도 받을 수 있다. 그뿐만 아니라 세상을 위협하는 무서운 사상으로 발전하지도 않는다.

제2장
우리나라 유사역사학의 뿌리

1. 투라니즘

유사역사학은 일본을 극도로 혐오하는 것처럼 보인다. 유사역사학 신봉자들은 역사학계를 '조선총독부 조선사편수회의 후예'라고 부르며 식민사학을 유지하고 있는 집단이라 매도하는데, 이는 그들이 일본을 대단히 혐오하기 때문에 가능한 것이다.

그들은 왜 일본을 혐오하는가? 그것은 단순히 일본제국이 조선을 식민지화했기 때문이 아니다. 그들이 볼 때 일본은 본래 한반도에서 건너간 후예로서 집안 계통으로 따지면 방계 혈족인데 감히 종갓집인 조선을 침략하고 굴복시키는 '하극상'을 범했기 때문에 혐오하는 것이다.

유사역사학은 일본의 천황가가 한반도에서 유래했음을 증명하기 위해 엄청난 노력을 기울인다. 또한 고대 일본의 문화는 모두 도래인(渡來人), 즉 한국인들이 전수해서 만들어준 것이라고 주장한다. 같은 집안이라는 이런 주장은 매우 위험한 생각인데도, 유사역사학 신봉자들은 그 점을 전혀 이해하지 못한다.

　일본은 '일선동조론'을 앞세워 조선을 침략했다. 일선동조론을 주장하는 이들 중에는 한반도에서 일본으로 문명이 넘어왔다는 것을 인정하는 사람도 있었다. 일본의 1세대 역사학자인 호시노 히사시(星野恒)는 1890년에 '천황가는 한반도에서 건너왔다'고 주장했다. 그가 이런 주장을 한 것은 천황가를 폄하하기 위해서가 아니었다. 한반도가 본래 일본과 같은 영토에 속했으므로 조선을 병합하는 것은 당연한 일이라고 주장하기 위해서였다.

　일본의 천황 일족이 한반도에서 넘어간 이들일 수도 있다. 하지만 그렇기 때문에 한국이나 일본이 서로에 대해 어떤 권리를 가진다고 생각한다면 그것은 크게 잘못된 생각이다. 그런 잘못된 사고가 결국 일본의 침략을 부추겼다. 이와 같은 역사를 뻔히 보면서 일본에 대한 우월감을 찾고자 일본과 한국이 동족의 나라라고 주장하는 것은 매우 위험천만하다.

　1901년 일본의 경제학자이자 역사학자인 다구치 우키치(田口卯吉)는 일본인이 아리안 인종의 본가(本家)라고 주장했다. 일본인은 본래 백인종이며 황인종이 아니라고 강변한 것이다. 일본이 러일전쟁에서 승리한 뒤 그는 자신의 주장을 더욱 강화했다. 본래 고귀한 혈통이었기 때문에 러시아와 같은 대제국에게도 이길 수 있었다는 것이었다. 이런 주장의 기저에는 열등감이 존재했다. 서구에 대한 열등감을 그들보다 우월하다고 주장하는 것으로 치유받고자 했던 것이다. 이런 열등감은 러일전쟁의 승리 이후 다이쇼(大正) 시대에 들어 자신감이 고양되면서 사라졌다. 다만 일본인의 기원을 서방에서 찾는 행위까지 사라지지는 않았다.

　일본 게이오대학 역사사회학 교수 오구마 에이지(小熊英二)는 『일본 단일민족신화의 기원』(조현설 옮김, 소명출판, 2003)에서 이런 주장은 일종의 귀종유리담(貴種流離譚), 즉 귀한 핏줄이 밑바닥으로 추락했다가 다시 상승하는 종류의 이야기라고 말했다. 일본 민족의 귀종유리담은 유대 기원설, 수메르 기원설, 이집트 기원설, 히타이트 기원설 등으로 다양한데, 이들의 공통점은 고대 문명의 후계자가 일본이라고 자처한다는 것이다.

앞서 브루스 링컨의 책에서 살펴본 바, 유럽 국가들이 언어를 통해 민족의 기원을 신비하게 채색하려 했던 것과 같은 일이 아시아에서도 일어났다. 한국어와 일본어가 '우랄-알타이 어족'이라는 학설이 나오면서 동아시아에서도 같은 바람이 불었던 것이다.

우랄-알타이가 아리아어나 셈어와 어깨를 나란히 한 것은 이미 19세기 때부터였다. 핀란드와 헝가리를 중심으로 '범투라니즘'이라는 운동이 일어난 적 있었다. 투라니즘은 이란 북동부의 투란 평원에서 나온 말로, 우랄-알타이 어족을 '투란 민족'이라는 이름하에 하나로 묶어내려는 이념이다. 투라니즘은 헝가리에서 19세기 초에 시작되었고 1914년 터키의 아타튀르크(Mustafa Kemal)에 의해 제창되어 터키 민족주의에 이용되기도 했다. 우랄-알타이라는 거대한 영역을 포괄하는 공통의 조상 이야기는 인도-아리아 어족의 상정이나 마찬가지로 근대국가 건설에 목마른 이들에게 호소하는 바가 있었다. 일본은 얼른 이 개념을 차용했다.

다구치 우키치도 처음에는 '일본 민족의 선조는 흉노로, 헝가리와 투르크가 동포'라고 주장했다. 중국인들과 다른 인종임을 강조했던 것이다. 그러다 그는 일본인은 백인이고, 언어도 백인종의 언어인 아리아어라는 무리한 주장을 하기에 이르렀다. 투라니즘에서조차 벗어나버린 셈이다.

투라니즘은 일본제국의 대아시아주의와 결합하여 전파되었다. 조선군 사령관 하야시 센주로(林銑十郞) 역시 일본을 맹주로 하는 우랄-알타이 민족의 단결을 도모하려 했다. 당연히 투라니즘은 일선동조론과도 맥을 같이하게 된다. 더 큰 단위에서 동족임을 설파하는 와중에 그 아래 단위인 조선과 일본이 동족임은 자명한 일이었다.

1926년 일본군 예비역 소장 하마나 히로스케(浜名寬祐)가 내놓은 『일한정종소원(日韓正宗溯源)』은 만주, 조선, 일본이 대륙에서 출발한 천손 민족의 후예라고 주장했다. 그 근거는 러일전쟁 중에 입수했다는 『거란고전(契丹古伝)』이라는 위서였다. 이 주장은 최남선의 불함문화론(不咸文化論)과 공명하는데, 차이점은 최남선이 조선을 중심으로 설명한다는 점뿐이었다. 이렇게 주체를 바꿔치기하는 수법은 이후 유사역사학계에서 끊임없이 반복되었다.

만주사변 이후 1932년 일본군 제20사단 참모 가네코 데이이치(金子定一) 대좌는 조선으로 와서 투라니즘을 전파하는 강연을 지속적으로 열었다. 투라니즘은 1933년 3월 '대아세아협회'의 탄생으로 새로운 모습을 갖췄다. 대아시아주의는 친일파 조선인들에게도 전파되어갔다. 가네코의 주장은 이러했다.

> 가장 용감하고 지능이 뛰어난 민족은 투란 민족이고, 일본인이 우수한 것은 국체 관념에 기인한 것이므로 투란 민족인 조선인도 국체 관념을 함양하고 맡은 바 소임을 다해달라.
>
> ─ 金子定一, 「満州国独立以後の東洋問題」, 『時局を語る』, 同民會, 1933.

가네코는 천손 민족인 야마토(大和) 민족을 대종가로 하는 투란 민족의 '일가적 대민족주의'를 주장했다. 가네코의 활약으로 1934년에 '조선대아세아협회'가 설립된다. 이 협회의 회장은 조선은행 총재 가토 게이사부로(加藤敬

三郎)가 맡았고, 조선인으로는 윤치호, 방응모, 한상룡, 송진우, 여운형, 박영효, 박춘금, 신석린 등 15명이 참가했다.

1936년 조선 7대 총독으로 부임한 미나미 지로(南次郎)의 학무국장 시오바라 도키사부로(鹽原時三郎)는 황국신민화의 실질적인 책임자였는데, 그에게 큰 영향을 준 노조에 시게츠구(野副重次)는 '일본 투란협회(ツラン協会)'의 주요 멤버였다.

투라니즘의 관점에서 보면 진구 황후(神功皇后)의 신라 정벌 전설이나 도요토미 히데요시(豊臣秀吉)가 일으킨 임진왜란도 동족 간의 통일전쟁으로 설명된다. 그러나 일선동조론은 역사학계에서는 터무니없는 이야기로 취급받는 비주류 학설이었다. 미나미와 그 뒤를 이은 8대 총독 고이소 구니아키(小磯國昭)에 의해 대대적으로 선전되었지만 일선동조론은 일제의 패망과 더불어 사라졌다. 아니, 사라진 것처럼 보였다. 주체를 일본에서 한국으로 바꾼 일선동조론은 지금도 살아 있다. 유사역사학 안에.

투라니즘이 일본에 들어오게 된 데는 우랄-알타이어를 연구한 핀란드의 언어학자이자 외교관인 구스타프 존 람스테트(Gustaf John Ramstedt, 1873~1950)의 역할이 있었을 것이라 의심하게 된다. 그는 1919년에 주일본공사가 되어 1929년까지 10년간 근무했다. 이때 한국인 유학생 류진걸(柳震杰)을 만나 한국어를 배웠고, 한국어를 알타이어로 분류하기에 이르렀다. 그는 일본에 있는 동안 역사학자 시라토리 구라키치(白鳥庫吉), 언어학자 오구라 신페이(小倉進平), 작가 미야자와 겐지(宮沢賢治) 등과 친분을 쌓았다. 그가 투란협회와 연관성을 가졌는지는 알 수 없지만, 적어도 이들에게 알타이 어족에 대한 발상의 영향을 준 것은 틀림없다.

일본이든 한국이든 학계에서 사장된 투라니즘은 뜻밖에도 유사역사학에

투란계 동포 제민족 거주 지역
노조에 지케투(野副重遠)가 쓴 『일본 민족 지도 원리로서 범투라니즘(日本民族指導原理としての汎ツラニズム)』
(투란협회, 1932)에 수록된 그림이다. 이 지도에 표시된 투란계 동포의 거주 지역 규모는 유사역사학에서
주장하는 환국의 크기와 비견된다.

서 그 생명력을 유지했다. 고대에 거대한 영역을 아우른 제국이 존재했다는
유치한 발상이 유사역사학 신봉자들의 열등감을 치료하는 효과가 있었던
탓이다.

투라니즘이 국내에 들어온 과정에 대해 더 자세한 알고 싶은 독자는 이형
식의 논문 「'조선군인' 가네코 데이이치(金子定一)와 대아시아주의운동」(『역사
와 담론』 84, 2017), 장신의 논문 「일제 말기 동근동조론의 대두와 내선일체론
의 균열」(『인문과학』 54, 2014)을 참고하기 바란다. 이 글 역시 두 논문에 크게
의지했다.

2. 유사역사학이 계승한 식민사관

시라토리 구라키치(白鳥庫吉)는 남만주철도회사(만철)의 총재를 설득해서 1908년 1월 만철의 도쿄 지사에 '만선역사지리조사부'를 설치했다. 조선사편수회 편찬위원 이나바 이와키치(稻葉岩吉), 도쿄제국대학 동양사학과 교수 이케우치 히로시(池內宏), 이병도의 스승으로 알려진 쓰다 소우키치(津田左右吉)가 만선역사지리조사부 출신이다. 이곳에서 『만주역사지리』 2권과 『조선역사지리』 2권 등이 보고서로 만들어졌다. 이나바 이와키치는 원래 중국어 통역관으로 역사를 전문적으로 공부한 적이 없는 사람이었다. 하지만 이 조사부 근무를 경력 삼아 조선사편수회에 들어갔고, 이후에 만주건국대학 교수로도 재직했다. 만선역사지리조사부는 1914년에 없어졌지만 만철의 후원하에 도쿄제대에서 연구가 계속되어 1915년부터 1941년까지 『만선지리역사연구보고』라는 16권의 책이 발간되었다.

만선사란 '만주와 조선의 역사'를 한꺼번에 묶어서 부르는 이름으로 1905년의 러일전쟁기부터 등장한 것으로 여겨진다. 만선사라는 용어가 만들어졌다고 해서 그것이 '조선사'라는 용어를 대체한 것은 아니었다. 보고서에서도 알 수 있다시피 조선과 만주를 따로 다루어 책자로 펴내기도 했다. 그렇다면 만선사는 대체 무엇이었을까?

1922년에 이나바는 「만선 불가분의 사적 고찰(滿鮮不可分の史的考察)」이라는 논문을 발표한다. 이 논문에서 이나바는 한국사의 독자성·자주성을 부인하고, 한국은 민족·영토·경제의 모든 면에서 만주와 불가분의 관계 아래 존재했다고 주장했다. 이나바는 또 일본의 위성국가였던 만주국 건립 후에 「만선사 체계의 재인식(滿鮮史体系の再認識)」이라는 논문을 발표하여 한국의 역사

적 사건은 모두 대륙 정국의 반영이었다고 주장했다. 이나바, 쓰다, 이케우치 등은 '한국의 역사는 만주, 즉 대륙의 영향 아래 성립했다'고 주장했기 때문에 '일본과 조선은 본래 하나'라는 일선동조론을 거부하는 입장이었다. 유사역사학에서는 "만선사관에 기초한 일선동조론"과 같은 말을 서슴없이 하는데, 기본적인 연구도 해본 적이 없어서 이런 이야기를 하는 것이다.

만선사에서는 만주사의 왕조가 고구려 – 발해 – 요 – 금 – 원 – 청으로 이어졌다고 보았다. 만선사에서 비롯된 이런 역사 인식은 해방 후에도 일부 살아남아 유사역사가들에게 전달되었다. 언어도 통하지 않고 풍습도 다르고 족원도 다른 나라를 동족 국가라고 우기는 것은 공허한 이론에 불과하다. 조선 당대에도 그런 인식은 없었다. 청나라에게 두 번의 침공을 당하고 국왕이 항복하는 치욕을 겪은 뒤 북벌을 다짐하는 과정을 지켜보면 너무나 분명하게 알 수 있는 사실이다. 당대에 수많은 조선인이 포로로 잡혀가 온갖 곤욕을 치렀는데, 그 후손이 민족주의자를 자처하면서 동시에 청나라를 부러워하며 동족 운운하는 것은 참으로 이해하기 힘든 일이다.

만주를 중국과 분리된 역사 공간으로 보는 일제의 시각은 중국 쪽에도 영향을 미쳤다. 유사역사가들이 내막도 모르고 좋아하는 역사가 부사년(傅斯年, 푸쓰녠)의 『동북사강(東北史綱)』(1932)은 일본의 만주 침략을 비판하기 위해 쓰인 것이며, 동북 지방(만주)은 역사상 중국의 온전한 영토라는 것이 그 골자이다.

일제의 역사가들은 당대의 조선을 한반도라는 반도에 있는 국가라고 인식했고, 그에 따라 대륙 세력의 부수적 존재가 될 수밖에 없다고 강조했다. 고구려가 위대한 국가인 이유는 요동을 지배했기 때문이고 고구려의 멸망으로 만선사는 종말을 고했는데, 일제가 만주로 진출하면서 위대한 고구려의 뒤를 이었다는 주장까지 나왔다. 고조선은 한(漢)나라의 식민지에 불과했지만 고구려는 만주 지역 최초의 독립국이었다고 높이 평가했다. 고조선을 이렇듯 폄하하는 일본 학자들의 인식은 민족 시원 국가인 고조선에 대한 수호 의지를 자극하는 바 있었다.

이미 그 이전부터 고조선과 만주를 주목한 민족사가들이 있었다. 조선시대에는 이익(李瀷)과 안정복(安鼎福)이 만주를 주목했다. 백두산이 단군의 탄생지라는 주장은 안정복이 처음 제기했고, 신채호(申采浩)에 의해 구체화되었다. 신채호는 아사달이 하얼빈 부근에 있었다고 했다. 그의 견해는 최남선(崔南善), 안재홍(安在鴻), 정인보(鄭寅普)에게 이어졌다. 일제강점기에 독립운동가이면서 역사가였던 신채호나 박은식(朴殷植)은 영토를 상실한 상태에서 정신까지 굴복하면 독립은 영영 이룰 수 없게 될 것을 염려했고, 그 결과 '형식상의 국가'는 잃었지만 '정신상의 국가'는 지켜내야 한다는 역사적 사명감을 가지고 있었다. 이들은 만주를 회복해야 한다는 고토 회복 인식으로 이런 이야기를 한 것이 아니다. 일제 식민사가들이 우리 역사의 시발점을 한나라의 식민지로 취급한 데 따른 반론이었을 뿐이다. 즉, 한민족은 독립국가를 이루고 살아왔음을 증명해야 하는 독립운동가의 사명이 가져온 결과였다. 그리하여 고조선의 실체를 강조하면서 한 걸음 한 걸음 더 강대한 모습으로 만들어가게 된 것이다. 역사가 이데올로기에 종속되면 실체와는 거리가 멀어진다는 것을 이 경우에도 확인할 수 있다. 그러나 당대의 독립운동가들에게는 시대적 사명이 있었다는 점 역시 간과해서는 안 된다. 오늘날도 그 시대인 줄 알고 사는 사람들이 있어서 문제일 뿐이다.

영토에 대한 과도한 집착은 '광대한 영토가 없는 역사는 의미가 없다'는 강박을 낳았다. 독립운동가의 정신은 사라지고 그들이 남긴 언설에만 집착하게 된 것이다. 바로 여기에 역사학자와 유사역사가 사이의 넘을 수 없는 강이 흐른다. '영토가 없으면 영광도 없다'는 인식 체계가 『환단고기』의 세계를 아시아 대부분을 차지한 것으로 그리게 한 것이다. 그러나 알고보면 세상에 이렇게 못난 역사가 없다. 저 먼 고대에는 아시아 대부분을 지배하던 웅대한 국가가 자꾸만 쪼그라들어서 끝내는 한반도로 밀려난다. 위대한 고대사라고 자랑하는 그 내용도 알고보면 중국이 한민족을 밀어내고 막강한 국력을 갖춰가는 '중국 만만세'의 이야기일 뿐이다.

일제의 식민사학자들이 '조선은 반도 국가라 대륙 세력과 해양 세력에 휘둘리며 사는 운명'이라고 말하면 '반도 국가에 그런 운명 따위는 없다'라고 받아치는 것이 맞지, 옛날엔 우리 집 창고에도 금송아지가 있었다고 추억하는 것은 아무 소용이 없는 일이다.

만선사관과 유사역사학의 관계에 대해 더 깊이 알고 싶다면 젊은역사학자모임에서 펴낸 『한국 고대사와 사이비역사학』(역사비평사, 2017)을 읽어보기 바란다.

3. 일본에서 건너온 유사역사학

『환단고기』는 일본의 유사역사가 가시마 노보루(鹿島昇)가 번역해 펴내면서 유명해졌다. 일본은 왜 이 책을 번역했던 것일까? 그것은 『환단고기』가 일본 개화기에 만들어진 유사역사학의 전통을 잇는 책이었기 때문이다. 일본 유사역사학의 영향을 받아서 만들어진 책이 『환단고기』였기 때문에, 세월이 지나자 이 책은 다시 일본의 유사역사학을 증명해주는 소중한 사료로 둔갑해버렸다. 일본의 유사역사학 문제는 앞서 소개한 바 있는 『일본 단일 민족신화의 기원』에 잘 나타나 있다.

1895년 일본의 개화론자 다구치 우키치(田口卯吉)는 『일본인종론』에서 일본인은 중국인보다 훨씬 똑똑하므로 중국인과 같은 황인종이 아니고, 일본인 중 보잘것없게 생긴 사람들은 선주민족인 에미시(蝦夷)와의 혼혈 때문이며, 순수한 일본인은 피부가 희고 윤기가 흐른다고 주장했다. 심지어는 아리안 인종보다도 우월하다고 주장하고 일본 민족의 선조는 흉노=훈족이며, 따라서 헝가리와 투르크(터키)는 '동포'라고 주장했다. 이런 주장이 결국 투라니즘의 바탕이 되었던 셈이다.

다구치는 1901년 〈국어에서 본 인종의 초대〉라는 강연을 통해 일본이 아리안 인종의 본가(本家)라는 주장을 내놓았다. 아리안 인종은 산스크리트어를 쓰는데 유럽은 게르만어를 쓰고 있으며, 원어에 가까운 언어를 쓰는 것은 투르크·헝가리·티베트·조선·일본으로, 그중 본가는 일본이라고 했다. 유럽은 말가(末家)로서 감히 우리(일본)를 폄하하고 있다고 사자후를 토하자 박수갈채를 받았다.

일본지상주의자인 기무라 다카타로(木村鷹太郎)도 1911년 『세계적 연구에 기초한 일본 태고사(世界的研究に基づける日本太古史)』를 내놓아 일본인은 그리스의 아리안족이 동천해온 인종이라고 주장했다. 이런 주장들이 봇물 터지듯 나와서 수메르 기원설, 이집트 기원설, 유대 기원설 등을 유포했다.

예일대 박사 출신인 오야베 젠이치로(小谷部全一郎)는 1925년 『칭기즈칸은 미나모토노 요시쓰네다(成吉思汗ハ源義経也)』라는 책을 냈다. 이 책에 찬사를 보낸 이들 중에는 일본의 아나키스트 사상가 오스기 사카에(大杉栄)의 암살과 만주 진출의 배후로 지목되는 아마카스 마사히코(甘粕正彦), 대아시아주의를 주창한 오카와 슈메이(大川周明)도 있다. 이 책은 일본의 대륙 진출에 적합한 내용을 담고 있었다.

1929년 오야베는 『일본 및 일본 국민의 기원(日本及日本國民之起原)』을 출간한다. 이 책의 제목은 흑룡회의 도야마 미쓰루(頭山滿)가 지었다고 한다.(흑룡회에 대해서는 뒤에 다시 설명하겠다) 책에 담긴 핵심 요지는 일본 민족의 히브리기원설이다.

이스라엘이 서양 역사에서 차지하는 비중이 커질수록 그들을 자신의 조상으로 삼고자 하는 욕망도 커지는 것 같다. 우리나라에서는 아예 이 관계를 역전시켜 이스라엘이 한민족의 지류라고 주장하는 사람도 있다. 뒤에 소개할 문정창(文定昌)이 그 주인공이다.

이런 주장의 시초는 1879년 스코틀랜드 출신 맥로드(McLeod)가 쓴 『조선과 열 번째 유대족(Korea and the Ten Lost Tribes of Israel)』이다. 이 책은 제목에 '조선'을 걸어놓았지만 조선 관련 내용은 1/4에 불과하고, 그조차 모두 일본 쪽자료에 의존하고 있다. 저자는 조선에 와본 적도 없는 듯하다 그는 조선인들이 단군의 자손이라고 말하는 데서 힌트를 얻어 조선이 이스라엘의 사라진 10지파인 '단' 종족이라고 생각했다. 그는 조선과 마찬가지로 일본도 이스라엘의 후예라고 주장했다. 그 영향이 한일 양국에 모두 끼쳤다고 볼 수있을 것이다.

일본은 제국주의 시대로 들어오면서 아시아 병탄의 야욕을 품게 된다. 그러기 위해서는 아시아를 병합할 명분이 필요했다. 일본의 힘이 성장함에 따라 그들의 논리도 점차 제국주의화되었다.

시작은 동문동종론(同文同種論)이었다. 동일 문명인 한자 문화권에 들어 있는 아시아 인종이 뭉쳐 유럽 인종에게 대항해야 한다는 논리였다. 1893년

다루이 도키치(樽井藤吉)의 『대동합방론』을 대표적인 예로 꼽을 수 있다. 우리나라에서는 의외로 후쿠자와 유키치(福澤諭吉)의 「탈아론(脱亜論)」(『시사신보(時事新報)』 1885. 3. 16)만 널리 알려져 있는데, 동시대에 일본이야말로 아시아의 맹주라는 주장이 드높았다.

다루이 도키치는 『대동합방론』에서 동문동조(同文同祖) 관계에 있는 일본과 조선은 합방하고, 다른 민족인 중국과는 연대하여 서양 세력을 아시아에서 몰아내야 한다고 주장했다. 더 나아가 중국은 일본과 협력하고 베트남, 샴(태국), 미얀마와 연합하여 말레이반도를 백인들 손에서 구하고 남양제도(南洋諸島)를 개척하는 길에 나서야 한다고 역설했다. 그는 겉으로는 일본과 한국의 대등한 합방을 주장했지만, 실제로 한국에 아무 권리도 주어지지 않은 강제병합이 이루어졌을 때 숙원을 달성했다고 기뻐했다고 한다.

다루이 도키치의 '아시아주의'는 황인종이라는 사실에 기대고 있는 인종주의였다. 하지만 이보다 더 사람들을 강력하게 이끄는 이론이 일본에 등장한다. 그것은 오늘날 우리나라의 유사역사가들이 주장하는 것과 같은 혈통주의에 입각한 '아시아주의'이다. 우리나라에서는 '대쥬신론' 또는 '대동이(大東夷)'라는 이름으로 바뀌어 지금까지 살아남았다.

이 혈통주의 속에서 중국은 같은 혈통이 아니다. 당시 일본이 같은 혈통으로 간주한 종족은 일본, 한국, 몽골, 만주, 그리고 시베리아의 고아시아 인종들뿐이었다. 이 세력은 후일 '동이족'이라는 이상한 카테고리에 묶인다. 감히 동이족의 땅을 침략하는 러시아를 내버려두어서는 안 된다는 게 그들의 주장이었고, 결국 그들의 뜻대로 러일전쟁이 벌어졌다.

인종주의를 따르는 아시아주의는 '지나 낭인'들이 주장했고, 혈통주의를 따르는 아시아주의는 '조선 낭인(여기에서 만주 낭인 등이 파생된다. 조선 낭인이라고 해서 조선인은 아니다. 조선에 들어온 일본 낭인들을 조선 낭인이라고 부른다)'들이 주장했다. '낭인'이라고 하면 칼이나 한 자루 차고 거들먹거리는 사무라이를 생각하기 쉬운데, 이들 지나 낭인이나 조선 낭인은 지식인이었고 여러 직종에 종사하는 전문가이기도 했다. 그들의 주장을 보자. 아래는 1916년에 나온 고데라 겐키치(小寺謙吉)의 『대아세아주의론』의 한 구절이다.

> 민족 통일 사상은 세계의 대세이다. 왈 전미주의, 왈 대영제국주의, 왈 영어국민통일주의, 왈 범로주의, 왈 범독주의, 왈 범로마주의 모두 그 상징이다. 무릇 피는 물보다 진함에 연유한다. 당연히 대몽고주의가 일어나지 않으면 안 된다. 대몽고주의는 바로 황색인종 연합론이다. 일본과 지나가 제휴해서 풍부한 부원을 개발하고 수많은 인민을 인도하면 지나의 개조 부흥은 기대할 수 있다. (…) 대아세아주의를 가지고 편협한 인종적 감정에 기초한다고 생각하여 이것을 비웃는 자가 있다. 그런데 인종적 편견은 구미인의 가르치는 바이다. 백색인종에게 특히 그 깊음을 본다. 저 황화론의 도발적, 모멸적인 것이 그 실증이다.
> — 강창일, 『근대 일본의 조선침략과 대아시아주의』, 역사비평사, 2002에서 재인용.

백인종도 인종적 편견을 가르치고 있으니 우리도 그래야 한다는 유치한 논리가 깔려 있다. 물론 고데라는 자신의 인종주의가 서구의 파괴적·공세적·급진적인 인종주의와 달리 점진적·평화적·방어적이라고 주장했다. 오늘날 우리의 민족주의가 평화적·방어적 민족주의라고 주장하는 이들과 똑같다. 다 똑같은 것을 놓고 나는 좀 다르다고 우기는 이런 논리는 결국 일본 제국주의로까지 올라간다.

한편, 이런 인종주의에 기초한 낭만적 이론보다 더 현실적인 이론이 등장하는데, 그것이 이미 말한 바 있는 '동이'라는 혈통에 기인한 아시아주의이다. 이 이론을 확립하고 전파한 단체가 '흑룡회'라는 단체였다.

흑룡회의 뿌리는 천우협(天佑俠)이라는 단체까지 올라간다. 천우협은 무엇인가? 이상하게 들리겠지만, 천우협은 동학농민운동을 지원하고자 결성된 일본의 낭인 단체이다. 일반적으로 동학농민운동은 외세 배격이라는 대의명분을 가진 것으로 알고 있고 그 외세에는 당연히 일본이 포함될 터인데, 배격의 대상인 일본인들이 동학을 지원하고자 했던 것이다. 그들은 급진적 이상주의자였다. 심지어 일본 정부에 의해 위험 분자로 지목되어 체포되기도 했다.

그 주동자들 중 한 명이 우치다 료헤이(內田良平)였다. 그는 후일 명성황후 시해 사건에 참여하기도 한다. 그의 주도로 1901년 결성된 '흑룡회'는 대일본제국의 영토를 흑룡강까지 도달케 하자는 목적으로 단체 이름을 지었다고 한다. 이 낭인들은 단순한 무뢰배가 아니라 흑룡회의 이론적 배경을 만들어낼 학식을 지닌 지식인들이었다. 흑룡회의 사상적 토대를 간단하게 살펴보자.

이들이 기초하고 있던 사상은 '동이(東夷)·북적(北狄) 문명론'과 '동일 혈통론'이었다. 그 이론에 근거해 일본, 조선, 만주, 시베리아를 하나의 권역으로 설정했다. 앞서 말했듯이, 같은 황인종이라 해도 동이가 아닌 중국은 이 권역에서 제외되었다. 본래 동이족은 중국 동북방에 거주하고 있었는데, 서역 지방에서 이주해온 한족과 동아시아의 패권을 놓고 다퉈온 사이라고 설명된다.

이는 우리나라의 유사역사가들이 황제−치우의 탁록대전 이후 한족과 한민족이 허구한 날 싸워왔다고 주장하는 것과 같은 이야기다. 또한 이들은 중국 문명이 중동 문명에서 비롯되었다고 주장했는데, 이 이론은 우리나라의 유사역사가들에 의해 '중국 한족'에서 '한민족'으로 주어만 바뀐 채 재생되었다. 물론 일제강점기 당시의 유사역사가들은 그 자리에 '일본'이라는 이름을 넣었다. 그들은 일본이 서양의 신문명을 받아들여 동이·북적 민족 중 가장 발전한 만큼, '고대 역사'가 증명하는 바와 같이 일본을 중심으로 하나로 뭉쳐야 한다고 주장했다.

그 결과 당연하게도 그들의 과제는 조선과 일본의 합방이었다. 그들은 아시아, 특히 동이족의 영토로 쳐들어오는 러시아를 막아야 한다고 생각했고, 시베리아 등지에 많은 낭인들을 보내 정찰하게 했다. 이들의 선전은 매우 성공적이어서, 실제로 많은 조선인들이 일본의 대러 전쟁은 아시아 평화를 위해 짊어진 수고로움이라 생각했을 정도였다.

그리고 그런 분위기에 편승해서 만들어진 친일 단체가 이용구(李容九)의 '일진회'였다. 일진회는 흑룡회와 뗄 수 없는 관계인데, 한일 간의 동등한 합방을 요청하는 척했다. 하지만 일본 정부는 한국 측 권리는 인정하지 않는 강제병합을 단행했고, 곧바로 한국인 최대의 정치단체인 일진회를 해산시켜버렸다. 친일이건 뭐건 어떤 한국인 정치단체도 용납할 수 없었기 때문이다. 이용구도 죽으면서 자기가 속았다고 한탄했을 정도이다.

흑룡회의 이론은 결국 동이족의 영토를 모두 차지하려는 일본제국주의의 사상적 토대로 활용되었다. 흑룡회를 만들고 이 단체의 이론을 창안한 우치다 료헤이의 주장을 보자.

그는 '아세아'라는 명칭 자체가 일본의 옛 이름인 '위원(葦原)'에서 유래되었으며 전 아시아가 일본의 옛 영토였다고 주장했다. 이는 『환단고기』에 기반하여 전 아시아가 환국의 영토였다고 주장하는 유사역사가들의 주장과 동일하다. 바로 이런 점이 『환단고기』를 일본에 번역 소개한 가시마 노보루의 눈에 띄었던 것이다. 우치다의 주장 중에는 다음과 같은 황당한 내용도 있었다.

천지 이변 때문에 일본 본토와 대륙의 교통이 완전히 두절되기에 이르고, 그 결과 아세아 대륙의 중앙에 위치하여 인류 진보의 선구가 되는 만주와 몽고에서 중앙아세아에 걸친 지대는 교통이 불편하게 되었을 뿐만 아니라 기후도 한랭하게 되어, 이에 세계적 민족의 대이동이 시작되었다고 보인다. 그래서 우리 야마토 민족은 이때 그 본거지인 만몽의 주요 지역을 파괴당하고 남하하여 황하를 중심으로 해서 발전하기에 이르렀지만, 본토(일본)와의 연락 교통이 완전히 두절되었기 때문에 홀로 대륙에 남아 일본의 통치를 떠나 독립하지 않을 수 없었다. 그 후에는 결국 같은 야마토 민족이면서도 역사와 풍속을 달리하고 언어도 통하지 않는 관계가 되었다. ──강창일, 앞의 책에서 재인용.

중국 대륙에 자기들 종족의 일부가 남아 있었다는 말은 우리나라 유사역사가들도 흔히 하는 주장이다. 대륙에 남은 이들 동이족은 한족과 경쟁하고 대립하면서 자신들의 옛 땅인 만주와 몽골로 쫓겨났고, 따라서 일본과 만주·몽골·조선은 다 같은 혈통이라는 것이다. 이것이 바로 '내선일체론'이다. 이런 주장을 우리나라 유사역사가들도 전혀 부정하지 않는다. 다만 조선이 종가이고 일본은 분가라고 말하는 점이 다를 뿐이다. 심지어는 독특하게도 '진짜 한국인은 여전히 중국에 살고 있고 한반도에 사는 우리는 가짜 한국인'이라는 주장도 있다. 자기 민족의 위대함을 강변하는 것이 유사역사학의 일차 목적이라는 점을 생각해보면, 이상한 이야기에 빠져든 끝에 자기부정에 도달한 경우라 하겠다.

1920년대 말 대공황을 만나면서 일본에서는 파시즘이 일어났다. 파시즘 아래서 흑룡회의 이론은 더욱 기승을 떨쳤다. 만주사변과 같은 전쟁의 이면에는 대동이족의 영토를 찾겠다는 신념이 일정 부분 가미되었다고 볼 수 있다. 또한 파시즘의 대두와 더불어 천황의 신격화도 본격적으로 진행되면서 '팔굉일우(八紘一宇)'의 대일본제국, 대아시아주의, 대동아공영론이 등장하게 되는데, 이들의 출현에도 역시 흑룡회의 이론이 어느 정도 기여한 바 있다고 보겠다. 천황을 유교적 가부장 체제의 정점에 놓고 혈연 공동체로서 국가를 건설해나가고자 했던 것이다.

본래 아시아주의에는 각국이 평등하게 연대하는 순수한 의미의 '아시아주의'와 일본제국의 이데올로기로 일본을 맹주로 해서 유럽 세력을 몰아내야 한다는 일제의 침략적 이데올로기인 '대아시아주의'가 있다. 시간이 지나면서 대아시아주의가 모든 것을 휩쓸었다. 일본에서는 1933년 3월 '대아세아협회'가 만들어졌다. 유교의 왕도주의 사상을 대아시아주의와 결합하여 활동했던 '사문회(斯文會)'라는 단체가 있다. 식민지 조선에도 영향을 주어 어윤적(魚允迪)의 주동으로 '대동사문회'라는 일종의 조선 지부가 결성되기도 했다. 당연히 친일 단체였고, 일본이 만든 중추원에 여러 유림을 내보내는 통로로 이용되기도 했다.

1930년에는 중국 국민당 북벌 과정에서 공자묘가 피해를 입은 일이 있었다. 한술 더 떠 국민당 정부는 공자 집안의 가산을 몰수하겠다고 나섰다. 공자 생가의 사람들은 평소 밀접한 관계를 유지하던 사문회에 도움을 요청했다. 사문회는 대대적으로 이 사실을 보도하고 장학량(張學良)을 통해 국민당에 압력을 넣어 일을 해결했다. 그런데 조선에도 이 공자 생가 탄압에 대해 분개했던 사람이 있었다. 안순환(安淳煥)이 바로 그 인물이다. 그는 대한제국의 숙수 출신이었는데 최초의 한국요릿집인 명월관을 내는 등 뛰어난 사업수완을 자랑했다. 안순환은 갑부였던 터라 공자 생가의 일에 위문단을 파견하기로 결심했다. 이 일은 유림의 전폭적 지지를 받았고, 크게 고무된 유림과 안순환은 1932년 유교 부흥을 위해 '조선유교회'라는 단체를 만들기에 이르렀다. 안순환은 본래 친일 성향을 띠고 있었으며, 공자 생가에 위문단을 파견하는 일부터 모두 일본 유림의 도움을 받아 진행했다. 조선유교회에는 친일파들이 대거 합류했다. 사문회와 친밀한 관계를 유지한 것은 두말할 나위도 없다.

1935년 일본에서 사문회 주최로 열린 유림대회에 조선유교회를 대표하여 안순환도 참여했다. 일본은 유교적 왕도주의를 중심으로 동양 각국이 뭉쳐서 서구에 대항해야 한다고 주장했다. 바로 '대아시아주의'이다. 1939년에는 조선 전체의 유림을 통괄하여 황도 정신을 진작시키자는 '조선유교연합회'가 등장하는데 조선유교회도 여기에 흡수되었다.

그런데 안순환은 단군을 숭배하는 단군교와도 밀접한 관련을 맺고 있었다. 단군교는 원래 나철과 함께 움직였던 정훈모(鄭薰模)가 나철이 교명을 단군교에서 대종교로 바꾸자 그에 반발하여 단군교라는 이름을 고수하겠다고 독립한 종교였다. 그러나 정훈모의 단군교에는 상당수의 친일파가 모여 있었고, 나철이 이 때문에 대종교로 이름을 바꾸었다고도 한다. 친일파와 단군은 어울리지 않는 조합이라 생각되겠지만, 어떤 면에서는 친일파에게 단군이라는 면죄부는 소중한 것이었다. 이들도 자기들 나름대로는 '민족을 위한 최선의 선택은 일본에 의지하는 것'이라고 결정을 내린 것이었다는 주장도 흔하다. 어쨌든 정훈모는 안순환의 도움을 받아 조선유교회와 한살림을 차리게 되었다.

이 단군교에 흑룡회의 우치다 료헤이가 끼어들었다. 우치다는 1921년에 동광회(同光會)라는 단체를 만들었는데, 도쿄에 본부, 서울에 총지부가 있었다. 이 단체는 3·1운동으로 위기감을 느낀 우치다가 조선 독립을 막기 위해 만든 것이었다. 동광회는 1922년 일본제국의회에 「조선내정독립청원서」를 제출했는데, 여기에 단군교주 정훈모가 이름을 얹었다. '내정 독립'이란 일본의 통치를 인정하되 조선 내정은 조선인들이 하겠다는 주장으로, 신채호가 「조선혁명선언」에서 강하게 비판한 개량주의 주장 중 하나였다.

조선유교회와 단군교에는 중첩되는 인물들도 많다. 조선유교회 산하에는 '명교학원(明敎學院)'이라는 교육기관이 있었는데, 『환단고기』를 만든 이유립이 바로 이곳의 1회 졸업생이었다.

일제강점기에 우리나라로 넘어온 유사역사학의 주장들이 끝끝내 살아남아 21세기 대한민국에서 맹위를 떨치고 있는 중이다. 오늘날 유사역사가들이 '피의 순수성', '혈통의 신성함'을 강조하는 데는 바로 이런 사상의 영향이 깊이 반영되었다. 이들 중 어떤 이는 동남아 여성들의 국제결혼 증가가 한민족의 순수 혈통을 '더럽히려는' 선진국들의 음모라고 주장하기도 한다.

불행히도 오늘날 유사역사학을 신봉하는 많은 사람은 유사역사학의 뿌리가 일본에서도 주류로 취급받지 못했던 사상의 찌꺼기로 만들어진 것이라는 사실을 전혀 알지 못한다. 유사역사가들은 '동이'라고 되어 있는 종족은 모두 같은 민족이라고 주장한다. 그래서 한몽연합국가론이나 대쥬신 벨트 건설에 목소리를 높이고, 심지어 묘족이나 티베트도 우리 민족이라 주장하기도 한다. 어떤 유사역사가는 청나라가 우리 민족의 정통이고 우리는 곁가지라며 자기 정체성을 상실한 주장을 하기도 한다. 이런 발상의 근원은 일본의 흑룡회에 있고, 또한 대동아공영론에 있었던 것이다.

유사역사가들은 왜 아직도 대동아공영론을 떠들고 있을까? 그것은 이들의 사상적 기초를 놓은 인물들이 일제강점기에 그 사상에 깊이 경도되었기 때문에 자연스럽게 영향을 받은 까닭이다.

흑룡회와 밀접히 연관된 기독교 지도자 최동(崔棟)은 흑룡회의 이론에서 주어만 '일본'을 '한국'으로 바꾼 『조선상고민족사』를 내놓아 유사역사의 이론적 기초를 만들었다. 이 이론은 일제강점기에 계속 들어왔으므로 당대의 학식 있는 인물들에게는 익숙하고 쉬운 내용이었다. 일제강점기에 군수를 비롯해 고급 문관으로 근무했던 문정창(文定昌)은 이 이론에 깊이 심취하여 여러 권의 책을 내놓았다. 물론 그것은 이미 20세기 초에 흑룡회에서 펼친 주장을 살짝 변형한데 불과했다. 이유립은 친일 단체 조선유교회의 산하기관인 명교학원에 있으면서 당대에 널리 퍼져 있던 흑룡회의 이런 이론들을 접했을 가능성이 크다. 이유립의 제자 양종현은 이유립 전기 『백년의 여정』(상생출판, 2009)에서 이렇게 말했다.

> 선생님의 일생에서 도약기를 꼽는다면 아마 서기 1930년 초반의 청년기에 입경하여 입회한 안순환이 세운 명교학원 시절이었을 것이다. 가전한 많은 서책의 섭렵과 운초, 벽산, 단재의 사관을 기초로 비로소 경향 각지의 학자들을 만나 폭넓게 교류하며 민족주의 사관 정립과 바른 국사찾기에 대한 자신감을 얻을 수 있었다.

중동 지방이 일본의 시작이라고 주장하는 일본 극우 역사가 아고 기요히코(吾鄕淸彦)를 유사역사가들이 좋아하는 것도 당연하다. 본래 뿌리가 같으니 그 이론을 보는 순간 친근함을 느낄 수밖에 없을 것이다. 일본 안에서는 이같은 극우 사관의 영향력이 미약한 상태인데, 그런 현실이 안타까운 유사역사가들은 일본이 '대쥬신'의 정체성을 망각하였다고 개탄하기도 했다. 이러한 자신들의 정체성을 숨기는 좋은 방법은 다른 희생양을 찾는 것이다. 그덕에 국내 역사학계는 끊임없이 '친일파의 본산지'라는 음해 공격을 받았다. 역사학계를 음해하는 한편 자신들이야말로 독립운동가의 역사관을 계승했다고 목소리를 높이는데, 이때 그들이 가장 많이 이용한 역사가가 신채호이다.

4. 신채호를 팔아먹는 유사역사학

유사역사학은 구닥다리가 된 과거의 역사 해석을 물고 늘어지는 경향이 있다. 최근 학자들의 최신 해석은 거들떠보지도 않으면서 이미 수십 년 전에 나온 이병도의 역사 해석을 놓고 으르렁대는 것도 그렇고, 백 년이 다 되어가는 신채호의 역사관에서 입맛에 맞는 부분만 가지고 와 이용하는 것도 그렇다.

"역사를 잊은 민족에게 미래는 없다." 이제는 대한민국 사람이면 누구나 다 아는 명구이다. 누가 한 말이냐고 물으면 대개 신채호의 말이라고 답할 것이다. 하지만 사실은 신채호의 말이 아니다. 누가 했는지 알 수도 없다. 그런데 어느새 신채호의 말이라는 권위를 입어버렸다.

없는 말이다보니 비슷한 말을 한 사람을 찾기 위한 노력들도 있었다. 윈스턴 처칠의 말이라는 설도 있지만, 처칠도 실제로 그런 말을 했다는 기록이 없다. 처칠의 연설문이나 글에도 나오지 않으니 그의 말이 아닐 가능성 역시 높다. 그런데 이 말은 어쩌다가, 왜 신채호의 말로 둔갑하게 되었을까? 신채호가 갖는 의미 때문일 것이다.

신채호는 역사학자이자 독립운동가라는 지위를 갖고 있다. 그가 남긴 역사책은 우리 역사에 큰 획을 그었다. 최남선처럼 스스로를 천재라 생각했던 자존감 높은 사람도 신채호를 접한 뒤 자신의 주장을 대번에 수정해버렸을 정도다. 지금도 신채호는 역사학자 중에서 가장 존경받는 사람이 틀림없을 것이다. 그런 까닭에 신채호의 권위를 빌리고자 했다고 생각할 수밖에 없다.

여기서 먼저 '민족'이란 무엇인지 살펴볼 필요가 있다. 이 말은 우리나라는 물론 중국이나 일본에도 없던 말로, 근대에 와서 수입된 번역어이다. 1876년 독일의 법학자 블룬출리(Johannes C. Bluntschli)의 책을 번역한 가토 히로유키(加藤弘之)는 nation을 '민종(民種)'으로 volk를 '국민(國民)'으로 번역했다. 그 뒤에 독일 유학을 하며 블룬출리에게 공부한 히라타 도스케(平田東助)와 중국 근대 사상가 양계초(梁啓超, 량치차오)가 nation을 '족민' 혹은 '민족'이라고 번역했다.

즉, '민족'이라는 말은 일본과 중국에서 나온 번역어이다. 그런데 처음 받아들인 개념을 블룬출리에게서 가져왔다는 점이 의미심장한 문제를 낳았다. 블룬출리는 '국민'을 '민족'보다 우위에 둔 사람이었다. 그는 '모든 민족이 국가를 이루어 국민이 될 권리를 갖는 것은 아니며, 스스로 통치할 만한 지와 덕을 겸비하지 못한 민족은 국민이 될 권리가 없다'고 말했다. 요컨대 능력이 없는 민족은 식민지가 되어도 마땅하다는 생각을 가지고 있었던 것이다.

우리나라에서는 1900년 1월 12일자 『황성신문』에 처음 '민족'이라는 말이 등장한다. 우리나라에 이 용어를 전파한 사람은 양계초이며, 그 역시 블룬출리의 영향을 받았다. 양계초는 민족이 발전하면 국민이 된다고 말했다. 그는 중국 내 여러 민족을 모아 '국민'을 건설해야 한다고 생각했다.

1908년 7월 30일자 『대한매일신보』에는 「민족과 국민의 구별」이라는 논설이 실렸는데, 국가를 이루지 못한 민족은 존재 가치도 없다는 양계초의 의견과 같은 내용이었다. 이 무렵 『대한매일신보』의 주필이 신채호였다는 사실을 주목할 필요가 있다. 신채호가 남긴 말 가운데 '역사를 잊은 민족에게 미래는 없다'와 유사한 내용으로 평가받는 문장이 있다.

> 민족을 버리면 역사가 없을지며, 역사를 버리면 민족의 그 국가에 대한 관념
> 이 크지 않을지니, 오호라 역사가의 책임이 막중할진저.

이는 신채호가 『독사신론』에서 한 말이다. 『대한매일신보』 1908년 8월 29일자에도 실렸다. 이 말 역시 민족과 국민을 분리하고 있다. 민족이 국민이 되는 핵심적 요소가 '역사'라고 주장하고 있는 것이다. 또한 민족은 역사가 없으면 국민이 되기 힘들 뿐이지만, 역사는 민족이 없으면 아예 존재 자체가 말살된다고 말하고 있다. 민족과 역사에 대한 신채호의 인식은 그 유명한 "역사는 아(我)와 비아(非我)의 투쟁"이라는 말에도 그대로 드러난다. 나(아)와 내가 아닌 남(비아) 사이의 관계(투쟁)로서 역사는 존재한다는 것이다.

신채호는 이런 역사관을 끝까지 유지했을까? 그렇지 않았다. 초기의 신채호가 견지했던 이 역사관에는 큰 약점이 있었다. 아와 비아의 투쟁에서 패배한 민족은 어떻게 되는가? 그런 민족은 다른 민족에게 흡수되어도 어쩔 수 없는 것인가? 그런 약육강식의 짐승 같은 세계가 인간사회에서도 타당

한가?

'승자가 모든 것을 차지한다'는 약육강식의 세계관을 '사회진화론'이라고 한다. 제국주의의 논리 아래 흥했던 이론이다. 신채호는 약자를 밟아버리는 사회진화론에 회의를 품었다. 그 결과 그는 1920년대부터 무정부주의자로 탈바꿈했다. 적자생존·약육강식의 사회진화론은 조선이 일제의 식민 통치 하에 놓이는 것을 정당화한다. 약한 민족이니까 강한 민족의 지배를 받아야 한다는 것이다. 신채호는 그런 논리를 인정할 수 없었다. 마침내 이렇게 부르짖는다.

> 소위 정치는 강자의 행복을 증진하여 망국약민이 다시 머리를 들지 못하게 하는 그물이며, 소위 역사는 성자는 군주를 만들고 패자는 도적을 만들어 이둔으로 시비를 삼은 구렁이요, 소위 학설은 이따위 정치, 이따위 역사를 옹호한 마설이다. ― 신채호, 「위학문의 폐해」, 『단아잡감록』, 1920년대.

역사가 권력에 복종하고 승자를 찬양하는 엉터리라는 일갈이다. 무정부주의자다운 외침이다. 신채호는 이제 민족이 아닌 민중을 중시하고, 민중을 새로운 역사의 주체로 바라보게 되었다. 불행히도 그는 이런 인식 변화를 책으로 남기지 못한 채 1928년에 무정부주의운동 중 체포되었고 옥사했다. 그의 저작은 아직 민족주의적 향기를 품은 것들만 남고 말았다. 게다가 하지도 않은 말을 했다면서 여전히 그의 발목에 '민족'이라는 사슬을 채워놓고 있는 것이 작금의 상황이다. 신채호는 이미 민족주의를 극복하고 새로운 경지에 도달했는데 말이다. 역사학자 권순홍은 신채호의 변신에 대해 다음과 같이 말한다.

민족주의 수립의 주역이었던 그가 무정부주의, 즉 아나키즘을 수용했던 이유는 무엇일까. 여러 요소들이 작동한 것이겠지만 그중에서도 주된 이유는 사회진화론적 인식의 허상을 간파했기 때문이었다. 사회진화론은 사실상 제국주의의 식민 지배를 정당화하는 논리로 활용되었다. 사회진화론의 '적자생존', '약육강식'의 논리대로라면 강자인 일본제국주의에 의해 약자인 한국이 식민 지배를 받는 것도 자연스러운 것으로 읽힐 수 있기 때문이다.

— 권순홍, 「민족주의 역사학의 표상, 신채호 다시 생각하기」,

『한국 고대사와 사이비역사학』, 역사비평사, 2017.

유사역사학에서는 역사학계가 신채호를 "또라이", "정신병자"라 부른다고 악선전을 하지만, 이는 엄밀히 말해 사실이 아니다. 이덕일이 이런 이야기를 퍼뜨린 장본인인데, 그가 최초로 한 말을 보면 이 발언을 했던 사람은 2013년 검인정교과서에 합격한 교학사의 『한국사』 교과서 집필자 대표였다고 한다. 교학사의 『한국사』 교과서 집필자들은 뉴라이트 쪽 사람이었다. 이덕일은 그런 발언이 나왔는데도 역사학자들이 아무도 반박하지 않고 가만히 있었다고 분개했는데, — 일단 이덕일 본인은 그 자리에서 무슨 말을 했는지도 궁금하지만 이는 차치하고 — 유사역사학 쪽에서 강단사학, 식민사학 운운하며 비난을 퍼부을 때도 역사학자들은 대부분 면전에서 화를 내거나 말을 끊지 않는다. 그것이 교양인이 갖춘 품성이라 하겠다.

유사역사학에서 아주 싫어하는 역사학자 이기백은 자신의 역사관에 가장 큰 영향을 준 사람이 신채호와 함석헌(咸錫憲)이라고 말한다. 신채호가 우리나라 역사학의 초창기에 내놓았던 해석들 가운데 오늘날 더 이상 유효하지 않은 것들이 많아진 건 사실이지만, 그가 한 일의 역사적 의의가 감소하는 것은 결코 아니다. 신채호는 『천부경(天符經)』이 위조된 경전이라고 밝힌 바 있거니와, 역사 날조와는 아무 관련이 없는 사람이다. 유사역사가들이 신채호를 계승했다고 자칭하는 것은 그저 자신들의 겉포장을 위해 이용하는 데 불과하다.

유사역사가들에게 그런 식으로 이용당한 인물은 신채호만에 그치지 않는다. 이유립은 월간 『자유』 1978년 12월호에 실은 「국사 바로잡기 천년의 혈맥」에서 '국사 바로잡기 운동의 역사적 3대 지주'로 계연수(桂延壽), 권덕규(權悳奎, 1891~1949), 장도빈(張道斌, 1888~1963)을 꼽았다. 계연수는 이유립의 상상 속 인물이니 여기서 말할 것이 없지만, 독립운동가이자 역사가인 장도빈, 한글학자이자 역사학자로 장도빈과도 교류가 있었던 권덕규는 억울하기 짝이 없다. 유사역사가들은 장도빈과 권덕규의 주장들 중 자신들에게 유리하다고 생각되는 것들을 가져다가 유사역사학을 분칠하는 데 이용하고 있다.

이뿐만 아니다. 중국 땅에서 독립운동을 하기 위해 펴낸 이시영(李始榮)의 『감시만어(感時漫語)』(1934) 같은 책에서 시대적 맥락을 제거하고, 단지 자신들에게 유리한 대로 이용하는 모습이 바로 유사역사학이 취해온 행태이다.

유사역사학과 식민사학 프레임

類似歷史學 批判

제1장

유사역사학의 본격화

해방 후 격동의 시간 동안 한국 사회에는 해결해야 할 과제들이 산적해 있었다. 이 시기에는 유사역사학도 잠시 숨을 죽이고 있었다. 생존 자체가 가장 큰 문제였기 때문일까? 아무튼 일제강점기에 싹튼 유사역사학이라는 나무는 1960년대 들어서 그 모습을 본격적으로 드러내고, 1970년대에는 무시무시한 이빨을 내보였다. 그리고 1980년대, 드디어 『환단고기』를 내놓으며 새로운 전기를 맞이했다. 제2부 1장에서는 이른바 '유사역사학의 선구자들'을 살펴보기로 한다. 당연한 말이지만 당대에는 이들을 '유사역사학'이라 칭하지 않았고, 심지어 '재야학자'라고도 잘 부르지 않았다. 이들은 '교양 있는 지식인'의 탈을 쓰고 역사학에 오물을 던져넣었다.

1. 의사 출신의 명망가 최동

세브란스병원 의사 출신인 최동(崔棟)은 1966년에 『조선상고민족사』(동국

문화사)라는 두꺼운 책을 낸 바 있다. 서문을 보면 1963년에 집필된 것으로 되어 있다. 하지만 이 책의 뿌리는 그보다 깊다. 이 책 권두언에는 이런 구절이 있다.

> 조선 민족의 조상의 유래를 인류 문화적 각도에서 고찰 시에는 그 조선족은 인류의 최초의 문화를 창설한 고대 아세아인, 즉 듀란 민족, 별칭 우랄—알타이계 민족의 후예로서 그 근간 민족은 일찍이 중앙아세아 지방에 바비론 문화를 건설하였었고, 그 일(一) 부족이 극동 지방에 그 문화를 전파하고 또 독특한 문화 중추를 태평양 연안 지역이라고 할 수 있는 송화강 연안 중심으로 건설한 민족인 듯하다.

위 글에 나오는 "듀란 민족"이란 바로 투란이다. 투라니즘이 여기에 끼어들었다는 것을 알 수 있다. "바비론"은 바빌론을 말한다. 이어지는 구절도 살펴보자.

> 고대사에서 보는 소도, 아사달, 단군 등에 관한 문화적 관련성은 그 연원을 알타이계 고대 민족문화가 결실한 바비론 문화에 접근함을 발견하며, 또 그 삼신 숭배 관념도 동천하여 동이족의 반추적 소산물로서 고대 중국에 전파되고 동이족은 과거 중국 고대문화의 건설자이며 일본 문화의 선구자였던 것은 확실하다.

최동은 인류 최초의 문명이 바빌론 문명이며 바빌론 문명은 듀란, 즉 투란 민족이 건설했다고 주장한다. 최동에 따르면 바빌론 문명에서 이집트 문명이 발생하고, 이집트 문명에서 그리스 문명이 발생했다. 그리고 이들 문명을 연결해준 종족이 바빌로니아 지방에 거주한 히타이트족이다. 이 바빌론 문명이 동쪽으로 와서 조선 민족의 태고 문화를 형성하였으므로, 자신의 연구는 그리스 문명 이전의 인류 문명을 밝히는 것이라고 말하고 있다.

최동이 굳이 바빌론을 거론한 이유는 프랑스의 언어학자 테리앙 드 라쿠페리(Terrien de Lacouperie)가 중국인이 바빌론에서 기원했다는 엉뚱한 주장을 했던 데서 비롯한다. 라쿠페리는 1880년에 『고대 중국 문명의 서아시아 기원론(Western origin of the early Chinese civilization, BC 2300~AD 200)』이라는 책을 냈다. 중국의 시조 황제(黃帝)는 바빌론에 거주하던 쿤두르 나쿤티(Kundur Nakunti)로, 바크 종족을 이끌고 중국 황하로 와서 나라를 세웠다고 주장했다. 조선에 큰 영향을 준 양계초 역시 그렇게 생각했다. 당대 중국인들의 관념에 대해서는 김선자(연세대 중국연구원)가 상세히 설명했다.

> 황제는 곤륜의 대산맥에서 나와 파미르 고원에서 동으로 향해 중국에 들어오고, 황하의 연안에 거주하며 사방으로 번성해 수천 년 내에 세계에 빛나는 명성을 넓혀갔다. 이른바 아시아의 문명은 모두 우리 종족이 스스로 씨 뿌리고 스스로 수확한 것이다. ── 김선자, 『만들어진 민족주의 황제 신화』, 책세상, 2007.

양계초만 이렇게 생각한 것이 아니다. 19세기에 불어닥친 민족주의 열풍은 중국의 사상가들에게 영향을 끼쳤다. 청말 혁명가 장병린(章炳麟)은 한족만이 인간이고 한족 이외의 민족은 짐승이라고 주장하면서 피의 순수성을 강조했다. 문화가 같으려면 혈통이 같아야 한다. 장병린은 조선과 베트남은 한족과 같은 혈통으로 두 나라는 중국이 회복해야 할 영토라고 주장했다.

양계초와 장병린은 라쿠페리의 학설을 받아들였다. 양계초는 갑골문자가 라쿠페리의 설에 힘을 실어주는 증거라 여겼고, 장병린은 사르곤(Sargon)이 신농(神農)이라고 주장하기도 한다.(라쿠페리의 주장은 우리나라에서 치우를 우리 조상으로 여기게 만드는 데도 일조했다. 이에 대해서는 뒤에 다시 말한다.)

여기서 최동이 한 일은 '한족'에서 '한민족'으로 주어만 바꿔치기한 데 지나지 않았다. 최동은 『친일인명사전』(민족문제연구소, 2009)에 친일 행적이 등재되어 있는 이른바 '친일파'이다. 그는 3·1운동 때 만세운동에 참여하여 집행유예 3년을 선고받기도 했으나, 1938년에 친일 단체인 조선기독교연합회 평의원을 맡고, 1941년에는 임전대책협의회에 참여했으며, 조선임전보국단 발기인이 되었다. 조선임전보국단 설립 취지서를 보면 이 단체의 성격을 알 수 있다.

> 우리나라는 지금 유사 이래 미증유의 가장 중대한 시국에 직면한 동시에, 또 가장 숭고하고 존엄한 동아공영권 확립의 성업(聖業) 완수의 한가운데 있다. 이런 때, 삶을 황국에서 누리고 있는 자는 그 누구를 불문하고 그 직분에 따라 정성을 다하여 국운의 전전에 기여해야 한다는 것은 논의의 여지가 없는 것이다.

최동은 「싱가폴 함락에 부쳐」(『동양지광』 제4권 제2호, 1942)를 비롯하여 친일적인 글을 다수 발표했다. 특히 1936년에 『재만조선인통신』에 게재한 「조선 문제를 통하여 보는 만몽 문제(滿蒙問題—朝鮮問題を通して見たる)」는 조선 민족과 야마토 민족이 동종동근이라는 역사적 실증을 제시함으로써 '참된 일본과 조선 두 민족의 결합을 당당하게 주장했다'는 평을 들었다. 이 글은 1932년에 내놓은 책이 원본이다. 속표지에는 "대민족주의의 국책을 수립하

자"라고 적혀 있다. 그는 이 책에 대해서 해방 후에 이렇게 말했다.

> 그 진의는 일본의 국가적 당면 중대 문제가 되는 '만몽 문제'를 빙자한 "조선
> 문제"이며, 그 저서를 자비로 출판하여 일본 조야에 배포한 바 그들의 출판 허
> 가 조건에 의하여 조선 내 배포는 금지되었었다.
>
> — 최동, 『조선상고민족사』, 동국문화사, 1966.

위 문장만 보면 마치 대단히 독립운동적인 시각의 책 같지만, 사실 내용은
친일 그 자체였다. 「조선 문제를 통하여 보는 만몽 문제」 서문에 그는 이렇
게 썼다.

> 일선 문제는 양 민족에게 경중을 논할 수 없는 중대 문제이지만 현재와 과거
> 의 문제가 아니라 정말 중요한 것은 장래에 있다고 생각한다. 과거에 있어서 일
> 한합방은 비유하면 청춘의 피가 끓는 청년기 일본 민족과 아직 봄 시기가 오지
> 않아 의식이 없던 사춘기 전의 소녀인 조선 민족의 결혼이었다. (…) 쌍방이 서
> 로 교정해가며 곧바로 정신적 융합 및 물질적 행복을 증진시킬 방법을 강구하
> 지 않으면 안 된다.

또, 결론에서는 이렇게 말한다.

> 1. 만몽은 일선 민족의 발상지이며, 공히 현재 사방으로 흩어진 소위 대(大)타타
>   르계 몽고인 종족의 과거와 현재에 있어서도 그 본거지임을 깨달았다.
> 2. 이 땅에서 일선 양 민족을 직계로 하고, 기타의 혈연 종족을 방계로 하여 장

래 독특한 하나의 대문화(大文化)의 건설을 국책으로 채용하여 힘쓰는 일은,

(1) 제국의 기초를 중대하고 공고히 하는 바로써 즉,

① '정신적'으로 국민에 원대하고 고상한 이상을 보급하여 그 진로를 보여
주고, 그 포부를 확대하여 자중하고 긴장하는 태도를 함양하여 단결을
촉진할 것.

② 특수한 일선 양 민족의 융합 감정의 새로운 전기를 얻음과 동시에

③ 물질적으로 일본 내지와 조선의 번영과 향상의 기초를 놓을 것

3. 만몽에 새로운 국책인 '대민족주의'를 확립하여 우리 타타르계 몽고인의 일
대 규합을 이룩하고 그 '융화단결'을 촉구하는 것에 의하여, 금후 대규모의
세계 인종 전쟁을 예방한다.

일제는 1931년에 만주사변을 일으켰고 1932년 3월에 괴뢰국인 만주국을
만들었다. 최동의 책은 그로부터 6개월 뒤에 출간되었는데, 만주를 구심점
으로 한 일본제국의 발전을 기원하는 제언 성격이었다. 최동은 책을 낸 다
음 해에 일본 유학을 갔고, 그곳에서 여러 사람들에게 자신의 의견을 전했
다. 그가 만났다고 자신의 책에서 밝힌 인물은 다음과 같다.

● 사이토 마코토(齋藤實) : 3대 조선 총독. 당시 일본 총리.

● 하야시 센쥬로(林銑十郎) : 일본 육군대장.

● 아라키 사다오(荒木貞夫) : 사이토 내각 육군대신. 제2차 세계대전 이후 A급 전
범으로 종신금고형.

● 곤도 세이쿄(權藤成卿) : 일본 낭인들의 비밀결사인 '천우협'의 일원으로, 명성
황후 시해의 배후 인물 중 한 명. 광개토왕비에 대한 위서인 『남연서(南淵書)』

를 1922년에 출판. 우치다 료헤이와 함께 흑룡회의 핵심 멤버로 활약.

● 우치다 료헤이(內田良平): 일본 낭인으로서 곤도와 함께 천우협 결성. 흑룡회 창설자.

그의 말대로 조선 독립을 위해 일본 정계의 거물을 만났다고 하면 그럴 수도 있겠지만, 황실을 도륙하고 한일합방에 앞장선 일본 극우 단체의 지도자들을 무슨 이유로 만나야 했는지 의심하지 않을 수 없다. 곤도나 우치다는 흑룡회를 통해 만주를 누빈 인물이다. 곤도가 쓴 『남연서』라는 책은 광개토왕비의 내용을 위조하여 일본(왜)이 고구려를 이겼다고 조작한 것이다.

결국 최동이 내놓은 주장이란 일본제국의 발전을 위한 만주 구상이었다고 볼 수밖에 없다. 만주에 대한 그의 집착은 해방 후에도 계속되었다.

> 아세아 대륙은 세계의 최대 최고(最古)의 대륙이다. 그 대륙의 동북 지방은 만주를 중심으로 하는 동아 대륙이다. 만일 아세아가 장래 세계 문제의 초점이 된다면 그것은 만주를 중심한 동아 대륙이니 동아의 제 민족은 세계 문제를 중시하고 합심단결하여 만주 대륙을 수호하여야 한다. (…) 만주를 중심한 동아의 대풍운은 결국 도래할 것이니 오인(吾人)은 동서 간의 현재의 차이를 해소하고 혹 융합할 수 있는 일대 시련의 도래를 예상하고 대비하여야 한다.
>
> — 최동, 『조선상고민족사』.

그는 책에서 여러 유명 인사에게 감사를 표했는데, 그중에는 알타이어의 세계를 만든 선구자 람스테트도 있었다. 그 외에 친일파로 분류되는 최남선, 이광수(李光洙), 박영효(朴泳孝)가 있는가 하면 정인보, 신채호, 서재필(徐載弼),

안창호(安昌浩)의 이름도 발견된다.

　일제는 중국과 대립하면서 중국의 한족과 자신들을 분리할 필요가 있었다. 그러면서 한족에 속하지 않는 다른 민족을 자신들의 세력 안에 넣기 위해 투라니즘을 이용했다고 볼 수 있다. 하지만 한국인은 그럴 하등의 이유가 없음에도, 최동은 투라니즘의 잔재를 끌어안고 있었다.

　최동은 조선 민족의 고향이 중앙아시아이며 그곳의 아카드족(Akkad) 분파라고 주장했다. 앞에서 말했듯이 중앙아시아, 파미르 고원을 중시하는 것은 아리안 어족의 기원이라는 엉뚱한 상상에서 출발했다. 아카드족 분파가 기원전 3000년에 동방으로 이동하여 북만주 송화강 연안 지대에 정착했으며, 이후 세 부류로 나뉘어 하나는 중국 동해안으로, 하나는 요동으로, 하나는 한반도로 이동했다고 말한다.

　이 같은 발상은 선진(先秦) 시대의 동이를 구분하지 못해서 나온 오류인데, 역사학계에서 선진 시대의 동이와 한민족은 다르다는 결론을 도출한 뒤에도 유사역사학 쪽에서는 끊임없이 되풀이하고 있다. 동이에 대해서는 뒤에 다시 이야기하겠다.

2. 일제강점기 군수 출신의 문정창

　최동의 『조선상고민족사』를 읽고 크게 감명을 받은 이가 있었다. 『친일인명사전』에 이름을 올린 인물로, 일제강점기 군수 출신의 문정창이다.

　문정창은 일제강점기 중에도 몇 권의 책을 낸 바 있다. 그중 1942년에 일본어로 내놓았던 『조선농촌단체사』는 1961년에 『한국농촌단체사』(일조각)

라는 제목으로 해방 후 부분 보충하여 다시 출간되기도 했다. 이 책에서는
5·16쿠데타를 '군사혁명'이라 부르며 열심히 찬양하는 모습을 볼 수 있다.

이후 글쓰기에 자신이 붙었는지, 문정창은 1964년에 『근세 일본의 조선
침탈사』(백문당)라는 책을 발표했다. 이 책은 한일 강제병합 이전 시기를 다
룬다. 다음 해에는 일제강점기를 다룬 『군국 일본 조선 점령 36년사』 상권
(백문당, 1965)을 내놓았다. 그 다음 해인 1966년 4월에는 『군국 일본 조선 점
령 36년사』 중권을 출간하고, 곧 두 달 뒤에 『단군조선 사기 연구(檀君朝鮮史記
研究)』(백문당)를 펴냈다. 본격적으로 고조선사에 대한 책을 쓴 것은 이것이 최
초였다.

본래 『단군조선 사기 연구』는 『군국 일본 조선 강점 36년사』 중권의 부록
으로 작성하던 글이었다. 그가 이 책을 내게 된 결정적 배경이 바로 최동의
『조선상고민족사』였다. 최동의 책을 읽고 크게 감명받은 문정창은 그의 연
구를 소개하기로 마음먹었다. 최동의 책은 500부 한정 발매되었기 때문에
널리 읽히지 못할 것이라 판단한 듯하다. 문정창은 『단군조선 사기 연구』에
서 4장 전체(115~139쪽)에 걸쳐 『조선상고민족사』를 요약 설명했다. 5장에서
도 3쪽에 걸쳐 또 반복 설명했다.

1966년 2월 동국문화사가 발간한 의학박사 최동 씨의 『조선상고민족사』는,
민족의 얼을 잃은 상고사관과 그러한 설들이 횡행하고 있는 오늘날의 이 나라
사학계에 반성의 거화(炬火)로서 등장하였다. 최동 씨의 『조선상고민족사』가 발
간된 것을, 본서의 조판이 거의 끝날 무렵 『동아일보』지의 서평에 의하여 비로
소 알고 황급히 읽었다. 먼저 신채호·최남선·정인보 제씨에 이은 최 박사의 이
저서에 경의를 표하며, 본서와 관계있는 부분만을 다음과 같이 적기한다.

"민족의 얼을 잃은 상고사관", "사학계에 반성"과 같은 구절이 눈에 띈다.

문정창의 『군국 일본 조선 점령 36년사』는 상·중·하 총 3권으로 이루어졌으며, 1965년부터 1967년까지 간행되었다.(이 책은 상·중·하로 구성되었음에도 불구하고 상권은 『군국 일본 조선 점령 36년사』, 중권과 하권은 『군국 일본 조선 강점 36년사』로 제목이 다르다.) 최동의 책 내용은 『군국 일본 조선 강점 36년사』 하권에도 또다시 인용될 만큼 그에게 큰 영향을 주었다.

> BC 3000년경 중앙아세아 지방에서 천산북로를 넘어 만주 송화강변에 정착한 조선족은(최동, 『조선상고민족사』, 94~6면) BC 2333년 송화강변 합이빈(哈爾濱)에 단군조선을 건립하였으며,(신채호, 『조선상고사』, 53~60면; 정인보, 『조선사연구』, 39~40면) 그리하여 조선 민족은 만주 전역·연해주·한반도를 강역으로 한 강대한 국가를 이룩하여 기자조선까지 2139년간 그 강성을 자랑하였던 것이다.(최동, 전게서, 247~394면)

문정창은 최동의 주장에 공감하는 만큼 역사학계에 대한 적대감도 컸다.

> 특징 : 일제 강점 시 일본인 어용학자들이 침략적으로 꾸며 내놓은 단군신화설을 이 나라 일부 사학도들이 받아들여 고증 운운의 사이비 고증적인 설로써 단군조선에 관한 고기를 하나의 신화적인 문헌으로 돌려버리려 하고 있다.

그는 이미 1964년에 냈던 『근세 일본의 조선 침탈사』에서부터 역사학자들을 비난하고 있었다. 그는 '갑오경장'과 '을사보호조약'이라는 용어를 역사학자들이 사용한다는 점을 극력 비난하면서 다음과 같이 말한다.

이 나라 사가(史家)들의 위와 같은 소리들은, 일본총독부 일본인 편수관들이 그들의 침탈 행위를 미화 장식하기 위하여 꾸며내어놓은 여구(麗句)들로서 한일 회담 일본 측 대표 구보 다 등 많은 일본인들이 "36년간의 통치는 조선을 위하여 유익한 것이었다"는 등 적반하장의 망설(妄說)과 상통 부합하는 자욕지설(自辱之說)인 것이다.

그는 계속하여 역사책들이 일제의 행위를 기록하는 데 부족하다고 매도하고, 자신에 대해서는 이렇게 말했다.

필자는 사가가 아니다. 그러나 필자는 19세기의 산(産)으로서 그러한 역사 속에서 태어나고 자라났으며 또한 한때, 협동조합사무소에 열중하여 시장론 농촌 단체사 등을 저술하는 동안에 일본의 침탈 정책과 그 수법을 알게 되었다.

일제강점기 동안 문정창이 그런 책을 쓴 것은 사실이지만, 책의 집필 과정에서 일제의 침탈 정책을 알게 되었다고 말할 수는 없다. 그 자신이 일제의 정책을 수행하던 고위 공직자였기 때문이다. 하지만 그는 자신의 과거에 대해서는 일절 말하지 않는다. 이후에 쓴 다른 책에서 겨우 이렇게 말했을 뿐이다.

36년사에 관한 집필은 깨끗하고 허물 없는 인사들이 할 일이요 필자 그 사람 아님을 자인 자숙하였던 것인 바, 일제가 패주한 후, 이미 20년이 지난 이 나라에, 그 잔악무도하였던 학탈(虐奪)의 36년사는 나타나지 아니하고 만근(輓近) 재현시되는 일본제국주의자들이 득세하여 도리어 "36년간의 통치가 유익했다"

고 횡역의 소리들을 연발하는 등의 현실에 심히 자극되었으며 (…)

— 문정창, 『군국 일본 조선 점령 36년사』 상, 백문당, 1965.

문정창은 자신이 깨끗하고 허물 없는 사람이 아니라고 에둘러 말하지만, 일반적인 겸양의 표현으로 볼 수 있는 문구에 불과하다. 자신이 어떤 일을 했는지, 그에 대한 반성은 단 한 줄도 쓰지 않았다. 『근세 일본의 조선 침탈사』를 낸 지 불과 1년 만에 책을 또 내면서 자숙했다고 하는 것은 성립할 수 없는 말이다. 집필 기간을 생각하면 연달아 작업했음이 분명하다.

문정창은 세 권에 달하는 방대한 분량의 책에서 친일파에 대한 이야기는 거의 하지 않는다. 그는 조선 민족 전체가 일제의 핍박을 받았다는 논지를 즐겨 사용했다. 특히 하권 156~166쪽에 걸쳐 문정창 본인임이 분명한 "조선인 속관"을 등장시켜서 그가 산업조합을 지원하여 농촌 경제 진흥에 얼마나 이바지했는가를 상세히 기록하고 있다. 이 조선인 '속관'은 책에서 한 번도 이름을 밝히지 않았지만, 산업조합에 관련된 다른 인명은 모두 적었으면서 자세한 에피소드와 활약을 언급하는 그 속관의 이름만 밝히지 않은 이유는 그가 본인이기 때문일 수밖에 없다. 그는 이 책들에서 자신의 일제 관료 경력을 드러내지 않았다.

일제강점기의 산업조합은 일본 내 계급 모순을 완화하기 위한 개량책으로 만들어졌는데, 1920년대에 식민지 조선에도 도입되었다. 조선에서 산업조합은 관 주도와 민간 주도의 두 종류가 있었고, 문정창은 관 주도의 산업조합을 지원하는 일을 맡았다. 당시 산업조합에 대해서 오미일(부산대 교수)은 "1920년대 후반 이후에도 산업조합론을 전개한 이들은 대개 일제의 농촌진흥 정책에 순응하는 방향으로 나아갔다고 볼 수 있다"라고 평한 바 있다.(「1920년대 부르조아 민족주의 계열의 협동조합론」, 『역사학보』 169, 2001) 이경란(이화여대 교수) 역시 『일제하 금융조합 연구』(혜안, 2002)에서 산업조합을 다음과 같이 평가했다.

> 1920년대 중반 조선 농민들의 저항과 사회주의운동의 성장이라는 환경 속에서 농민 경제의 안정을 내세우며 계급·민족 대립을 완화하기 위해 설립된 산업조합은 부진을 면치 못했다. (…) 개량 정책으로 산업조합을 만들었다 해도 이러한 농업 구조와 금융조합과의 관계 속에서 산업조합은 성공할 수 없었으며, 그로 인해 농민 경제가 살아나갈 활로를 찾는 것은 구조적으로 불가능했다.

문정창은 스스로 농촌 발전을 위해 민족주의적 활동을 했던 것처럼 기술하면서, 동시에 일본인들이 자신을 민족주의자라 '모함'했다고 적기도 했다.

> 일경의 모진 매를 맞아가면서 민족을 위하여, 또한 농촌과 농민을 위하여 생명을 바치겠다고 소비조합운동에 열의를 기울이다가, 일경의 해산명령으로 인하여 마침내 정렬을 기울일 곳이 없게 되어 심히 답답하던 중, 기용된 지사형의 산업조합 이사들과 (…)

> 일본인들의 반산운동(反産運動)에는 1) 산업조합 내에 민족주의가 깃들어 있다(산업조합은 민족주의자들의 아지트다, 산업조합 관계자 중 공산주의 사상을 가진 자들이 많다) 등 인신공격으로 나오는 것 (…)

> 1935년경부터 시작된 경상남도 내 일본인들의 반산운동은 악기(惡氣)를 가하

여, 전게 조선인 담임 속관을 민족주의자로 몰아대는 등, 그리하여 경상남도 경
찰부는 그 속관을 체포하려 하였다.

— 문정창, 『군국 일본 조선 강점 36년사』 하, 백문당, 1967.

물론 문정창은 체포된 적이 없고, 오히려 승진을 거듭했다. 핍박을 받은
듯이 묘사한 그 '속관'의 일은 아래와 같이 총독부 관리 하시 모리사다(土師
盛貞)의 지지를 받으며 마무리된다. 1932년 문정창은 '조선 쇼와5년 국세조
사기념장'을 수여받았고, 1942년에는 충청북도 내무부 사회과 사회주사(고
등관 7등), 1943년에는 황해도 은율군수, 1945년에는 이사관으로 승진하여
황해도 내무부 사회과장을 지냈다.

> 그러한 바 이해 11월 경상남도지사로 내임한, 그 조상이 조선인이었다는 하
> 시 모리사다(土師盛貞)는 도내 산업조합의 발달을 크게 기뻐하여 경찰부의 그것
> 을 중지시키고, 나아가 산업조합운동을 더욱 전진시키게 하되, 전게 경상북도
> 산업조합 이사들을 경상남도 내 신설 산업조합의 이사로 채용하였다.

기록 자체가 그동안 일제는 조선에 도움이 되는 일을 전혀 하지 않았다고
주장한 것에 대한 반증이 되어버린다는 점을 그가 모르진 않았겠지만, 자신
의 업적 또한 자랑하지 않을 수가 없어서 이와 같은 모순투성이의 내용을
기술할 수밖에 없었을 것이다.

그의 주장으로부터 일제가 20만 권의 역사책을 불태웠다는 이야기, 이스
라엘과 한민족은 연관이 있다는 이야기 등이 튀어나왔다. 박근혜 지지자들
의 집회에 이스라엘 국기가 등장하는 근원에는 문정창이 있는 것이다. 그는

한족의 조상으로 받들어지는 황제(黃帝)가 동이족으로서 본래 우리 조상이라고 주장하기도 했다. 중국과 일본과 한국이 다 한민족이라는 이런 주장은 일제가 내걸었던 대동아공영론과 다를 바 없다.

문정창은 '동이'의 개념을 광의로 사용하면서 중국 고대사에 등장하는 동이를 한민족의 조상으로 취급했으며, 이를 서량지(徐亮之)나 임혜상(林惠祥)과 같은 중국 학자들도 인정했다고 주장했다. 또한 동이족인 소호족 일파가 서쪽으로 떠나서 메소포타미아 지역에 정착하여 수메르 문명을 만들었다고도 주장한다. 이 주장에 영향을 받은 소설가 윤정모는 『수메르』라는 대하장편소설을 썼다. 문정창은 자신이 내세운 주장을 위해 문장의 일부만 소개하거나 스스로 내린 결론과 맞지 않으면 무시하는 행태도 서슴지 않는다. '동쪽의 이란 고원으로부터 수메르인들이 이동해왔다'는 대목을 '동쪽에서 왔다'는 식으로 잘라내 소개하거나, 어떤 근거도 제시하지 않은 채 '바다를 끼고 왔다는 대목은 잘못되었다'고 단정짓는 것 등이 그런 수법이다.

문정창은 수메르가 멸망할 때 아브라함이 살아남아서 이스라엘의 시조가 되었다고 주장한다. 이로써 이스라엘과 한민족은 형제의 나라가 되는 셈이다. 이스라엘과 한민족의 언어가 다른 것은 아카드 왕국이 언어를 빼앗았기 때문이라고 강변한다.

이스라엘이 한민족과 갖는 관련성에 대해서 문정창은 "그 소위 '선민'을 영문으로 된 성서 『구약』 역대기 상 16장 13절이 Chosen people[음(音)대로 읽으면 조선 사람]이라고 기록하였음을…"이라며 진지하게 이야기했다. 영어 chosen(choose의 과거분사. '선발된', '선택된'의 뜻)을 한글의 로마자 표기법에 맞춰 읽어서 조선과 연결시킨 것은 그야말로 어이없는 일인데, 이런 발음의 유사성을 가지고 역사를 재구성하는 수법은 이후 유사역사가들에 의해 전매특

허로 사용된다.

문정창은 이집트 문명도 소호족인 수메르인들이 이루어낸 업적으로 치부한다. 이로써 한민족이 가장 오래된 3대 문명을 모두 장악한 셈이다. 이것이 바로 그가 원하는 결론이었다. 문정창의 『한국-슈메르 이스라엘의 역사』(백문당, 1979)에는 제목과 달리 우리가 아는 한국사는 나오지 않는다. 그에게는 수메르와 이스라엘의 역사가 한국사의 일부분이기 때문이다.

이런 그의 주장은 당대에도 이해를 받지 못했다. 인류가 아프리카 쪽에서 동쪽으로 이동해왔다는 것은 이미 상식이었기 때문이다. 그런 이유로 『동아일보』는 문정창의 책을 소개하는 기사에서 '소호금천(少昊 金天氏) 씨가 수메르인의 한 갈래'라고 썼다가 문정창의 항의를 받고 '수메르인이 소호금천 씨의 한 갈래'라는 정정 보도를 내기도 했다.

문정창의 해괴한 주장은 하나하나 쉽게 논파할 수 있고, 우리 사회에 큰 충격을 준 것도 아닌 단순한 괴설이었다. 하지만 문정창은 이런 주장보다 훨씬 큰 틀을 짠 사람이고, 그 때문에 역사학계는 오늘날까지 큰 곤욕을 치르고 있다. 역사학계를 식민사학에 몰아넣는 프레임을 짠 설계자가 바로 문정창인 것이다.

3. 역사학계를 식민사학으로 규정하기

문정창은 자신이 일제강점기에 관한 역사책을 쓴 이유는 일본의 망언에 대항해서 역사를 바로 세우기 위해서였다고 주장한다. 앞서 문정창의 글에 나온 '일제 36년간의 통치는 조선을 위하여 유익했다'는 말의 주인공은

1953년 한일협약 수석대표인 구보다 간이치로(久保田貫一郎)였다. 이 발언으로 한일 수교 문제는 수년간 다시 논의되지 못했다. 문정창은 자신의 책에서 거듭 구보다의 망언을 거론했다.

광복 이후 한국에는 두 조류의 민족주의가 흐르고 있었다. 초대 문교부 장관(지금의 교육부장관) 안호상(安浩相)으로 대표되는 극우적인 국수주의가 한 흐름이고, 4월혁명으로 촉발되어 터져 나온 제3세계적인 민족주의 흐름이 다른 하나다.[이에 대해서는 김종곤(건국대 교수)이 『진보평론』 69호, 2016에 실은 「1960년대 '민족주의'의 재발견과 질곡 그리고 분화」를 참조하라.] 4월혁명으로부터 촉발된 민족주의적 흐름은 중립화 통일론과 같은 급진적 방식의 통일론을 불러왔는데, 이런 흐름은 5·16쿠데타로 일시 정지되고 만다. 쿠데타의 주역 박정희는 '민족적 민주주의'를 전면에 내세웠다. 여기서 '민족적'이라는 수식어는 박정희 통치의 파시즘을 감추기 위한 의도에 불과했지만, 이 슬로건을 앞세운 박정희는 1963년 대통령선거에서 승리를 거머쥐었다. 하지만 이 승리 이후 '군정 이양'이라는 자신의 약속을 저버린 박정희는 민주 세력의 강력한 도전을 받게 되었다. 그 첫 표출이 한일협정반대운동, 이른바 6·3운동이었다.

1964년 새학기가 시작되자 대학가에서는 박정희 정부의 한일협정 추진에 대한 반대운동이 펼쳐졌다. 운동은 점차 거세져서 6월 3일에는 박정희 하야를 외치는 구호가 드높았고, 정권은 이에 계엄령으로 응수했다. 그리고 1965년 한일협정이 체결되었다.

문정창의 책은 이런 역사적 배경 속에서 탄생했다. 그는 한일협정 반대운동으로 일어난 일본에 대한 증오심을 자신의 책에 십분 담아냈다. 그런데 그는 한일협정에 대해 탄식하면서도 정권에 대한 비판은 일절 입에 담지 않고, 그 분노를 엉뚱한 방향으로 쏟아냈다. 바로 역사학계를 향해서였다.

70년간의 긴 세월에 침략국 일본이 이 땅에서 범한 죄과를, 이 나라 사가(史家)들이 아직 사기(史記)로써 밝히지 못한 채, 또한 일본과 일본 국민이 그 죄과를 솔직히 인정하지 아니한 채, 한·일 양국의 국교는 정상화되었다. 군국 일본이 70년간 이 나라를 침략한 사기(史記)는, 조선과 조선 인민이 일본과 일본인들로부터 당한 피해의 계산서요, 또한 일본과 일본인들이 이 땅에서 이 나라 사람들에게 저지르고 끼친 죄악의 기록인 것이다.

— 문정창, 『군국 일본 조선 강점 36년사』 중, 백문당, 1966.

　1964년에 고려대학교 민족문화연구소에서 간행한 『민족문화사대계』 1권에는 시인 조지훈이 쓴 「한국민족운동사」가 수록되어 있다. 이 글은 갑신정변부터 광복까지 60여 년의 역사를 300여 쪽에 기술하고 있다. 역사학의 발전에 따라 1960년대에 들어서서야 일제강점기 연구자가 나타났는데, 문정창은 학문의 발전 과정을 전혀 이해하지 못한 채 역사학계에 그 책임을 따져 물었다.

　일본인들이 40여 년간의 긴 세월에 떠벌린 위와 같은 사기(史記) 상의 죄업과 작란은 그들의 통치하의 이 나라 사람들을 얼빠진 반병신, 즉 반일본인으로 만들어놓았거니와, 그들이 물러간 후에도 그 깊고 광범하게 심어놓은 해독이 크게 작용하여 별다른 새로운 형태, 즉 '사학(斯學)의 지식'이라는 탈을 쓰고 신생 대한민국의 사람들을 크게 잡기 시작하였으니, 그러한 형태의 제1차적인 것이 '해방 후의 이 나라 사서(史書)'들이었다. (…) 오늘날의 40대 이하의 사람들에게 그러한 악영향을 준 자는 70~60대의 이 나라 일부 사학가들이다.

"일부 사학가"라고 쓴 그의 말은 바로 뒤에서 부정된다.

> 8·15 해방 후, 일제의 교육을 받은 대부분의 기성 사가(史家)들은 그들의 그릇
> 된 사관으로써 주체성을 잃은 공통적인 사서들을 수없이 발행하여 그것이 참
> 인 양 학원에서 전수하였던 것인 바, 그러한 일례를 이병도 교수 저 『국사대관』
> 에서 보기로 한다.

문정창은 이후 약 두 쪽에 걸쳐 『국사대관』을 맹렬히 비난했는데, 대부분
사실관계가 부정확하거나 악의적으로 곡해했다. 예를 들어 8번 항목에서
문정창은 이렇게 말한다.

> 일본 공사 이노우에 가오루(井上馨)가 조선 국왕의 칭호를 일본국의 속방 체제
> 로 강요하기 위하여 '대군주 폐하'라고 개정한 것(상세 『근세 일본의 조선 침탈사』, 414
> 면 참조)을 '고려 충렬왕 이래의 성사(盛事)'라 칭하고 (…)

이병도의 『국사대관』에는 해당 내용이 이렇게 나와 있다.

> 신정부에서는 내정 개혁 자주독립의 기초를 확고히 하고저, 전년 갑오 12월
> 로써 홍범 14조를 제정하여 왕이 종묘에 서고식을 거행하고 이로부터 '짐', '폐
> 하', '조(詔)', '태자' 등의 자주적인 품제를 사용하기 시작하였으니 고려 충렬왕
> 이래 오랫동안 기피하여 쓰지 못하였던 것을 이제 회복하게 되었다.

문정창은 이노우에가 고종의 격을 막부 쇼군의 지위로 떨어뜨리기 위해

'대군주'라는 칭호를 사용하게 했다고 주장하지만, 이는 전혀 사실이 아니다. '대군주' 칭호는 그보다 앞선 시기에 이미 사용되고 있었다. 『고종실록』 19년(1882) 5월 23일 기사에 "교린(交隣)할 때 국서(國書)에 찍을 대군주(大君主)의 인장(印章)과 대조선국 대군주(大朝鮮國大君主)의 인장을 본영(本營)과 호조(戶曹)에게 조성(造成)하도록 하라고 명하였다"라고 나오며, 이후 외국과 통상조약을 맺을 때 대군주라는 호칭을 사용했다.

문정창은 역사학계를 매도하는 프레임을 짰고, 이후 유사역사학에서는 끊임없이 그것을 이용했다. 어떤 프레임인가? 그 기본 형태를 문정창이 아래와 같이 보여준다.

> 침략의 계략하에서 일본인 어용학자들이 꾸며 내놓은 이른바 '단군신화설'에 이 나라 일부 사가(史家)들이 속아 넘어가, 그 소위 단군신화설을 발전시키려고 해방 후 20년간 헛된 노력을 기울여왔다. 그러나 그러한 헛된 노력의 지양기는 닥쳐왔다. '단군조선이 실존하였다'는 기본 의식하에서 관계 문헌들을 찾아내어 새로운 연구와 노력을 집주(集注)하면은 삼국유사 '고조선기'가 말하는 단군조선의 건국과 그 사직에 관한 모든 사항들이 용이하게 들어날 것이매, 본서가 그 실마리가 되기를.   —문정창, 『단군조선 사기 연구』, 백문당, 1966.

이 프레임은 오늘날까지도 지속될 만큼 효과적이다. '일본인 어용학자'는 '일제 식민사학자'로, '일부 사가'는 '일부 한국 고대사 연구자'로 호칭만 달라졌을 뿐이다. 문정창은 1969년에 내놓은 『고조선사 연구』(백문당)에서도 같은 식의 주장을 한다.

조선총독부는 이와 같이 하여 꾸며낸 조선상세사(朝鮮上世史)를 각급 학교에서 강요하였으매, 해방 후 이 나라 일부 사가들이 그것을 정설로 하여 각급 학교에서 가르쳐왔으므로 오늘날에 이르러서는 그것이 국민 일반의 역사상식화하였다. (…) 조국이 해방된 지 이미 20여 년. 이 나라 사학(斯學)이 국치 연대에 위작-훼조된 설들을 그대로 전승하고 있으매, 그로 인한 민족심리·민족정기·민족문화·국민사기의 손상 지대하다.

문정창이 꺼낸 조선총독부 이야기는 오늘날까지 살아남아 '역사학계가 조선총독부 사관을 답습한다'고 공격하는 데 사용되고 있다. 전상진은 『음모론의 시대』에서 음모론자들은 상대방을 악마화 한다고 말한다. 상대를 악마화 하면 설령 우리 편이 실수를 해도 그것을 상대방의 공작으로 밀어붙일 수 있다. 자신들에게 동조하지 않고 자신들을 비판하고 의문을 제기하는 모든 세력은 악마가 된다. 역사학계를 악마화 해서 식민사학자로 만들어버리면 모든 잘못을 그들에게 돌릴 수 있다.

문정창의 주장을 확산시킨 것은 '국사찾기협의회'라는 단체였다. 국사찾기협의회는 초대 문교부 장관을 지낸 안호상이 1975년에 설립했는데, 이 단체가 결성되면서 유사역사학이 달궈지기 시작했다. 각자 암중모색하던 주장들이 상호 교류를 통해 새로운 틀로 짜여지기 시작했던 것이다.

앞서 보았듯이 최동이 라쿠페리의 설에서 주어를 바꿔치기했다면(한족→한민족), 문정창은 주체를 바꿔치기했다. 바빌론에서 중국으로 이주해온 것이 아니라 중국에서 바빌론으로 이주했다는 것이다. 물론 여기서 중국은 한민족이 차지하고 있는 중국이다. 문정창이 라쿠페리를 독일인이라고 알고 있었던 것으로 보아 실제로 라쿠페리의 책을 읽어본 적은 없었다고 추측

된다. 그는 최동을 통해 이 설을 알게 되었음이 분명하다.

　이러한 주장이 세를 얻기 시작한 데는 전문 역사학자들을 적으로 돌린 효과가 분명 영향을 주었을 것이다. 외부에 적을 설정함으로써 내부의 결속력을 한층 더 높일 수 있었다는 뜻이다. 그럼 이제 '국사찾기협의회'와 안호상에 대해 좀 더 알아보자.

4. 독재 정권의 이론가 안호상

　안호상은 대한민국의 초대 문교부 장관이다. 문교부 장관으로서 그의 대표적 활동 중 하나가 학도호국단 결성이었다. 1948년 여순 사건이 발발하자 문교부 장관 안호상은 전국 학원의 교원 약 5만 1천여 명의 사상을 조사했다. 그중 5천여 명이 파면 대상자로 선정되었고, 뒤이어 학생과 교원의 행동을 감시·통제하는 학도호국단이 건설되었다. 학교 안에 군사 조직을 만든 것이다. 이 조직의 목적은 "불순 반동분자를 숙청하여 민족적 단합을 꾀하는 것"이었다. 그는 사상의 통일이 민주주의 실천의 첫 단계라고 주장했다.

　안호상은 이승만에 붙어서 '일민주의'라는 독재 옹호 사상을 만든 인물 중 하나다. 또한 초대 국무총리 이범석(李範奭)과 함께 조선민족청년단(족청)이라는 우익 청년 단체를 만들기도 했다. 족청은 나치즘과도 일정한 관계가 있었다. 그가 주창한 일민주의는 전 국민의 사상 통일을 목표로 하는 파시즘적 사상 체계였다.

　　일민주의야말로 우리 겨레가 먹고 살 샘물이요, 보고 갈 횃불(봉화)이다. 이 횃

불이 없을 때엔, 우리의 앞길엔 오직 어두움(암흑)뿐일 것이며 이 샘물이 없을 때엔, 우리의 앞날은 오직 죽음만이 있을 뿐이다. 이 일민주의는 우리 최고 영도자이신 이승만 박사의 밝은 이성의 결단과 맑은 양심의 반성과 그리고 또 군센 의지 정신과 신라의 화랑도의 사상을 이어받아 현대의 모든 이론 체계를 없애 가진 가장 깊고 큰 주의다. 우리 이 박사의 위대한 인격과 뛰어난 능력과 훌륭한 사상으로 된 이 일민주의는 우리 백성이 영원히 살아갈 지도 원리다. 이 일민주의의 사상으로 이 박사께서는 사십여 년을 싸운 결과 우리 조국을 독립시켰으며 또 현재에 조국을 보호하고 계신다.

— 안호상, 『일민주의의 본바탕(일민주의 본질)』, 일민주의연구원, 1950.

안호상은 독일 예나대학에서 철학을 전공했는데, 유학 시절인 1930년에 히틀러의 연설을 직접 들은 일이 있다. 이때 안호상은 큰 감명을 받았다.

그는 있는 힘과 있는 열을 다하여 하는 말이 "우리는 빵과 노동과 자유를 원한다. 이 원을 풀어줄 이는 오직 나치스뿐이다. 이 원을 해결하는 데 비로소 나치스 승리, 즉 독일의 승리가 있는 것이다. 만일 그대들이 독일의 승리를 획득하거든 한 사람도 빼지 말고 나치스로 오게 하라!" 할 때에 죽은 듯한 군중은 다시 새 생명이나 얻은 듯이 "히틀러 만세"를 열광적으로 외쳐 부른다. 흥분한 군중을 그는 다시 진정시키고 말을 계속하여 "독일을 망쳐준 자는 베르사이유 조약을 작성한 연합국보다 오히려 그 조약에 서명한 독일의 유태적 사회민주당과 공산당이다"라고 부르짖을 적에 군중으로부터 쏟아지는 "야!"(그러타) 소리는 대양 위에 폭풍우 밀리듯 하였다. (…) 그의 행동은 철혈로서 된 것 같으며 그의 말은 금심(金心)으로 우러나오는 듯하며 듣는 사람으로 하여금 도취와 신뢰를 아끼지 못하게 한다. 그리고 역대 혁명가들이 그러하듯이 그가 또한 위대한 웅변의 소유자이다. 어떠한 혁명가에 있어서든지 웅변은 위대한 무기였었지마는 히틀러에 있어선 그것이 위대할 뿐만 아니라 최고로 발달되었다 하여도 과언이 아니게끔 되었다.

— 안호상, 「히틀러, 아인스타인, 오이켄 제씨의 인상」, 『조광』 1938년 11월호.

그의 사상은 일민주의로 요약된다. 일민주의는 독재자 이승만의 통치 철학이었다. 안호상은 민주주의는 아무나 들고나오는 것이라 공산주의와 싸우기에 부족하다면서 오직 일민주의를 따라서 생각도 행동도 같이해야만 이길 수 있다고 주장했다.

민족주의를 내세우고 우리 민족의 차별성을 강조하려면 우리와 남이 무엇으로 구분되는지 알아야 한다. 그것이 바로 '피'였다. 초대 국무총리이자 족청을 만든 이범석은 이렇게 말했다.

독일의 히틀러가 억지로 순혈운동을 일으킨 일이 있었던 것을 우리는 기억하지만, 그것은 독일 민족이 형성된 역사적 배경으로 보아 사실상 되지 못할 것이긴 하였으나 현실적으로 유태인을 배척함으로써 민족적 결속에 심대한 효과가 있었던 것이다. 이 하나의 실례만 가지고서도 피의 순결이라는 것이 얼마나 존귀한 것이며 중요한 것인가를 (…) 피! 부자의 피! 골혈의 피! 민족의 피! 이 피야말로 모든 문제의 시초요, 결말입니다. 우리 조선민족청년단의 사업은 이 피에 대한 연구 분석 종합, 이 피의 조직 재생 배양, 그리고 무한한 활력을 기르는 데 있습니다.

— 이범석, 『민족과 청년』, 백영회, 1948.

그러나 이승만에 대한 무한 사랑에도 불구하고 안호상은 1953년 12월 12일 이승만이 족청계를 숙청할 때 이범석과 함께 쫓겨나고 말았다. 그가 문교부 장관 시절에 저지른 각종 비리까지 폭로되면서 입지가 좁아지자, 안호상은 반정부로 입장을 바꾸었다. 1954년 6월 10일 제2차 민병대 훈련 강조기간 설치 기념식 석상에서 "우리나라에 공산군이 재침하면 정치가들과 돈 있는 자들은 배와 비행기로 해외에 도망간다. 권력 정치가들을 몰아내라"라는 연설을 하고, 무소속으로 출마한 국회의원의 지지 연설을 하기도 했다. 그 결과 안호상은 국가보안법과 선거법 위반으로 체포되었다.

그는 1960년 참의원 선거에 당선되기도 했는데, 이때 『경향신문』과의 인터뷰에서 이승만을 비난하는 대목이 눈에 띈다.

> 서로 견제할 수 있는 정당이 없으면 독재는 반드시 있을 것이네. 이승만 그 사람보다 더 악착한 집단독재가 없다는 보장은 없으니까.
> —「參議院으로 通하는 길(8) 安浩相氏」, 『경향신문』 1960년 8월 11일.

체포 당시의 일을 그는 『배달의 종교와 철학과 역사』(어문각, 1964)에서 다음과 같이 이야기했다.

> 나는 부산 충무로 광장에서 한 연설로 말미암아 1954년(4287) 6월 12일에 내란선동죄, 정부파괴죄, 북한 괴뢰 스스로 돕기죄(北韓傀儡自進幇助罪) 등의 이름으로 구속되어 형무소로 넘어갔다. 나는 이때부터 배달의 이 고유한 사상 체계 연구를 주로 하기로 하였다. 특히 1961년(4294) 5월의 군인혁명은 나에게 큰 자극을 주어, 나는 이 책쓰기에 온 힘을 기울이기로 하였다.

안호상은 국수주의적 관점에서 이 책을 풀어가고 있지만, 이 단계에서는 문정창처럼 역사학자들을 비난하거나 식민사학 운운하는 이야기는 전혀 하지 않았다.

안호상에게 '역사학계=식민사학'의 프레임이 나타나는 것은 1970년대 들어서다. 그는 늦어도 1973년에는 문정창을 만났으며, 1975년부터는 함께 행동했다. 또한 배달문화연구원을 운영하면서 유사역사가들과 정기 모임도 가졌다. 백제의 중국 동남부 점거, 낙랑군이 한반도에 없었다는 등의 주장에 학계가 반응을 보이지 않자, 문교부를 상대로 '국정 국사 교과서의 국정 교재 사용금지 및 정사 편찬 특별기구 설치 등의 조치 시행 요구에 대한 불허 처분 취소청구의 소'를 제기했다.

이후 그는 1975년 10월 8일 '국사찾기협의회'를 결성하고 국사찾기운동을 시작한다. 당시 역사학계에서 가장 중요한 사건으로 회고할 만큼 충격적인 사건이었다. 국사찾기협의회에 참여한 단체와 대표는 다음과 같다.

배달문화연구원(안호상)   백산학회(유봉영)   한국고대사학회(문정창)

한국고전문우회(임승국)   단단학회(이유립)   알타이인문학회(박시인)

기독동우회(이대위)   월간자유사(박창암)

백산학회 부회장 유봉영(劉鳳榮)은 국사찾기협의회 창립을 격려하는 글을 썼는데, 그 1년 뒤 역사 단체들이 국사찾기운동에 대한 경고 성명서를 낼 때 그 자리에도 참석했다. 제대로 알지 못한 채 국사찾기협의회에 들어갔다가 아차 했나 싶었는지도 모르겠다. 이런 영향 때문인지 백산학회에서 펴낸 『백산학보』에는 민족주의 역사관에 입각한 글들이 많이 실렸던 편이다.

기독동우회의 이대위(李大爲)는 이유립과 오래전부터 인연이 있었던 듯하다. 이유립이 발행했던 단단학회 기관지 『커발한』에 따르면 그는 1960년대부터 이유립과 행보를 같이했다.

월간 『자유』의 박창암(朴蒼巖)은 퇴역 군인이다. 그는 만주군 출신으로 간도특설대에서 중국 공산군인 팔로군 진압에 활약했던 인물이다. 뒤에 5·16 쿠데타에 참여하여 혁명검찰부장으로 서슬 퍼렇게 활동했다. 그러나 박정희의 민정이양기에 김동하(金東河) 전 최고회의 외무국방위원장 등과 함께 반혁명분자로 몰려 재판에 회부되고 공직에서 물러났다. 그는 1968년에 반공 잡지 『자유』를 창간했다. 그는 혁명검찰부장 시절에 장도빈을 만나서 민족주의 역사관을 가지고 있었다. 민족주의 역사관 위에 반공이 덧붙여지면서 극우 국수주의 역사관을 지니게 되었다. 그는 부하들을 보내 이병도를 협박했을 정도로 국수주의 역사관에 깊이 빠져 있었다. 그 영향으로 월간지 『자유』는 1976년 1월호부터 국사찾기협의회의 기관지 역할을 맡았다. 『자유』는 군납 잡지였기 때문에 군에 극우 사관을 주입하는 데도 큰 역할을 했으리라 짐작된다. 이에 대해 한홍구(성공회대 교수)는 이렇게 말한 바 있다.

> 이러한 상황에서 안호상 등 이른바 재야사학자들(유사역사가를 가리킴—인용자)은 이번 개정을 고대사와 관련된 자신들의 주장을 교과서에 반영할 수 있는 좋은 기회로 여기고 대대적으로 움직이기 시작했다. 특히 유신 시기에 군에서는 5·16군사반란 직후 혁명재판부 검찰부장으로 위세를 떨치다가 박정희에 의해 반혁명 사건으로 구속된 바 있는 박창암이 발행하던 『자유』라는 잡지를 정훈 교재로 배부했는데, 이 잡지는 재야사학자들의 기관지 역할을 하고 있었다.
>
> — 한홍구, 『대한민국사』 3, 한겨레출판사, 2005.

유사역사가들은 『자유』에 지속적으로 글을 실으며 '역사학계는 식민사관의 추종자'라는 프레임을 견고하게 굳혀나갔다. 『자유』에 글을 실은 사람 중에는 『환단고기』를 만든 이유립과 한글 번역본 『한단고기』를 펴낸 임승국도 있었다. 1976년 『자유』 1월호에는 안호상, 문정창, 임승국이 모두 집필자로 등장하고, 이유립은 2월호부터 맹활약하기 시작한다.

식민사학 프레임의 등장에는 그 전까지 검인정이었던 한국사 교과서가 1974년에 국정교과서가 되었다는 사실이 배경으로 존재한다. 전 국민에게 동일한 역사관을 주입할 수 있는 통로가 된 국정교과서 체제는 유사역사가들이 자신들의 주장을 국민에게 전달하기에 최적의 체제였다. 한홍구는 『대한민국사』 3권에서 다음과 같이 말했다.

> 사실 재야사학자들의 두 차례에 걸친 거센 공세는 한국의 국사 교과서가 국정이었기 때문에 가능한 것이었다. 검인정이었다면 아마 시장에서 걸러졌을 설익은 주장이라도, 권력층의 동의를 얻고 여론을 조작하면 국정교과서라는 고지를 점령하고 교과서의 권위를 빌려 진리로 등극할 수 있다는 점을 재야사학자들은 노렸던 것이다. 또 이 시기는 군이 우리 사회의 전면에 진출한 시기였는데, 이들은 1970년대 후반에 자신들이 공부한 재야사학자들의 주장이 마치 진리인 양 생각하면서, 또는 사실이 아니더라도 국민정신교육에 도움이 된다고 생각하여 이를 적극적으로 전파하려고 했다.

유신이 실시된 1972년에 국사교육 강화 방안이 등장했고, 이 방안에서 민족 주체성 확립이 과제로 제시되었다. 1973년부터 국정교과서 발행을 위한 작업이 시작되었는데, 그 표면적인 목표 중 하나가 식민사관의 극복이었다.

정부가 국정교과서를 발행하겠다고 하자 역사학계는 반발했다. 정부는 이 반발의 이유를 저작 인세와 출판사의 수입 때문이라고 판단했는데, 이 점은 오늘날 유사역사학 측에도 역사학자들이 박근혜 정부의 국정교과서를 반대한 이유를 저작 인세와 출판사 수입으로 본 일부 관점이 존재한다는 점에서 흥미롭다.

역사학계의 다양한 관점이 병존하고 있을 때는 유사역사학의 공세가 그다지 눈에 띄지 않았지만, 이제 목표가 국정교과서 하나로 좁혀지자 유사역사학이 준동하기 시작했다. 더구나 국정교과서가 표면적으로 내세우는 목표 자체가 민족 주체성 확립과 식민사관 철폐였기 때문에 유사역사학 측은 해당 목표를 진정으로 성취할 수 있는 사람들은 자신들이라고 주장할 수 있었다. 안호상 역시 이 무렵부터 역사학계를 비난하기 시작했다. 그가 1977년에 낸 책 『국학의 기본학』(배영출판사, 1977) 서문을 보자.

> 오늘날 우리나라 학자들이 한국 사상과 국학이라는 말은 많이 하면서도 그것을 연구하지는 아니하니, 통탄하지 아니할 수 없다. 더욱이나 통탄할 일은 아직까지도 일제의 식민사관에 중독된 일부 역사가들은 단군 한배검의 실존을 신화로 돌려보내 부정하고, 국정 국사 교과서에도 그렇게 적어두었다. 이것은 학자적 태도도 아닐뿐더러, 또 민족적 양심마저 없는 것이다.

또한 1979년에 낸 『배달·동이는 동이 겨레와 동아 문화의 발상지』(백악문화사)에서도 역사학계를 비난한다.

> 현재 우리나라 철학 교수들은 외국 철학에 도취되어 우리의 철학은 연구하

지 않고, 국사 교수들은 일제의 침략 사관에 사로잡혀 국정 국사 교과서(1977년 판)를 올바르지 못하게 꾸며내었으니, 한심하고도 통탄할 일이다.

안호상이 주창했던 일민주의도 한백성주의로 이름을 바꾼 채 계속 유지되었다. 당연히 한백성주의에서도 안호상은 핏줄에 대한 집착을 버리지 못한다. 그는 여러 종족이 섞인 나라는 혼혈이기 때문에 하나의 핏줄로 변할수록 더 나은 나라가 될 것이라는 근거 없는 이야기를 한다. 이승만 때 하던 '뭉치면 살고 흩어지면 죽는다'는 말을 되풀이한 셈이다.

안호상의 국가주의적 사고는 평생 고쳐지지 않았다. 그는 1970년대 노동운동을 지원했던 도시산업선교회를 가리켜 "사대주의의 필연적 결과로서 고질적 파벌을 만드는 현상"이라고 매도한다. 이런 국가주의적 관점은 1980년대 『환단고기』에 기초하여 노동운동을 파괴하는 공작을 수행했던 '다물민족연구소'의 활동과도 연관이 있을 것이다.

5. 『환단고기』를 내놓은 이유립

이유립은 1907년 평안북도 삭주군 출신이다. 그는 청년기에 독립운동에 매진했다는 식으로 자신을 포장했으나 당대의 역사적 사실과 일치하는 것이 없다. 이에 대해서는 장신의 논문 「유교청년 이유립과 『환단고기』」(『역사문제연구』 39, 2018)에 상세하게 나온다.

이유립은 광복군 총영장 오동진(吳東振)이 자신의 아버지인 이관집과 계연수가 광개토왕비를 함께 답사할 때 자금을 댔다고 주장했지만, 당시 오동진의 나이는 열 살이었다. 또 박은식이 단학회(檀學會) 명예회장으로 추대되었다고 주장하는 1926년에 박은식은 이미 사망한 뒤였다.

계연수는 『환단고기』를 이유립에게 전달했다는 인물이다. 장신은 위 논문에서 계연수도 꼼꼼하게 살피고 있다. 계연수를 죽였다고 하는 감연극은 삭주 인근 창성에서 악명이 높았던 헌병보조원으로 짐작된다. 그러나 계연수를 살해했다고 주장하는 시기에 다른 독립운동가에 대한 기록은 찾을 수 있지만 계연수는 전혀 등장하는 바가 없다. 이유립의 주장에 따르면 계연수는 이상룡(李相龍)·신채호·오동진 등과 연결되는 거물 독립운동가인데, 그에 대해서는 아무 기록도 남아 있지 않다는 것이다. 계연수의 행적은 이유립이 만들어낸 것이다. 계연수는 1916년에 '묘향산 석벽에서 천부경을 발견하여 단군교 교당에 보낸다'는 편지를 남기면서 처음 이름을 드러냈다고 주장된다. 그런데 천부경은 1911년에 나왔다고 주장되는 『환단고기』에 이미 실려 있다. 이뿐만 아니다. 이유립이 세운 단단학회의 기관지인 『커발한』 1호(1965년 4월 1일)에는 다음과 같은 글이 실려 있다.

> 단기 4250년(1917)에 와서 운초거사 계연수와 국은 이태집 두 분이 영변 묘향산에 들어가 영약을 캐러 다니다가 우연히 심학절벽에 유각(留刻)되어 있는 것을 발견하고 이 천부경 81자를 각기 사출(寫出)하여 운초는 단군교 본부로 보내고 국은은 단학회로 보내어 비로소 세상에 다시 전파되었다는 것이다.

이유립이 정말로 『환단고기』를 가지고 있었다면 이는 말이 되지 않음을 알았을 것이고, 따라서 자신들의 기관지에 싣는 일도 없었을 것이다.(이들은 연도도 정확히 몰라서 1917년으로 잘못 쓰고 있었다.) 이때만 해도 천부경 발견의 공을 단학회에 얹어놓으려고 조작을 가하는 정도였다. 그러나 『환단고기』를 만들면서 천부경 문제가 걸리자 이유립은 기발한 해결책을 내놓는다. 『커발한』 47호(1975년 5월 1일)에서 1916년에 계연수가 묘향산 석벽에 천부경을 새겨놓았다고 주장한 것이다.

계연수가 설립했다는 '단학회'라는 단체도 아무 근거를 찾을 수 없는 상상의 조직이다. 이유립은 1932년 창립된 친일 단체로 알려진 조선유교회의 명교학원 1회 학생이었다. 조선유교회는 공자를 신으로 섬기는 종교 활동을 가르쳤고, 이유립은 1933년에 우등생으로 학원을 마쳤다. 그 후에는 조선유교회 삭주 지역 전교사로 맹렬하게 활동했다. 그 과정에서 명교학원의 스승인 해창 송기식에게 크게 칭찬을 받기도 했다. 이유립은 그런 공로를 인정받아 조선유교회 기관지 『일월시보』의 제2대 주필로 취임했다. 그는 조선총독부 기관지 『조선』에 시를 투고하기도 했다. 이런 그의 이력은 후일 생략되거나 제대로 언급되지 않았다.

이유립은 일제강점기를 '친일파'라 불릴 정도로 살지는 않았으나 — 그 정도의 거물이 되지도 못했다 — 독립운동가로 자처할 만큼의 활동도 없었다. 그럼에도 불구하고 그는 해방 후에 자신의 행적에 금칠을 해대기 시작했다. 심지어 그는 1951년에 왕정 복구를 꿈꾸며 '정치혁명민족협의회'라는 지하조직을 결성하고 영친왕을 국가 수령으로 받들겠다고 했다가 다음 해에 탄로 나서 국가보안법 위반으로 체포된 일도 있었다. 이유립은 '외세 배격, 남북 민족 사상 통일, 국토 통일'의 슬로건을 걸고, 국호는 대달(大達), 연호는 개벽으로 정한 뒤 국기도 팔괘를 제거한 황색 바탕의 담흑색 원 모양으로 만들었다. 이 무렵만 해도 그는 아직 유교의 영향에서 벗어나지 못했던 것 같다. 사건의 전말이 궁금하지만, 5년여의 세월 끝에 무혐의로 종결되

이유립의 왕정 복구 음모를 보도한 기사(『경향신문』, 1952년 7월 16일 자)
이유립이 조련(재일본조선인연맹, 조총련의 전신)의 지령을 받아 영친왕을 국가 수령으로 삼고자 '정
치혁명민족협의회'라는 지하조직을 결성했다는 혐의로 서울지검에서 조사를 받고 있다는 내용이다.

었다는 이유립 측의 이야기만 남아 있을 뿐이다.

　그는 1961년에 대종교에 들어가 대전 시교당 전무로 있다가 1963년에 대
종교인들을 데리고 단단학회를 조직했으며, 1965년 단단학회 기관지 『커
발한』을 발행했다. '커발한'이라는 제호는 안재홍의 아이디어로, 원래는 명
왕(明王)·성왕(聖王)을 가리키는 말이라고 한다. 이유립은 커발한의 뜻을 듣고
더욱 확장된 의미로 광범위하게 사용했다.

　나는 오래전부터 『커발한』이야말로 『환단고기』 작성의 비밀을 보여줄 열
쇠일 거라고 생각해왔지만, 그 실물을 볼 기회는 얻지 못했었다. 이유립은
『자유』에 쓴 글들과 여러 다른 글들을 모아 책으로 만들었는데, 일곱 권(『대
배달민족사』 다섯 권과 『이유립 사학총서』 두 권)이나 되는 책에서도 『커발한』의 흔

적은 찾을 수 없었다. 최근에 『커발한』의 실물을 접하고 나서야, 유사역사학 쪽에서 왜 그동안 『커발한』을 거론하지 않고 묻어두었는지 알게 되었다. 제 3부 4장에서는 본격적으로 『커발한』을 통해 『환단고기』의 비밀을 낱낱이 파헤칠 것이다.

이유립은 1963년에 국가재건최고회의 박정희 의장에게 단군을 신화적 존재로만 취급하는 이유가 무엇이냐는 장문의 서한을 보냈다. 이 서한에서 이유립은 "대종교(커발한)"라고 명기하고 3항에서 대종교에 대한 물질적 지원을 요청하기도 했다. 하지만 『커발한』 2호(1965년 7월 1일)에서는 1호에 있던 대종교 마크가 삭제되었고, 『커발한』 4호(1966년 1월 1일)에는 '1호에 있던 대종교 마크가 2호부터 없어진 이유'에 대한 질문이 실렸는데, 이유립은 "물론 이유가 없을 수 없겠지오만 이제 여기에 밝이고 싶지는 않으며"라면서 답변을 회피했다. 이후 『커발한』 7호(1966년 10월 1일)에서는 환인·환웅을 신으로 섬긴다는 이유로 대종교를 비판했다. 그뿐 아니라 커발한은 종교가 아니라는 말도 했다. 그러나 다시 8호, 9호, 10호에는 계속 '커발한=대종교' 라는 입장을 고수했다. 그러다가 『커발한』 12호(1968년 1월 1일)에 와서는 "대종교는 신시의 독립된 문화를 무시하는 가장 위험한 사상이 아닐 수 없다" 라고 극명한 반대 견해를 내놓는다. 『커발한』 14호(1968년 9월 1일)에서도 대종교가 환인·환웅을 추상의 신으로 말하는 등 괴설을 주장한다고 비난했다. 1971년에 펴낸 『환단휘기』에서는 '커발한=태백교'로 써서 드디어 커발한을 대종교에서 분리하여 태백교로 옮겨버렸다. 1981년 국사공청회 이후 이유립은 국사찾기협의회의 회원들과 사이가 틀어진 것으로 보이는데, 그 다음 해에 쓴 「국회의 공청회로 본 역사관의 차이점」에서 대종교를 맹비난 하고 나섰다.

홍암 나철 씨 '한배검'으로 칭하여 대종교의 신앙 대상을 삼고 신시개천의 법통을 잇는 1565년의 사(史)를 완전히 끊어버리고 말았는데 (…) 한배검으로 받드는 것은 하나의 개인, 혹 하나의 집단 스스로 편중된 신앙이라 할 수 있겠지만 진정한 의미에서 우리 배달민족과 배달 역사로서의 참된 조국의 상은 아닙니다. 이러한 대종교의 가탁 사관으로 어떻게 국가전세의 대통과 개천창세의 법통을 이을 수 있는 민족생명의 본질 정신과 그 유래를 찾아낸다 하겠습니까?

이유립은 "이것은 대종교의 일방적인 도취 사관이요, 미신적 해석임이 틀림없다"고 말하기도 한다.

『커발한』 2호(1965년 7월 1일)에는 고대사에 대한 여러 인사의 글이 실렸는데, 이를 통해 이유립이 어떤 이들로부터 영향을 받았는지를 살펴볼 수 있다. 그 주요 인사는 신채호, 안확(安廓), 권덕규, 최남선, 최동 등이다. 『커발한』 8호(1967년 1월 1일)에는 안호상 등과 함께 1966년 11월 29일에 '단기 4300년 기념사업회'의 창립총회를 열었다는 기사가 실려 있다. 안호상은 이사에 피선되었던 반면 이유립에 대해서는 아무 언급이 없는 것으로 보아 그는 단순 참석자에 불과했을 것이다. 아무튼 이들의 인연은 이렇게 시작된 듯하다. 『커발한』을 보면 문정창이 이유립을 찾아와 역사 주제에 대해 토의하는 등 긴밀한 관계를 가졌음을 알 수 있다. 이유립은 손보기(孫寶基)와도 편지를 주고받았다.

이유립은 '국사찾기협의회'와 연을 맺은 뒤 1976년부터는 국사찾기협의회의 기관지 『자유』에 도배하다시피 글을 실어댔다. 『자유』 1976년 8·9월호에서 이유립은 「이병도 사관을 총비판한다」라는 글을 통해 이병도를 식민사학계의 대표로 집중 공격하기 시작했다.

진짜 일본의 황국사관은 일본 천황 자신이 선언한 인간 전향과 함께 이 땅에서 완전 철수하였지만 가짜 일본(土倭)의 창씨(創氏)사관은 그대로 남아서 멋대로 난동을 치고 있다.

여기서 '식민사관'을 '창씨사관'이라고 부르고 있는데 아직 확립된 용어가 만들어지지 않았기 때문이라고 볼 수 있다. 이유립은 이 글에서 이병도를 "민족사학의 지평선에서 떨어진 잠꼬대", "원전을 자기 멋대로 고쳐가면서 부회(傅會)하였다", "아무 출전의 근거 없이 제멋대로", "천벌이 가공하지 않겠는가", "사적(史賊) 동조(同調)의 원흉" 등등으로 매도했다.

「환단고기의 진실」(『신동아』 2007년 9월호)을 보면 이유립의 조언으로 전두환이 〈국풍 81〉을 개최했다고 나온다. 이유립의 일방적인 증언이므로 사실 여부는 알 수 없으나, 정당성이 없는 권력이 체제 정당성을 확보하기 위해 만들어낸 이벤트를 이유립이 적극 지지해주었다는 사실만큼은 분명하다. 이들 유사역사가의 권력 지향적 단면을 보여주는 사례이기도 하다.

6. 『환단고기』의 번역자 임승국

임승국은 『환단고기』의 번역서 『한단고기』를 내놓아 일반인들에게 널리 알려졌는데, 그는 이미 1970년대부터 『자유』에 다수의 글을 싣고 있었다. 이 부류의 사람들이 대체로 그렇듯이 임승국도 사학과 출신은 아니다. 그는 고려대 정외과를 나왔다고 한다.

그 역시 '국사찾기협의회'의 주요 회원으로 역사학계를 식민사학이라는 프레임 속에 밀어넣는 데 한몫했다. 『자유』 1976년 5월호 권두에 실린 글에서 그는 이렇게 말한다.

　　지난날의 전통사학은 그 시대적 입장 때문에 중국을 찬양하고 상대적으로 한국사의 시폭·강역·'얼'을 말살하고 위축하는 데 전념하였다. 이러한 자학적 사승(史承)에 편승하여 근대 이후 개화 백 년간 일본 식민사학이 그나마 명멸하던 조국사의 숨결을 거두어버렸다. 이것이 이른바 조선총독부의 조선사다. 광복 후 우리는 조선사의 망국적 사승을 탈피하지 못하고 이를 추인·보강하는 학풍——곧 '실증사학'이 일고 있다. 말하자면 '전통사학'+'식민사학'+'실증사학'은 오늘의 사학 현황이다.

　임승국의 입장을 알기 위해서는 1980년대에 쓰인 글들을 살펴보는 것이 빠르다. 『자유』 1980년 9월호의 「정사광복과 역사 인식」이라는 글에서 임승국은 다음과 같이 말한다.

　　지금 조국의 산하엔 개천 이래 최대의 숙정 선풍이 일고 있다. 과연 조국 광복 이후에 쌓이고 쌓인 부조리를 말끔히 청소해줄 것인가? 사실 우리들은 정권의 교체기마다 마음속으론 그러한 청신한 작풍을 얼마나 갈구해왔는지 모른다. (…) 그 숙정의 규모나 대담성에 있어서 지난날의 어떤 숙정보다 '매머드'급이었다고 해서 찬양할 수는 있겠으나 숙정의 표적이 빗나가고 있다는 점에 있어선 지난날의 숙정과 별로 대차 없는 것이다.

　1980년은 전두환이 광주민주화운동을 무자비하게 진압하고 정권을 잡은 해이다. 광주의 핏물이 채 마르지도 않은 상태에서 임승국은 자기 목적을 달성하고자 전두환에게 꼬리를 쳤다. 그가 노린 대상은 역사학자들이었다.

> 역사적으로 공산주의의 천적 사상이요 대항 무기는 오직 민족주의 민족 철학이었다. 그런데 지금 우리는 공산주의의 면전에서 패배주의적 민족관을 고취하고 있다. 이는 곧 우리의 무장해제를 뜻함이다. 오늘날 이단사학, 반체제 사학, 식민사학의 잔재는 국가안보적인 차원에서 다스려야 한다.

이처럼 임승국은 국가보안법으로 역사를 재단하자고 주장했다. 그는 이에 만족하지 못하고 같은 해 『자유』 11월호에 「이적 해국사필과 국가안보」라는 글을 실어 같은 주장을 되풀이했다.

> 지금 정계~관계에는 환웅천왕 이래 최대의 숙정 선풍이 일고 있다. 그야말로 숙연한 순간이요, 기대했던 후련한 역사의 한 토막이 아닐 수 없다. (…) 실로 해국사필의 해독은 언필설난의 경지에 있다. 숙정 당국은 한국사 1000년 속에 서려온 미해결의 장을 용약처결하는 영단을 내려줄 수는 없는가?

어디 이뿐이겠는가? 그는 『자유』 1981년 4월호에도 「국사혁명의 의지를 '새시대'에 묻는다」는 글을 싣고 이렇게 말한다.

> 실로 국사 광복은 대통령 각하의 의지 하나로 결정될 수 있는 민족의 숙원 사업인 것이다. 민족사는 오랫동안 용기 있고 과단성 있는 민족의 지도자를 감당하여왔다. 국사혁명이라는 과업은 애오라지 지도자의 용기와 결단만이 해결

할 수 있는 명제이기 때문이다. 그런데 지금 우리는 가장 뛰어난 영단을 지닌 민족 지도자를 모신 '새시대!'에 살고 있다고 자부하는 것이다. (⋯) 이 모든 가능성이 오직 새시대 지도자의 의지 하나에 달린 것이므로 우리가 지금 처해 있는 이 시공이야말로 억겁의 세월이 집약된 역사의 찰나라고 아니할 수 없다.

"대통령 각하의 의지 하나로 결정될 수 있는 국사 광복". 공권력으로 밀어붙이면 역사의 진리가 입증된다는 논리다. 우리는 지난 2016년에 박근혜 정부가 이런 식으로 국정 『한국사』 교과서를 만들어내는 것을 지켜본 바 있다. 박근혜 정부가 내세운 논리와 임승국 논리의 유사함을 쉽게 찾을 수 있다.

> 망국적인 국사학자들은 마땅히 국가안보적인 입장에서도 그 해국 이적사필이 응징되어야 마땅한 것이다. 패배주의적 전통의 조국관을 심어온 저들은 이 나라의 정신 전력을 와해시킴으로써 결과적으로 김일성에게 부전승을 안겨주려는 해국적 심보가 아닌 다음에야 저 재판장의 일갈처럼 "무엇 때문에 조국사의 영광을 외면, 반대하면서" 패배 국난 회수의 통계 숫자나 들먹이고 있을 것인가?

그는 민족주의를 반공과 동일한 개념으로 보았다. 역사를 배워야 하는 이유도 국가안보(반공)이다. 그 연장선상에서 역사를 국가체제철학이라고 주장한다.

> 국사는 물론 사회과학의 한 분야이다. 그러나 국사가 영향하고 점유하는 국가−사회적, 그리고 현재−미래에 걸친 위치나 좌표−비중은 사회과학 분야를

훨씬 초월하는 것이다. 그것은 곧 다름 아닌 국가체제철학이기 때문이다.

— 임승국, 「정사광복과 역사 인식」, 『자유』1980년 9월호.

그렇다면 그가 생각하는 국가 체제란 어떤 것일까?

우리는 공산주의와 지금 대결하고 있다. 공산주의와의 대결은 '반공!'이니 '승공!'이니 하는 구호로 해결되지 않는다는 것이 상식이요 통념이다. 그런가 하면 우리는 자유민주주의가 공산주의와의 대결에서 얼마나 무력하고 무기력, 무방비적인가를 광복 35년의 체험을 통해서 절감했다. 그렇기 때문에 우리는 자유민주주의의 제 원칙에 일부 수정을 가해서라도 보다 중요한 국가안보를 지키려는 노력을 경주해왔던 것이다. 제 외국이 뭐라고 비판하더라도 우리는 우리의 실정에 어울리는 자유민주주의의 수정을 불가피하게 하였던 것이다. 정치는 이상이나 꿈이기에 앞서 싸늘한 현실이기 때문에 국가안보를 위한 이러한 자유 유보, 인권 유보는 국민적인 양해 사항으로 용인되었던 게 사실이다. 그러나 필자는 굳이 '자유민주주의를 향하여 Excuse me, I am sorry를 애걸하면서까지 자유민주주의에 집착해야 되는가?' 하는 의문을 갖는다. 물론 국제정치사회라는 현실 때문에 '자유민주'라는 상호(?)는 떼어내 버릴 수 없겠지만 지금이야말로 한국 정치가 강력한 민족주의를 내걸 때가 아닌가 한다. 혹자 이를 국수주의라고 비방해도 좋다. 도이취나 일본은 국수주의 때문에 멸망했지만 우리나라는 도리어 사대주의로 나라가 망했던 것이다. 우리가 국수주의를 경계할 이유가 없다. 근세 이후 국수주의다운 국수주의를 한 번도 못해본 한국사의 치욕은 차라리 국수주의가 숙원 섭리일지도 모른다. 항차 공산주의와의 대결을 통해서 국가안보를 추구하려면 공산주의의 사상적 철학적 천적인 강력한 민족주의! ─ 그것을 국수주의라 혹평해도 좋다 ─ 와 그 토대 위에 뿌리박은 강력한 체제철학의 필요성은 차라리 숙명적이요 필수적인 것이 아니겠는가 생각된다. '철학 있는 독재는 설득력을 갖는다'는 정치철학을 들먹일 필요도 없이 오늘날 한국 정치엔 철학을 필요로 한다.

─ 임승국, 「이적 해국사필과 국가안보」, 『자유』 1980년 11월호.

그에게 역사는 오직 국가안보와 반공이라는 목적하에 이용되는 것이고 독재도 그 목적을 위해서라면 용납된다. 이미 유신 체제가 해체된 상황에서 그는 아직도 독재를 옹호하고 있다.

임승국이 주장하는 민족주의는 또 어떤 것일까? 그는 "도이취"(독일) 민족이 제1, 2제국의 위대한 조국을 이어받아 제1차 세계대전 패배 후 불과 20년 만에 나치즘 아래서 세계를 상대로 전쟁할 수 있는 현대의 기적을 이루었다고 말한다. 또한 나세르(Gamal Abdel Nasser)의 아랍 민족주의 기치 아래 아랍은 세계경제를 좌우한 '좋은 전례'를 남겼다고 주장한다.

그뿐만 아니라 민족주의는 위대한 민족사의 발견 광복에 있으며, 민족주의의 성공을 위해서는 자국사를 미화하고 외국사를 왜곡하기도 해왔던 것이 세계 민족주의의 추세라고 단언했다. 그는 우리 민족사가 역사를 왜곡하지도 않은 채 민족주의를 고취할 수 있으니 얼마나 다행이냐고 되묻는다. 결국 그의 민족주의란 자민족이 최고의 가치를 지닌다는 국수주의·파시즘일 뿐이다.

그는 한국사를 다섯 개의 조국으로 구분하는데, 제1조국은 환인의 나라인 환국, 제2조국은 신시개천의 환웅의 나라, 제3조국은 단군왕검의 고조선, 제4조국은 부여 → 삼국 → 발해로 이어지며, 제5조국은 제5공화국으로 이어진다. 거기에 조선은 없다.

　그는 일본인들이 왜곡한 '조선사'를 바로잡으려 하지 않고 그것을 덮어 없애버리려 한다. 이는 역사를 올바로 보는 자세가 아니다. 그가 조선을 덮어버리고자 하는 것은 조선의 역사를 부끄러워했기 때문이다. 그는 수치스러운 역사는 숨겨야 한다고 주장한다. 독립기념관 건립을 두고 어머니를 강간한 강간범을 잡은 기념비에 비유하면서 임승국은 이렇게 말했다.

　　세상은 망각이 아주 심해요. 망각은 하나의 병인데, 한 몇 십 년 지나면 깨끗이 다 잊어버릴 텐데 그놈의 금석문을 세워놓았으니, 대대로 그놈의 집안의 치욕이 온 세상에 퍼질 것 아닌가 그 말이에요. 마찬가지에요. 독립기념관이라는 것도 마찬가지입니다.

　　　　　　　　　　　　— 임승국, 『한국상고사의 제문제』, 한국정신문화연구원, 1987.

　자칭 역사학자가 '그냥 두면 망각될 과거를 굳이 기억하는 게 문제'라는 발언을 하고 있다. 역사를 취사선택하겠다는 사람이 바로 임승국이다.

　임승국은 만주와 조선은 하나라는 만선사관에서 벗어나지 못했고, 일본민족과 한민족이 같은 조상 아래 나왔다는 일선동조론에서도 벗어나지 못했다.(그는 일선동조론에서 문제는 오직 한민족이 형인데 아우라 한 것뿐이고 논리 자체는 맞다고 보았다.) 심지어 나치와 일본제국이 세계를 상대로 전쟁을 일으킨 것을 부러워했다. 그는 혈통에 매달린 인종주의자이기도 하다. 『한단고기』 38쪽에 그는 이런 주석을 달아놓았다.

　　분명히 말하거니와 우리는 모두 '선군'의 후손이니 우리 또한 혈관 속에 한

님의 피가 흐르는 한님의 아들, 곧 한님임에 틀림없다. 송아지는 황소의 아들이
지만 송아지도 소(牛)요 황소도 물론 소이다. 이처럼 한님의 아들인 선군의 피를
받은 우리 또한 모두 한님이요 선군이다.

그를 비롯해 1970년대 유사역사가들은 역사학자를 가리켜 이적사가(利敵
史家)나 해국사관(害國史觀) 같은 말을 자주 썼다. 식민사학이라는 프레임만으
로 만족하지 못해서 실정법인 국가보안법으로 얽어 매 잡아넣을 수 있는 이
적 행위를 역사학자에게 들씌우고 싶었던 것이다. 이 프레임은 민주화가 진
행된 오늘날에는 거의 사용되지 않고 있다.

7. 유사역사학 전파와 확산의 배경

유사역사학이 널리 퍼져나갈 구조적인 장치는 이미 1960년대에 만들어
졌다. 박정희 정권이 바로 그 역할을 수행했다. 박정희는 민족주의를 내세웠
지만 그 초기 경향은 유사역사학의 자민족 찬양과 전혀 달랐다. 그는 일종
의 자학사관을 가진 사람이었다. 그는 한국사에 대해 이렇게 이야기했다.

> 한무제 동방 침략의 고조선 시대에서부터 고구려, 신라, 백제의 삼국 정립 시
> 대, 그리고 신라의 통일 시대를 거쳐 후백제, 후고구려, 신라의 후삼국 시대, 다
> 시 통일 고려 시대에서 조선 5백년에 이르는 우리의 반만 년 역사는 한마디로
> 말해서 퇴영과 조잡과 침체의 연쇄사였다 할 것이다.
> ─ 박정희, 『국가와 혁명과 나』, 향문사, 1963.

박정희에게 한국사는 "남에게 밀리고 거기에 기대어 살아온 역사"이고 "세계에서도 드물 만큼 소아병적이고 추잡한 것"이었다. 그리하여 "이 모든 악의 창고 같은 우리의 역사는 차라리 불살라버려야 옳은 것"이었다. 박정희는 기존의 한국사에 대해서 이렇게 비난했다.

> 우리나라 최근세사는 망국의 역사요 혼돈의 역사이며, 실패의 기록이기도 했다. 이 피어린 역사를 엮어 나가는 데 있어서 역사 창조의 주인공인 우리 민족의 자율성이 결여되고 사대주의와 외래 지배에 좌우된 타율성을 볼 수 있다. (…) 그러므로 지금까지의 국사는 왕조중심사관, 사대사관에 의해서 엮어졌고, 진정한 민중사관의 형성을 보지 못했다.
>
> ― 박정희, 『우리 민족의 나갈 길―사회재건의 이념』, 동아출판사, 1962.

박정희의 역사관은 일제강점기 식민사관에 의해 규정되어 있었다. 타율성론, 당파론, 만선사관(지리적 결정론)을 여과 없이 보여준다. 그러면서도 그 외피는 민족주의를 표방했다. 자신의 권력 유지에 유리했기 때문이다. 유사역사학 역시 박정희의 민족주의에 기생했다.

박정희가 피력한 역사관은 사실 동시대의 많은 사람이 공유했던 역사관이었다고 보는 편이 타당할 것이다. 아직 식민사관 자체에 대한 비판도 나오지 않았던 때였다. 한국사에 대한 깊은 열등감은 유사역사학이 지향하는 국수주의적 역사관을 배양하는 배양조 역할을 했다.

박정희는 김부식(金富軾)이 민족 자주적인 사료를 모두 태워 없앴으며 정도전(鄭道傳)이 『고려사』를 지으면서 또 없앴다고 말한다. 이런 관점은 유사역사학과 다를 것이 없다. 박정희가 이처럼 역사를 폄하한 것은, 당시 각종 사회문제의 원인을 역사에 던져놓고 소위 '혁명'으로 새로운 역사를 창조해야 할 당위성을 부여하기 위해서였다. 특히 그는 이런 새 역사 창조를 위해 외래 사상을 배격해야 하고 우리만의 고유한 사상을 개발해야 한다고 역설했다.

박정희는 계승해야 할 역사 유산으로 향약과 계와 같은 지방자치 문화, 이순신(李舜臣)과 의병운동 등 국난 극복을 위한 애국 전통, 『홍길동전』과 『구운몽』 같은 서민문학, 이황(李滉)과 실학사상 등을 거론한다. 이런 좋은 전통을 유지·발전시키지 못했기 때문에 '민족사적 과제'로 남았다는 것이다. 그 과제는 첫째 반봉건적·반식민지적 잔재로부터의 해방, 둘째 빈곤으로부터의 해방, 셋째 건전한 민주주의의 재건이었다. 특히 세 번째 과제는 '한국적 민주주의'를 구현해야 한다는 주장이었다.

박정희의 사상적 지향을 보여주는 것이 바로 1968년 12월 5일의 '국민교육헌장' 제정이었다. 안호상은 초반에는 구정치인으로 박정희 정권의 홀대를 받았지만, 1968년에는 민족주의를 표면에 내세운 박정희 정권과 협력하여 국민교육헌장 선포에 관여했다. 국민교육헌장 제정 이후 박정희는 민족에 대한 열등감보다 민족의 긍정적 측면을 바라보는 경향이 강해진다. 이런 변화의 흐름 중 하나가 1970년대에 일어난 이순신 영웅화 작업 등 외침에 저항한 '민족사 복원' 작업이었다.

1970년대에 들어서는 특히 '화랑도'가 중요하게 취급되었다. 1973년 경주 남산에 '화랑의 집'이 개원했고 1974년에 '화랑교육원'으로 이름을 바꾸었다. 이곳에서 중·고등학생은 물론 공무원, 교원, 대학생, 사관생도 등이 교육 연수를 받았다. 화랑을 부각한 사람은 이선근(李瑄根)으로 알려져 있다. 이선근은 제4대 문교부 장관(재임 1954~1956)을 역임한 역사학자이다. 그는 안호상과도 친했으며 안호상이 일민주의를 내세웠을 때 '일민'이라는 한자보다 우리말 '한겨레'를 쓰라고 권했을 정도였다. 이선근은 우익 단체인 '대동청년단'의 부단장이기도 했다.

안호상 역시 화랑에 대한 애정이 남달랐다. 1947년에 펴낸 『우리의 취할 길』(문화당)에서 이미 "고대 희랍의 스팔타 청년의 용감은 잘 기억하면서, 고대 신라의 화랑 소년의 충용은 어째 잊어버렸습니까"라고 썼다. 그 외에도 『민족의 주체성과 화랑얼』(배달문화연구원, 1967), 『단군과 화랑의 역사와 철학』(사림원, 1979), 『한웅과 단군과 화랑』(사림원, 1985) 등 표제에 '화랑'이 들어간 책만 세 권이 있을 정도다.

5·16쿠데타 이후 집권한 박정희 정권은 민족주의를 표면에 내세워 유사역사학이 활개를 칠 공간을 만들었다. 이후 한일협정이 추진되고 그에 대한 반대운동이 벌어지면서 일제강점기에 대한 분노의 감정을 타고 민족주의 감성을 자극하는 책들이 호응을 얻기 시작했다.

독재 옹호를 위해 국정 국사 교과서를 만들게 되면서 유사역사가들은 단체를 조직하고 국정교과서를 자신들의 뜻에 맞게 수정하고자 힘을 결집했다. 이때 군납 잡지를 만들던 박창암이 합류하면서 군에도 영향을 끼치기 시작했다. 이런 분위기에 대해 한홍구는 『대한민국사』 3권에서 "이들 군 요소요소와 보안사 등에 포진한 장교들은 '국사 교과서는 국민들에게 민족의식과 민족적 자부심, 긍지를 심어주는 민족 경전과 같은 것'이라며, 따라서 '국사 교과서 내용은 학문적으로 정리되지 않고 입증할 수 없는 내용이더라도 국민교육용으로 필요하다면 수록돼야 한다'고 주장했다"라고 썼다.

1980년에는 이규호(李奎浩) 문교부 장관이 문교부의 역사편수관 윤종영을 불러 국방부에서 온 장교들과 의논하라고 지시한다. 이 군장교들은 서울대 정치학 박사학위를 취득한 엘리트로서 '믿을 수 없는 내용이라 해도 민족 자부심을 위해서라면 교과서에 수록해야 한다'고 주장했다. 보안사 소속의 대령도 와서 같은 주장을 했다. 윤종영은 자신의 책 『국사 교과서 파동』(혜안, 1999)에서 이런 일이 벌어진 데는 군인들의 정훈 교재인 『자유』의 영향이 있었다고 말했다. 이러한 분위기는 결국 군 전체에 퍼져 나갔다고 볼 수 있다.

육군본부는 1983년 1월 1일에 『한민족의 용틀임 — 위대한 각성과 웅비』라는 정신 교재를 내놓았다. 이 책은 역사학계를 이렇게 비난하고 있다.

> 실증사학이 객관적 입장에서의 실증적 고증을 중시하는 데 기초를 두고 있다고 하지만, 우리나라에 소개된 학풍은 반드시 그러한 것만도 아니었다. 왜냐하면 우리의 역사를 연구하고 서술하는 일본인들이 겉으로는 항상 과학적인 고증 및 실증을 내세우는 실증학을 표방하면서도 실제로는 우리 역사를 이른바 '타율성과 정체성'의 역사로 왜곡하려는 의도를 그 속에 담고 있었기 때문이다. (…) 우리는 식민사학을 주도한 일본인들이 실증학이라는 이름 아래 우리나라의 역사 연구를 왜곡되게 이끌었다는 점을 깊이 인식할 필요가 있다. 지금 항간에서 흔히 거론되고 비판 반성되는 식민사관의 문제는 바로 여기서 기인된 것이다.

육군본부에서 실증사학을 비난하면서 대안으로 내놓은 사관은 이른바 '통일 지향적 민족사관'이었다.

> 우리는 오늘날 조국의 통일과 민족의 웅비를 지향하고 있다. 그러므로 이러한 시대적 요청에 부응하는 역사관의 정립이 긴요하다 할 수 있다. 마치 전사(戰

史) 속에서 군인이 길을 찾듯이 우리의 민족사 속에서 웅혼한 민족의 혼과 민족
의 이상과 민족의 나아갈 길을 찾아야 하는 것이 곧 오늘의 사학도들이 유념해
야 할 학문적 태도요 역사적 명제라 할 것이다.

이 책 529쪽에는 타고르의 시 「동방의 등불」이 실려 있다. 유사역사학에
서 왜곡한 시로, 원래 타고르가 쓴 시 뒤에 「기탄잘리」 35편을 붙이고 말미
에 우리나라 관련 창작까지 덧붙여놓은 엉터리 작품이다. 이런 인식과 왜곡
에도 불구하고 이 책은 그나마 양호한 편이었다. 부분 부분에 전문성이 떨
어지고 시중의 낭설을 수록하기도 했지만, 역사를 설명하는 부분에서 아주
이상한 얘기는 하지 않았다. 지리적 결정론 비판과 같은 좋은 글도 실려 있
다. 그래서 군은 이 책에 만족하지 못했던 모양이다. 1년도 채 지나지 않아
육군본부는 새 정신 교재를 발간했다. 개천절에 맞춰서 내놓은 책의 제목은
『통일과 웅비를 향한 겨레의 역사』(육군본부, 1983)였다. 역사학계에 대한 비난
의 수위도 한층 올라갔다.

민족의 현재적 요구가 투영된 사관의 결여, 이것이 실증사학이 가지는 결정
적인 약점이다. 왜냐하면 무릇 역사란 번쇄한 고증과 쇄잡한 언행록이 아닐 뿐
만 아니라 민족과 아픔을 같이할 수 없는 객관적 사실은 역사의 피안 속으로
사라져야 하기 때문이다. 그렇기 때문에 일제하에서 주류를 이루었고 광복 이
후 오늘날까지 한국 사학계에 절대적으로 군림했던 이 실증사학이 민족의 현
재적 요구인 조국의 독립과 통일을 외면한 채 때로는 식민사학과 궤도를 같이
했던 민족 부재의 측면은 마땅히 준엄한 비판을 받아야 할 것이다.

민족사관에 대한 요구도 엄청나다.

> 그렇다면 오늘 우리의 민족적 지상 과제는 무엇인가? 그것은 분단된 민족의
> 통일이요, 번영을 향한 민족의 웅비가 아닐 수 없다. 그 다음의 과제는 무엇인
> 가? 그것은 잃어버린 만주 대륙, 즉 우리의 옛 조상들의 씩씩한 기상이 어리어
> 있는 드넓은 만주 벌판을 수복하는 일일 것이다. 이에 우리는 통일과 웅비, 그
> 리고 대륙 수복의 의지가 담긴 진취적인 통일 지향 민족사관을 정립해야겠다.

만주를 '되찾자'는 주장을 하는 이 책이 민간이 아닌 대한민국 육군본부
에서 펴낸 것임을 생각하면 실로 오싹한 일이 아닐 수 없다. 앞서 살펴본
『한민족의 용틀임』에는 없는 장이 이 책에는 들어 있다. 바로 '동이족의 활
약과 문화권', '고조선의 사회와 문화' 등이다. 동이족이 중국을 지배했다는
말과 더불어 고조선 편에서는 『환단고기』가 소개된다. 아직 한글 번역본도
나오지 않았던 시기에 이 책이 소개된 것은 유사역사학의 입김 말고는 설명
할 길이 없다. 참고도서에는 문정창의 『한국고대사』가 들어 있다. 그러므로
당연하게도 낙랑군은 요서 지방에 있는 것으로 그려져 있다.

군과의 관계에서 주목할 만한 사람으로 안동준이 있다. 그는 임승국과 공
저로 『한국고대사관견』(경인문화사, 1978)이라는 책을 낸 바 있다. 일본 주오대
학(中央大學) 법학과를 나와서 육군사관학교와 육군대학을 졸업하고 국방부
정훈국장, 국방부장관 보좌관 등을 역임했으며, 대령으로 예편한 뒤 민주공
화당 소속으로 3, 5, 6, 7대 국회의원을 지냈다. 이력이 말해주듯 국회에서도
국방위 소속이었다. 그가 임승국과 공저로 내놓은 『한국고대사관견』의 서
문을 보자.

우리는 지금 북괴와 적성강국을 인접해두고 오천 년 사상 그 어느 때보다도 강력한 국민의 단합과 노력의 집결이 요구되고 있다. 따라서 과거 모화사상이나 일제의 침략 식민의 반도사관에 의하여 왜곡되고 개찬된 역사를 바로 찾고, 바로 알고 바로 가르쳐야 할 필요성이 오늘날보다 더 절실한 때는 없다고 생각한다.

이 외에도 안동준은 『한족과 고대 일본 왕실』(백악문화사, 1978) 등도 펴냈다. 그가 책을 낼 때마다 안호상이 추천사를 써주었다. 그는 한국고전연구회 회장으로 있으면서 안호상과 문정창 등을 불러 〈민족사학 토요강좌〉를 개최했다. 역사학계를 식민사학으로 규정하는 프레임은 이렇게 지속적으로 퍼져나갔다. 이런 모임의 결과가 바로 '국사찾기협의회'였다. 국사찾기협의회 취지문만 보아도 이들의 극우적 성향은 쉽게 알 수 있다.

그러함으로 유신·새마을운동·국가보안·멸공평화통일 등 당면한 국가 시책의 그 지도 원리는 마땅히 민족사관의 기반 위에 바탕하여야 할 것이다. 이것은 우리의 상극 사관인 유물사관에 기반을 두는 공산 침략에 대항하는 우리의 근본 원리요 기본 원칙이기 때문이다. ─『자유』1976년 1월호

독재 정권이 형성한 분위기에 가장 잘 적응하는 자는 독재를 긍정하는 사람들일 수밖에 없다. 유사역사학은 박정희 정권이 만든 민족주의 프레임에 업혀서 정권의 입맛에 맞게 반공을 외쳐댔다. 그러나 유사역사학이야말로 일제의 황당한 주장들을 계승한 식민사학이며, 자신들의 주장에 정당성을 부여하기 위해 역사학계를 매도하는 방식을 채택했을 뿐이다. 여기서 흥미

로운 부분은, 그 시절 역사학계 주류는 좌파적 성향이 전혀 없는 사람들이 었음에도 '반공'이라는 잣대를 걸고 국가보안법 운운하는 일이 가능했다는 점이다. 이런 주장을 하는 사람들이 얼마나 극우였는지 짐작할 수 있다. 『매일경제』 1982년 5월 10일자 기사에 따르면, 안호상은 국사 교과서에 유물론적 계급사관에 입각한 기술이 들어 있다고 공격하기도 했다. 그들에 따르면 국사 교과서는 "일제의 식민사관과 노예적 사대사관, 유물론적 계급사관의 복합서"였다.

근대국가 형성기에 민족주의를 내세우는 것은 전 세계적 현상이었다. 그 과정에서 독일이나 터키, 일본 등은 신화까지 끌고 오는 무리수를 두면서 독재로 굴러떨어졌고, 불행히도 그 영향의 일단이 우리 안에도 남았다. 그리고 그 잔재는 박정희의 5·16쿠데타에 뒤이은 '민족중흥'이라는 슬로건 아래서 독버섯처럼 창궐했다. '국정 국사 교과서'라는 독재적 발상 때문에 유사역사가들은 단체를 결성하고 집결했으며, 역사학계를 식민사학 추종이라고 몰아붙이는 프레임을 만들어서 국민들을 현혹시켰다. 일반인뿐만 아니라 군에까지 손길을 뻗쳐서 역사학계를 공격했고, 그 전략은 일정 정도 성공했다. 예비군 훈련장이나 민방위 훈련장에서도 역사학계에 대한 공격은 그치지 않았다.

실증을 내세운 사학자들의 반발 때문에 국정 국사 교과서를 100% 자기들 방식으로 만들지 못하자 정치군인들은 자신들이 생각하는 화려하고 찬란한 역사를 기록한 역사책을 만들어 군 내외에 보급했다. 『한민족의 용틀임』이니 『민족 웅비의 발자취』니 하는 요즈음 수구파들이 딱 그리워할 그런 책들이 국민들의 세금으로 정치군인들에 의해 만들어진 것이다. 지금 군에서 근현대사 교과서를 문제 삼는 것도 군이 이런 '웅비사관'의 나쁜 악습을 씻어내지 못했기 때문이다. 군 정훈 당국은 '잘못된 역사교육 내용에 대한 장병 대응교육 강화'를 위해 『국방일보』를 통해 '바른 역사의식 교육'을 지속적으로 강화하겠다고 하는데, 『국방일보』에 실린 내용을 보면 중국은 물론 시베리아, 티베트까지 지배했던 "우리의 조상인 치우천황"이 "민족의 가슴에 화려하게 부활"했다고 감격해하고 있다. 이런 주장은 과거 『민족웅비의 발자취』 류의 책에도 나오지 않는 황당한 내용이다.

— 한홍구, 『대한민국사』 3.

역사학계의 권위를 무너뜨리고 민족적 감정에 호소하는 주장을 늘어놓아 시민들을 현혹하는 것이 유사역사학이 행하는 일반적인 방식이다. 이런 방식은 인터넷의 발달과 더불어 더욱 빠르게 확산되고 있다.

조선사편수회에서 근무했던 약점을 가진 이병도를 공격하고, 역사학자들은 모두 이병도의 제자라는 어이없는 프레임을 제시하며, 엄연히 존재하는 독립운동가 집안의 역사학자들(이기백, 전해종 등)까지 친일파 사학자로 몰아간다. 오히려 친일 행적이 뚜렷한 최동이나 문정창 같은 이들의 주장은 잘도 이용하면서 때로는 '모르는 사람'이라고 시치미를 떼기도 한다.

'국사찾기협의회'의 이런 공격에 역사학계도 대응을 하지 않을 수 없었다. 역사학계는 1978년 11월 23일 서대문 한국연구원에서 국사찾기협의회의 '국사찾기운동'에 대한 경고 성명서를 발표했다. 내용 중에는 『자유』지의 창간 취지인 반공으로 돌아가라는 것이 있었다. 이에 대해 『자유』 발행인인 박창암은 1978년 『자유』 12월호에서 다음과 같이 답변했다.

반공이란 '사상운동'인 바 국민(민족)의 그 사상적 확신 행동은 '민족사관'에 근원하는 것이라면 공산당이 가장 두려워하는 것은 유물사관을 압도하는 민족사관인 것이다. 따라서 본 『자유』지는 민족사관 확립을 위한 국사찾기운동을 기본 강령으로 삼고 있음을 재인식하라.

이 무렵만 해도 자유사에는 국사찾기운동을 비난하는 노골적인 욕설이 담긴 편지가 날아들고 하루에도 수십 통의 격렬한 항의 전화가 걸려왔다. 그런데 이로부터 10년이 채 지나기 전에 상황은 완전히 바뀌어 역사학자들이 공개 토론장에서 욕설을 듣기에 이르렀다. '삼인성호(三人成虎)'라는 말이 있다. 세 사람이 우기면, 없는 호랑이도 만들 수 있다는 뜻이다. 유사역사학이 수년간 역사학계를 식민사학이라고 공격한 결과 삼인성호의 꼴이 나고만 것이다.

제2장

유사역사학 만개하다

1. 국사 교과서 공청회 사건

1975년 전 문교부 장관 안호상 등이 '국사찾기협의회'를 결성하면서 '재야사학'이라는 말이 사람들 사이에 파고들었다. 이들은 역사학자들을 '강단사학자'라고 부르면서 '재야'와 '강단'의 이분법을 시도했다. 그렇게 함으로써 역사학계에 두 개의 세력이 있는 것처럼 대중을 호도하기에 이르렀다.

유사역사가들의 결집체였던 '국사찾기협의회'가 일으킨 대표적인 사건이 1981년의 '국사 공청회' 사건이다. 이 사건에 대해서는 당시 문교부(교육부) 역사편수관으로 있으면서 그 일을 직접 겪은 윤종영의 『국사 교과서 파동』(혜안, 1999)에 잘 설명되어 있다.

유사역사학의 공세는 1978년부터 본격화되었다. 안호상이 국사 교과서의 내용 시정에 대한 건의서를 대통령, 국무총리, 문교부 장관에게 제출했고, 국사편찬위원회에서 이를 반박했다. 그러자 안호상 등은 소송을 제기했다. 이 소송이 끝나기까지 2년이나 걸렸다. 안호상 등의 패소로 소송이 끝나자, 안호상은 국회를 이용하기 시작했다.

1981년 8월 31일 '국사 교과서 내용 시정 요구에 관한 청원'이 국회 문공위원회에 제출되었고, 윤종영 편수관의 반대에도 불구하고 공청회가 열렸다. 공청회를 통해 학문을 재단하는 어이없는 일이 현실이 되었다. 그 과정에서 윤종영은 8~10명의 학자들을 부를 것을 주장했지만, 국사찾기협의회 측은 세 명만 나오겠다고 말했다. 안호상, 임승국, 박시인(서울대 교수, 영문학)의 세 사람이 나오기로 결정되었다. 역사학계 측은 최영희(국사편찬위원회 위원장), 김철준(서울대 교수), 김원룡(서울대 교수), 이용범(동국대 교수), 이기백(서강대 교수), 전해종(서강대 교수), 이원순(서울대 교수), 안승주(공주대 교수) 등 8명이었다. 그리하여 1981년 11월 26일 1차 공청회가 열렸다. 이 공청회의 기록은 국회 홈페이지에서 다운받아 볼 수 있다.

윤종영에 따르면, 역사학자들은 공청회 개최에 기분이 좋지 않았지만 국사찾기협의회 쪽에서는 자신들이 이룬 성과에 뿌듯해했다고 한다. 이 자리에서 임승국은 자신의 파시즘적 역사관을 다시 한 번 과시했다.

> 물론 식민사가들은 숫자가 많아요. (…) '나치스'의 '아돌프 히틀러'는 심지어 이런 얘기까지 했습니다. '다수결이라고 하는 것은 수학적 진리일 뿐이다. 책임을 질 사람이 대중의 치마폭 속에 숨어버린다. 다수결은 대가리 숫자주의이니 두수주의(頭數主義)일 뿐이다'라고 했습니다. 이러한 두수주의 원칙으로 사학이나 국사를 결정할 수 없습니다.

대한민국 국회에서 히틀러의 말을 인용하여 자기주장을 펼친 것이다. 임승국은 통일된 이념이 중요하다고 하면서 이런 말도 한다.

현실적으로 우리가 왜놈들하고 결투를 한다고 합시다. 칼을 뽑아 들고 혹은 권총을 뽑아 들고 싸운다고 합시다. 우리 상대방 왜놈은 '야마토다마시(大和魂)'로 처음부터 달려드는데 나는 칼 뽑아 들고 화랑정신, 충무 정신, 3·1 정신 찾다가 벌써 칼이 들어와서 죽을 거예요. 싸우기 전에 죽습니다. 그러니 우리의 통일된 민족 이념은 뭐냐?

문제는 이같이 어처구니없는 말조차 현장의 분위기를 타면 일반인들의 박수를 받는다는 점이다. 임승국이 제국주의를 얼마나 흠모했는지는 다음 발언을 봐도 알 수 있다.

> 일본의 국민학교 교과서 제1장 제1페이지는 무엇으로 되어 있는고 하니 "후지상 후지상 세카이 이치노 후지상(후지산 후지산 세계 제1의 후지산)"으로 되어 있습니다. 그러나 지금은 아마 바뀐 줄로 압니다마는 얼마 전까지만 해도 우리나라 국민학교 1학년 교과서 제일 첫 장이 뭐로 되어 있었는고 하니 '바둑아 바둑아 나하고 놀자.' 바둑이는 개새끼를 바둑이라고 그럽니다. 우리 한국 교과서 제1장이 개새끼부터 나오고 있어요. 국민학교 교과서 하나 쓰는 데도 집필자의 철학과 국가의 의지와 국가의 미래상이 담겨 있어야 합니다. 그런데 우리는 개새끼 타령부터 먼저 시작했어요.

당시 일본의 교과서에도 후지산을 운운하는 대목이 들어 있지 않았다. 그러나 임승국은 위와 같이 말하면서 우리 스스로를 비하했다.

국사 교과서 공청회를 보면 특이한 점을 두 가지 찾을 수 있다. 하나는 『환단고기』가 전혀 언급되지 않았다는 점이다. 1979년 『환단고기』가 발간되었고, 『자유』지에서도 「단군세기」니 「태백일사」니 하는 것들이 수시로 언급되었지만, 정작 공청회에서는 사료로 제시되거나 하는 일은 없었다. 몇 년 뒤 임승국이 찬양을 거듭하면서 번역서 『한단고기』를 내놓는 것을 생각하면 선뜻 이해가 가지 않는 일이다.

하지만 그 해답은 간단하다. 당시 국사찾기협의회의 주류는 이 책을 전혀 중요하게 여기지 않았다. 즉, 그들도 『환단고기』를 가짜라 보고 있었던 것이다. 이 점은 바로 두 번째 특이점과 연결된다.

왜 국사찾기협의회 측은 공청회에 8~10명의 학자를 인선하자는 제안을 거절했을까? 사람이 많이 동원되면 허점이 더 잘 드러날까봐 우려했기 때문일 것이다. 다른 사람은 그렇다 쳐도 『자유』지에 글을 도배하던 이유립은 왜 공청회 멤버가 되지 못했을까? 이유는 자명하다. 그들도 이유립이 나가면 안 된다고 보았던 것이다. 물론 안호상, 임승국, 박시인의 경우 모두 학력이 좋은 편이었다는 점도 감안했을 수 있다. 이유립은 이에 대해 불만을 품은 듯 공청회를 참관하고 다음과 같이 평가했다.

국사 교과서의 고칠 점을 판가름하는 국회의 국사 공청회에서 볼 때 사대주의 사료를 갖고 식민사관의 잘못을 바꾸겠다는 질의인나 또 그 올바른 국사관과 정면 대결의 자세로서 구염(舊染)의 오류를 활짝 벗지 못한 식민사관의 국사교육을 그대로 고수해야 한다는 진술인 모두가 물러나고 오직 문공위의 심사는 중립 유지라는 태도에 한 가닥 희망의 기회를 두지 않을 수 없다.

— 이유립, 「국회의 국사 공청회에 보내는 의견서」, 『대배달민족사』 4, 고려가, 1987.

위 의견서는 상당히 장문의 글인데 1981년 11월 28일에 쓴 것으로 되어 있다. 공청회를 보자마자 쓴 것이다. 이 글에서 이유립은 안호상의 역사관을 역사학자들과 똑같이 "시대의 정치적 왜곡을 엄호하려는 음모"로 몰아붙이고 있다. 안호상의 역사관을 "대종교의 사관 없는 신앙 사관의 조작"이라고 폄하한 뒤 다음과 같은 지적도 마다하지 않는다.

> 안 박사는 일찌기 일민주의를 제창하여 반민특위를 해산하는 데 절호의 이론적 뒷받침이 되었고, 또 정일회정임의 저서 『단군 바른님』 서문까지 지어주었다.

'정일회정임'은 한얼교의 신정일을 가리킨다. 본명은 신호상(申浩相)으로 1987년과 1997년 대통령선거에도 나온 바 있다. 이유립은 신호상과 안호상의 이름이 유사한 것까지 비아냥거렸다. 안호상의 역사관이 "이병도 사관을 닮다가 모자라는 안 박사의 도취적 유령 사관", "대종교의 일방적 도취 사관이요, 미신적 해석"이어서 "국사찾기 국민계몽운동에 있어서 적지 않은 체면 손상을 시키고 있다"고 주장했다.

이유립은 「국회의 공청회 질의와 진술의 양실(兩失)을 단함」, 「국회의 국사공청회로 본 역사관의 차이점」(『대배달민족사』 4) 등에서도 안호상의 역사관을 신랄하게 비난했다. 지명의 유사성을 가지고 한반도의 고대국가들을 중국 땅에 옮겨놓는 행위도 맹비난의 대상이었다. 이유립은 "안 박사의 신라 북경론"을 요행 사관이라며 비웃었다.

안호상에 대한 이런 맹비난 이후 이유립의 이름을 내건 글은 더 이상 『자유』지에서 보이지 않는다. 그뿐 아니라 『환단고기』를 번역한 임승국은 이유립에 대해서 다음과 같이 사실상 깎아내리는 글을 쓴 바 있다.

이유립 옹이 『한단고기』를 위작(僞作)할 만한 학인이었다면 아마도 그의 학문
은 지금쯤 더욱 빛을 발했으리라. 이유립 옹이 쓴 글은 한문으로 된 것은 물론
국한문 병용의 서전(書簽)도 일반이 잘 이해할 수 없는 글이었다. 따라서 고대사
학(古代史學)의 기관지 구실을 해온 본 『자유』지에 다른 학자의 글은 자주 실렸으
나 옹의 글은 거의 실리지 않았던 게 현실이었다.   ─『자유』1990년 11월호.

이 말은 사실이 아니다. 이유립의 글은 필명을 바꿔가며 한 호에 두세 편
씩 실리기도 했다. 이유립이 사망했을 때 내빈 명단에는 안호상과 임승국이
없었다. 박창암은 조문을 했다.

2. 『환단고기』의 등장, 막전막후

『환단고기』는 일반적으로 1979년 광오이해사라는 출판사에서 나온 것
으로 알려져 있다. 이 책이 임승국의 번역본인 『한단고기』(정신세계사, 1986)의
원본이다. 이미 말한 바와 같이 이 책은 나온 당시에는 주목을 받지 못했다.
그런데 1982년 일본에서 『환단고기』 일역본이 간행되면서 이 책의 가치가
올라갔다. 일본에서 번역까지 할 정도로 대단한 책이라고 여긴 것이다. 그야
말로 사대주의적 발상이다. 1982년은 일본의 역사 교과서 왜곡 파동이 일어
난 해이기도 했다. 국수주의가 시민들 가슴속으로 파고들기 시작했다.

번역본 『한단고기』가 나오기 전 1984년 11월에 출간된 베스트셀러 소설
이 『단』(김정빈, 정신세계사)이었다. 『단』은 유사역사학에 기반하여 우리 역사
를 설명하고 있었다. 『단』은 비참한 역사에 가슴 아팠던 사람들로 하여금 자

부심을 느끼게 해주었다. 초능력을 지닌 선인! 통일 한국의 밝은 미래 에언! 그리고 『단』을 내놓은 출판사는 1986년 5월에 임승국이 번역한 『환단고기』를 『한단고기』라는 제목으로 내놓았다. 1986년 9월에는 『조선일보』 기자 출신인 서희건의 『잃어버린 역사를 찾아서』(고려원)가 출간되었다. 식민사학을 비판하고 한국 상고사의 실체를 찾는다는 이 책 또한 유사역사학을 설파하면서 베스트셀러에 올랐다. 1986년에 나온 '상고사' 관련 서적만 20여 종인데, 대부분이 유사역사학 서적이었다. 이런 종류의 책이 팔린다는 것이 증명되자, 더 빠르게 더욱 황당한 주장들이 서가를 점령하기 시작했다.

역사학계도 『환단고기』를 검토했다. 최초의 검토자는 1986년 당시 대구대 강사였던 이도학이었다. 그는 1986년 11월 잡지 『민족지성』에 여러 "재야사서"에 대한 사료비판을 실었는데, 그중 하나가 『환단고기』였다. 1988년에는 조인성이 『환단고기』에 대한 논문을 발표했다. 이 글들을 통해 『환단고기』는 신뢰할 수 없는 사서라는 평가가 내려졌다. 학계는 이로써 문제가 해결되었다고 생각했던 것 같다. 연구할 거리는 산처럼 쌓여 있는데, 삼류소설 같은 이야기를 붙들고 있을 시간도 여유도 없었다. 하지만 이 독버섯은 학문상의 논의만으로 죽일 수 없었다.

1980년대 후반에 들어서서 그때까지 존재하지 않았던 새로운 커뮤니케이션 수단이 등장했다. 바로 PC통신이다. 이후 인터넷이 들어오면서 정보의 유통은 상상할 수 없을 만큼 빨라졌다. 한민족의 영광을 노래한 『환단고기』 역시 신봉자를 빠르게 늘려나갔다. 그러나 『환단고기』에는 지나칠 정도로 잘못된 부분이 많았기 때문에, 역사 커뮤니케이션 그룹들의 비판을 통해 『환단고기』를 맹신하는 움직임도 조금씩 사그라들었다.

3. 천문학으로 다시 피운 불씨

새로운 불길은 전혀 생각지 못한 곳에서 일어났다. 서울대 천문학과 교수 박창범과 세종대 라대일 교수가 그 주역이다. 이 두 사람은 1993년에 「단군 조선시대 천문현상기록의 과학적 검증」(『한국상고사학보』 14, 1993)이라는 논문 을 발표하여 『환단고기』와 『단기고사』의 천문 현상이 실제로 있었다고 주 장했다. 과학의 힘을 앞세우자 역사학에서 검토한 사항이 일시에 무력화되 었다.

그들은 1994년에 다시 「삼국시대 천문현상기록의 독자 관측사실 검증」 (『한국과학사학회지』 16권 제2호)이라는 논문을 발표했다. 여기엔 충격적인 주장 이 들어 있었다.

> 삼국이 남긴 일식들로부터 각국에 대하여 최적 관측지를 찾음으로써 관측
> 위치를 추정하였다. 그 결과 신라 초기(201년 이전)의 관측자 위치는 양자강 유역
> 으로, 후기(787년 이후)의 위치는 한반도 남부로, 그리고 백제의 관측지 위치는 발
> 해만 유역으로 나타났다.

이로써 유사역사학에는 이른바 '한민족 대륙설'이라는 새로운 세계가 열 렸다. 그것은 우리 고대국가가 중국 땅에 있었다는 주장이다. 이 논문 이전 에도 똑같은 주장이 있기는 했지만 황당무계한 소리로만 여겨져 이렇다 할 반응을 얻지 못했다. 그런데 이제 과학이 그들의 주장을 뒷받침한다는 식으 로 대중을 유혹하고 나선 것이다.

그들의 주장은 너무나 괴이해서, 이에 비하면 『환단고기』는 도리어 정상

적으로 보이는 착시 효과가 생길 정도였다. 그러나 점차 『환단고기』를 통해 중국 땅에 삼국이 있었다는 주장도 또다시 나오기 시작했다. 더 크고 더 넓은 역사만이 자랑스러운 역사라는 생각을 가진 이들의 종착지는 다르지 않았던 것이다.

박창범·라대일은 1993년에 『환단고기』와 『단기고사』의 천문 기록들을 검증했다. 두 책에서 총 12개의 천문 현상을 뽑아냈다. 그중 10개가 일식 관련 기사였는데, 5개의 일식이 일치했다고 주장했다. 하지만 이 정도 일치로는 유의미한 값, 즉 두 책의 천문 기록에 대한 정확성을 담보할 수 없다. 아니, 담보할 수 있는지 여부는 애초에 문제가 되지도 않는다. 이런 증명이 비과학적이라는 사실을 박창범 스스로 인정하고 있기 때문이다. 『하늘에 새긴 우리 역사』(김영사, 2002)에서 박창범은 이렇게 말했다.

> 과학적 계산으로 확인이 가능한 기록은 일식과 오행성 결집, 썰물 현상 등 12개 기록에 불과했다. 더구나 단군 재위 몇 년이라는 시점을 서력으로 바꾸어놓은 연구가 없어서, 그중에서도 가장 횟수가 많은 일식 기록마저 안타깝게 포기해야만 했다.

박창범은 원래 자신의 논문에서는 연도를 표기해서 일식을 비교했고 실현율도 계산했다. 그런데 위 책에서는 그 연도를 믿을 수 없다고 말을 바꾼 것이다.

우리는 단군이 고조선을 세운 연도가 기원전 2333년이라고 알고 있다. 그러나 이 연도는 『삼국유사』를 쓴 일연(一然)이 말한 것도 아니고, 『제왕운기』를 쓴 이승휴(李承休)가 말한 것도 아니다. 기원전 2333년은 조선 초 『동국통감』에서 제시된 연도다.『환단고기』가 이 연도를 따른다는 사실 자체가 이 책이 위서라는 증거인 셈이다.

박창범은 이런 사실 때문에 기껏 검증했던 일식 계산을 모두 없었던 일로 돌려버렸다. 그러나 그는 오행성 결집(수성, 금성, 화성, 목성, 토성이 한 장소에 모이는 현상)은 포기하지 않았다.

오성취루(五星聚婁)에서 오성은 다섯 개의 행성, 즉 수성, 금성, 화성, 목성, 토성을 가리킨다. 이들 행성 다섯 개가 한데 모이는 것을 '오성취'라고 부른다. 오성취루의 '루'는 루성이라는 28수의 별 중 하나를 가리킨다. 즉, 다섯 개의 행성이 루 별자리 근처에 모인 것을 '오성취루'라고 하는 것이다.

박창범은『단기고사』와『환단고기』에 모두 나오는 흘달 50년에 오성이 루성에 모였다는 기록을 검증하려 했다. 그는 기원전 1734년에 오성이 결집하는 현상이 실제로 있었다고 말한다. 단군왕검 원년이 기원전 2333년이라는 것은 불확실한 후대의 기록이라 일식 기록을 검증할 수 없다고 쓰고는, 오행성 결집에는 그냥 그 연도를 사용하고 있다. 그뿐만 아니다. 박창범은 오히려 오행성 결집을 증명해서『환단고기』의 연대를 추정할 수 있다고 주장한다. 불확실한 연대를 가지고 결과를 추출하고, 그렇게 추출된 결과를 가지고 불확실한 연대를 보정하겠다는 이야기다.

박창범의 문제는 여기에 그치지 않는다. 오행성이 결집한 현상을 가리키는 오성취루를 그는 자의적인 기준으로 설명한다. 그는 오행성이 10도 이내로 모이는 현상이 250년에 한 번 일어난다고 주장했다. 오행성 결집의 조건으로 '10도 이내'를 내세우는 것은 어디에도 나오지 않는 그만의 규정이다. 그가 이렇게 말한 배경은 자신이 계산한 오성결집의 각도가 10도였기 때문이었다. 그러나 이런 결론이 엉터리라는 것은 금방 드러난다. 오성취는 550

년간 왜 단 두 번밖에 일어나지 않았을까? 그렇게 설정했기 때문이다. 박창범은 오행성이 10도 이내로 모인 경우만 계산했다. 다섯 개의 행성이 어느 정도로 가깝게 모이는 현상을 오성취라고 부를까? 아무도 모른다. 대충 다섯 개의 행성이 한눈에 보일 정도만 되어도 오성취라고 부를 수 있다. 이 결집의 각도는 어떤 책에도 규정된 바 없다. 전 천문연구원 원장 박석재는 이런 현상이 1년 만에도 다시 일어날 수 있다고 말했다. 박석재 역시 『환단고기』 신봉자라는 점을 생각하면, 그의 말이 『환단고기』를 흔들기 위한 의도가 아니라는 점은 쉽게 알 수 있다. 오성취는 생각보다 흔한 현상이다. 평균적으로 20년에 한 번 일어난다. 목성과 토성이 19.9년마다 만나기 때문이다. 박석재는 『조선일보』 2015년 5월 12일자에서 아래와 같이 말한 바 있다.

> 나는 이번에 오성결집이 불과 1년 만에 다시 일어날 수도 있다는 사실을 깨닫게 됐다. 이는 상대적으로 공전주기가 긴 목성과 토성이 하늘에서 모였다가 멀어지기 전에 수성·금성·화성이 신속하게 다시 결집하면 얼마든지 가능했다.

오행성 결집은 박창범이 이야기한 것처럼 아주 드문 현상도 아니고, 그의 연구 방법이 과학적인 근거를 가진 것도 아니었다. 하지만 불행히도 대중은 과학이라는 신기루 때문에 현혹되고 말았다. 박창범은 오성취루 외에 '남해의 조수가 3척을 물러났다'는 기록도 검증할 수 있다고 주장했다. 이 점은 『한국 고대사와 사이비역사학』(역사비평사, 2017)에서 기경량이 논파한 바 있다. 조수 문제 역시 연대를 확정할 수 없지만, 박창범이 주장한 기원전 931년에 최대 조석력이 발생했다고 해도 그것을 수치로 보면 191 정도인데, 그해의 전후 200년 동안 190 이상의 조석력이 발생한 수치만 50회가 넘는다.

대체 이런 수치가 무슨 의미를 가질 수 있겠는가?

과학을 이용해 역사적 실체를 찾는 노력은 중요하다. 하지만 그런 작업은 엄정한 과학적 기준 아래서 이루어져야 한다.

4. 유사역사학의 공격과 역사학계의 대응

2015년 11월 3일 한국사를 국정교과서로 내겠다는 박근혜 정부의 발표 이후, 진행 과정을 투명하게 처리하겠다는 호언장담과는 딴판으로 깜깜이 집필을 한 끝에 2016년 11월 28일에서야 현장검토본이 공개되었다. 다음 달인 12월 9일 국회에서 박근혜 대통령 탄핵 소추안이 가결되면서 대통령 권한이 정지되었고, 시민사회는 매주 대규모 촛불집회로 박근혜 정부를 규탄했다. 이 규탄의 한 축에는 국정교과서 문제도 있었다.

역사학계는 2015년 10월 30일 제58회 역사학대회에서 28개 역사 단체의 명의로 '한국사 교과서 국정화 반대 공동성명'을 내는 등 반대 의사를 명백하게 표현했다. 이 반대운동에서 특히 주목할 만한 사건은 '만인만색 연구자 네트워크'의 탄생이다. 전국의 대학원생 50여 명이 모여서 결성한 역사학계 최초의 대학원생 연합 단체인 '만인만색'은 국정교과서 반대운동을 첫 번째 과제로 내걸었다.

국정교과서 반대운동을 펼치는 사람들의 가슴 한구석에는 국정교과서의 내용에 대한 참으로 끔찍한 걱정이 있었다. 바로 유사역사학의 기술이 국정교과서 안에 들어오지는 않을까 하는 걱정이었다. 이는 전혀 근거 없는 걱정이 아니었다. 2013년 8·15 경축사에서 박근혜 대통령은 이런 말을 했다.

"고려 말의 대학자 이암 선생은 '나라는 인간에 있어 몸과 같고, 역사는 혼과 같다'고 하셨습니다." 이 말은 『환단고기』에 나오는 구절이며, 이암은 『환단고기』의 감수자로 알려져 있다. 대통령의 연설문에 『환단고기』가 인용되는 일이 벌어진 것이다. 유사역사학적 인식을 내비친 정권이 추진한 국정교과서인 만큼, 역사학계는 유사역사학의 영향력에 대해 걱정하지 않을 수 없었다.

국정교과서를 맹렬히 반대한 역사학계와 달리, 유사역사학 쪽에서는 미적지근하거나 오히려 은근히 찬성하는 발언을 했다. 이덕일은 『내일신문』과 가진 인터뷰(2015년 2월 9일)에서 "정통성과 객관성을 담보한 역사책이라면 국정화로 하다가 검인정으로 가도 문제가 없다고 본다"라고 말하기도 했다. 또한 한가람역사문화연구소에서 국정교과서에 참여하자는 의견도 있었다고 말한 바 있다. 유사역사학 인사 가운데 한 명은 『세계일보』 칼럼에서 "국정교과서가 국민의 나아갈 방향을 잡아주는 견인차가 되어야 한다"고 말했다.

국정 『한국사』 교과서 심의에는 뉴라이트 계열의 김호섭 동북아역사재단 이사장이 참여했다. 이덕일 소장은 김호섭 이사장의 전임자인 김학준 이사장(그 역시 뉴라이트 출신이다) 시절에 동북아역사지도 문제를 제기한 바 있다. 한편 김호섭 이사장의 재임기인 2018년 2월 14개 역사 연구 단체는 박근혜 정부의 유사역사 지원 과정을 밝히라는 성명을 내기도 했다. 유사역사학은 박정희 정권 때부터 권력에 기생하고자 끊임없이 노력을 기울여오고 있다.

임나일본부 논쟁

이덕일은 2014년에 『우리 안의 식민사관』(만권당)이라는 책을 내면서 원로 역사학자 김현구(고려대 교수)를 식민사학자라고 맹비난했다. 김현구는 평생을 임나일본부설 비판에 바친 연구자인데, 이덕일은 그가 임나일본부설을 추종하고 있다고 주장했다. 이 무렵 역사학계에 대한 유사역사학 쪽의 비난이 한참 물이 오르고 있었다. '식민사학 해체 국민운동본부'라는 것이 국회의원 회관에서 발족했다.

졸지에 식민사학자라는 오명을 쓴 김현구는 2014년에 이덕일을 명예훼손으로 고소했다. 2015년 4월 30일에 검찰은 불기소처분을 내렸고, 김현구는 고등검찰청에 항고했다. 고등검찰청은 이덕일을 재판에 회부했다. 2016년 2월 5일 1심 재판부는 이덕일에게 징역 6월, 집행유예 2년이라는 이례적인 실형을 선고했다. 그러자 그야말로 '난리'가 났다.

이덕일은 대통령 후보였던 박찬종, 전 법제처장 이석연 등 유력 인물들을 변호사로 선임했고, 노무현 정부 시절 정책실장을 지낸 이정우(경북대 명예교수)는 『경향신문』의 기고문에서 이덕일에 대한 유죄판결을 강하게 비난했다. 이덕일이 소장을 맡고 있는 한가람역사문화연구소 출신인 황순종은 부랴부랴 『임나일본부는 없었다』(만권당, 2016)를 내놓고 항소심에 임나 문제 전문가로 등장했다. 그는 행정부 공무원이었는데, 임나일본부에 대한 책 한 권 내고는 전문가 행세를 한 것이다. 한가람역사문화연구소에는 노무현 정부 시절 행자부장관 등을 역임한 허성관도 속해 있었다.

이덕일이 고소를 당한 뒤 수많은 언론 매체가 그를 인터뷰하면서 이덕일 소장의 주장을 성실하게 옮겨 적었다. 역사학계를 식민사학계라고 매도해 온 기나긴 세월의 힘이 이렇게 발휘되었던 것이다. 유사역사학 단체들은 이덕일을 지원하기 위해 힘을 모으기 시작했고, 그 결과 2016년 6월 26일에 '미래로 가는 바른 역사 협의회'(미사협)가 결성되었다. 총 100여 개 단체가 모여 이덕일 재판을 지원하기로 한 것이다. 여기에는 허성관은 물론 전 국정원장 이종찬, 전 벤처기업협회장 이민화 등 유명 인사들이 즐비하다. 또한 안타깝게도 독립운동가 기념사업회들도 상당수 들어 있었다.

이런 각종 지원에 힘입어 2016년 11월 3일 고등법원에서 이덕일의 무죄 판결이 나왔다. 그리고 2017년 5월 11일에 대법원에서 무죄가 확정됨으로써 사건은 종결되었다. 그런데 대법원 판결문에는 묘한 부분이 있다.

> 비록 위와 같은 피고인(이덕일)의 주장 내지 의견에 대해서는 그 내용의 합리성이나 서술 방식의 공정성 등과 관련하여 비판의 여지가 있다고 할지라도 그러한 비판은 가급적 학문적 논쟁과 사상의 자유경쟁 영역에서 다루어지도록 하는 것이 바람직하고 (…)

대법원 역시 이덕일의 책이 "합리성이나 서술 방식의 공정성"과 관련하여 비판의 여지가 있음을 인정하지 않을 수 없었던 것이다.

한편, 이덕일이 '학문적 주장은 학문의 세계에서 다루라'는 판결로 소송을 빠져나간 뒤 미사협은 이덕일에게 비판적이라는 이유로 기경량(가톨릭대 교수)을 명예훼손과 모욕죄로 고발했다. 참으로 후안무치하기가 이만저만이 아니다. 기경량은 검찰로부터 무혐의 불기소 처분을 받았다.

고대 한국 프로젝트 좌초

동북아역사재단은 중국의 동북공정에 대항하기 위해 만들어진 기관이다. 이곳에서 유사역사학과 관련하여 두 가지 중대한 사건이 있었다. 그중 하나가 미국 하버드대학과 공동으로 진행한 '고대 한국 프로젝트(Early Korea

Project: EKP)'의 좌초였다. 이 프로젝트는 한국사 논문을 영어로 번역해서 구미 학계에 소개하는 사업으로, 하버드대와 같은 유력 대학에서 진행한다는 것은 매우 고무적인 일이었다. 담당자는 하버드대의 한국사 전공자 마크 바잉턴(Mark E. Byington) 교수였다. 순조롭게 진행되던 이 사업은 이덕일 소장이 식민사학을 전파한다고 난입하면서 파기되고 말았다.

그런데 2016년 11월 16일 『경향신문』에 놀라운 기사 하나가 실렸다. 영국 케임브리지대학 출판부에서 한국사를 발간한다는 내용이었다. 고대사, 고려사, 조선사, 현대사의 네 권으로 구성된 이 책의 집필자에는 서구의 한국사 연구 대가들이 총망라되었다. 그중 특히 주목되는 이름이 고대사 부분의 필자인 마크 바잉턴 하버드대 교수였다.

마크 바잉턴은 하버드대에서 고구려를 연구하여 석사 학위를, 부여를 연구하여 박사 학위를 받았다. 그는 1983년 주한미군으로 대구 근교의 공군 부대에서 근무하면서 한국 역사에 흥미를 느끼게 되었다고 한다. 부여와 고구려에 대해서는 서구에 알려진 것이 거의 없었기 때문에, 하버드대에서 홀로 이 영역을 개척해나갔다. 1986년부터 4년간 『삼국사기』를 영역하기도 했다. 한국에 대한 애정이 깊은 연구자이다.

그는 하버드대의 한국학연구소에 근무하면서 2007년부터 고대 한국 프로젝트를 진행해왔다. 동북아역사재단과 국제교류재단의 지원 덕분에 가능해진 사업이었다. 그는 2012년에 동북아역사재단과의 인터뷰에서 '고대 한국 프로젝트'가 시행된 계기에 대해 이렇게 말했다.

EKP는 한국 고대사를 영어로 다룬 경우가 부재하다시피 한 서구 학계의 심각한 문제점을 보완하기 위해 기획되었습니다. 2006년 이전까지 존재했던 기존 영문 간행물들은 오래되거나 편향된 연구(대다수가 1945년 이전 일본인이 진행한 연구)를 기반으로 하고 있어 대부분 시대에 뒤떨어진 경우가 많았고, 한국인의 연구 내용의 번역물인 경우에는 번역 수준이 낮거나 적절한 문맥이 제공되지 않아 제기된 논지를 서양 독자들이 따라가기에는 어려움이 많았습니다. 즉, 2006년 당시 영어로 된 한국 고대사와 고고학 연구는 지극히 미흡한 상태였습니다. 극히 일부를 제외하고는 기존의 간행물들은 부적절했고 오해를 불러일으킬 만한 소지도 많았습니다.

그는 또한 2016년 10월 20일 자 『보스톤 코리아』에 실린 인터뷰에서 한국사가 처한 처지를 이렇게 설명하기도 했다.

고대 동아시아를 연구하는 사람들은 고대 한국사에 관심 있어 하지만 연구 자료가 희박하다. 한국어를 영어로 번역한 것은 너무 집중적인 연구여서 전체적 맥락을 이해하기 힘들었다. 또 번역이 제대로 되지 않아 이해하기 힘든 것도 있었다. 그래서 서양 학자들은 잘 번역된 1930년대 일본 학자들의 번역본을 통해 한국 고대사를 보게 된다. 일본사는 (식민사관으로) 왜곡되었기 때문에 문제였다.

동북아역사재단과의 인터뷰에서는 특히 중국의 동북공정에 대응하기 위해 이러한 프로젝트가 필요했다는 점도 설명했다.

2003년에 시작된 고구려 역사 논쟁은 영어로 된 한국 고대사의 인식 증진이 필요함을 단적으로 보여준 사례라고 할 수 있습니다. 2005년 저의 주도 아래 하버드대에서 개최된 고구려 역사 및 고고학에 관한 국제회의를 통해 6개국 출신의 여러 학자들의 발제가 진행된 적이 있는데, 본 행사의 성공적인 개최를 통해 한국 고대사 및 고고학의 영어 연구 발전을 위한 노력의 때가 무르익었음을 알 수 있었습니다.

EKP(Early Korea Project, 고대 한국 프로젝트) 운영위원회는 북미 지역의 학자 네 명으로 구성되어 2008년에 첫 워크숍을 가졌다. 2007년에 지원이 시작되었으므로 빠르게 결과를 도출하기 시작한 셈이었다. EKP는 2008년부터 한국 고대사에 대한 책을 여섯 권 발행했는데, 한국사의 권위 있는 학자들이 쓴 논문들이 수록되어 있다. 이 여섯 권은 '고대 한국(Early Korea)' 시리즈와 비정기간행물들로 이루어져 있다. 고대 한국 시리즈는 한국 고대사의 주요 주제들을 입문서 수준으로 다루고, 비정기간행물은 워크숍의 결과물로 만들어졌다.

마크 바잉턴은 하버드대의 한국학연구소와 EKP를 통해 한국 연구자들과 서구의 연구자들을 연결하고 서로 교류할 수 있도록 돕고 싶다는 포부를 이야기한 바 있다. 이를 위해서는 당연히 EKP 지원이 활발해져야 한다는 전제 조건이 붙어 있었다. 또한 한국학연구소는 하버드대 학생들을 여름방학 기간에 한국으로 보내 이화여대, 서울대, 서울시립대 등에서 공부하게 하기도 했다.

그러나 EKP에 대한 지원은 2015년에 돌연 중단되었다. 2017년에 종료되는 사업이었지만 여러 성과를 거두었기 때문에 5년 연장을 논의하던 중에 동북아역사재단이 덜컥 약속을 어기면서 지원을 끝내버렸던 것이다. 덕분에 EKP의 계획은 모두 축소되거나 중지될 수밖에 없었다. 대체 왜 이런 일이 벌어졌을까?

사건은 2013년에 EKP에서 여섯 번째 책 *The Han Commanderies in Early Korean History*(『한국 고대사 속의 한 군현』)을 발간하면서 일어났다. 유사역사학 단체들이 이 책을 문제 삼고 일제히 들고 일어났던 것이다. 역사학계에서는 통설인 낙랑군 위치가 시빗거리였다. 낙랑군이 현 평양−대동강 남안에 위치했다고 쓴 것이 이 책을 '식민사관'의 소산으로 낙인찍은 이유였다.

이덕일 소장이 주도한 '식민사학 해체 국민운동본부'는 2014년 3월에 동북아역사재단을 감사하라는 주장을 내놓았고, 그해 9월 감사가 실시되었다. 그리고 2015년 2월 감사원은 "EKP 사업의 사업 목표가 효과적으로 달성되지 못하고, 사업 지원 연구비도 효율적으로 집행되지 못할 우려가 있다"는 감사 결과를 발표했다.

그리하여 최근의 국내 연구 성과를 서구에 알릴 통로가 닫히고 말았다. 그뿐만 아니라 '한국이라는 나라는 신뢰할 수 없다'는 낙인이 찍히고, 마크 바잉턴은 졸지에 미국인 식민사학자가 되고 말았다. 그런데 그가 케임브리지대학의 한국사 시리즈 집필자가 되었다니, 이제 우물 안 개구리인 유사역사가들은 케임브리지에 항의를 해야 할 판이다. 국제 망신을 어디까지 당해야 할지 두고 볼 일이다. 마크 바잉턴은 이렇게 말한다.

> 남한 정부는 동아시아를 공부하는 서양 학자들에게 아주 나쁜 인식을 주고 있다. 북한에서나 일어날 수 있는 터무니없는 일이 벌어지고 있다. 좋은 학자들이 설 자리를 잃고 강요당하고 있다. ──『보스턴 코리아』 2016년 10월 20일.

정말 분개할 일은 국내 유사역사가들이 동북공정에 앞장선 장박천(張博

泉, 장보취안: 중국 길림대 교수) 같은 사람의 주장은 가려볼 줄 모르고 추종하는 반면, 정작 우리 역사를 알리는 데 앞장서는 학자는 매도하여 쫓아내려고 한다는 점이다.

동북아역사지도 사업의 좌초

중국의 동북공정이나 일본의 역사 왜곡 등에 대한 대책으로 나온 것이 우리 주도의 역사지도를 만들자는 것이었다. 동북공정에 기반한 지도는 중국에서 이용되고 있고, 일본도 일본사 중심으로 자신들의 주장을 담은 역사지도를 만들고 있다. 이 때문에 정말 객관적이고 공정한 지도를 만들어 동북아 역사를 제대로 들여다볼 수 있도록 사업을 펼쳐보자고 했다.

그리고 그 방법으로 '전자지도'라는 방식을 택했다. 한 장 한 장 종이에 그려진 지도는 연대의 변화에 민감하게 반응할 수 없다. 일시적인 변화를 전부 그려넣을 수도 없고, 각 시기별로 변화하는 지명을 제대로 담아낼 수도 없기 때문이다. 하지만 전자지도는 연도를 넣으면 해당 시기의 지도를 보여줄 수 있으므로 디지털 시대의 획기적인 방법이 될 수 있었다.

이 사업은 2008년부터 2016년까지 약 47억 원의 예산이 들어간 대규모 프로젝트였다. 그러나 완성이 눈앞에 있던 차에 유사역사가와 유사역사학의 영향을 받은 정치가들의 공격으로 폐지되고 말았다. 더구나 폐지의 직접적인 원인은 역사학적인 문제가 아니라 지도학적으로 문제가 있다는 지적이었다. 사실 이는 단지 표면적인 이유였을 뿐이다. 이 사업을 좌초시켜야만 하는 숨은 이유가 있었던 것이다.

지도학적인 이유라고 꼽은 것도 말이 되지 않는 것들이었다. 한반도가 지도 중심에 없다는 것도 이유 중 하나였다. 한·중·일 삼국을 모두 표시하는

데 한반도를 중심에 놓으면 동쪽에 아무 의미도 없는 태평양을 한참 표시해야 한다. 해저 등고선이 표시되지 않았다는 것도 이유였다. 역사지도에서 해저 등고선이 무슨 의미가 있는가? 하지만 이런 지도학적인 이유는 정말 원한다면 모두 수정이 가능한 것들인데도 사업 자체를 폐기시켰다.

그 뒤에는 '전자지도가 실행이 안 되는 엉터리였다'는 등의 괴소문까지 돌았다. 나는 2017년에 이 사업을 주관했던 서강대를 방문해서 전자지도가 잘 작동하는 것을 직접 보았다. 연도만 집어넣으면 해당 시기의 지도가 척척 나타나는 데 감격했다.

독도를 그려 넣지 않았다는 주장도 나왔는데, 이것 역시 말이 되지 않는다. 지형 자체는 기본값으로 불러오게 되어 있다. 다만 축척에 따라서 축척비가 높으면 독도가 눈에 보이지 않을 수는 있다. 독도는 그만큼 작은 섬이기 때문이다. 2016년 6월 30일에 열린 국회 교육문화체육관광위원회 회의에서 국회의원 김민기는 이 결정에 대해 이렇게 의문을 제기했다.

40억이라는 예산을 8년간 지속적으로 썼어요 그런데 8년 뒤에 거의 이건 빵점짜리가 된 거지요 그렇다고 그러면, 이런 것이 성립하려면 그 연구를 하던 분들은 아주 치밀하게 기획을 하고 치밀하게 숨겨야 되는 거예요 그 다음에 관리자들은 눈을 감고 있어야 돼요 그 다음에 1년에 두 번씩 평가를 하는 사람들은 공모를 했어야 되는 거고요 이 조건이 맞아떨어지면 지금의 가정이, 지금의 이 결과가 딱 맞아떨어집니다. 과연 이게 가능할까요? 불가능하지요 그런데 이게 지금 현재 팩트라고 그러는 거예요

과연 이런 얼토당토 않은 일은 어떻게 가능했던 것인가? 이는 향후 밝혀

내야 할 큰 문제이다.

동북아역사지도 사업의 좌초 뒤에는 이 지도를 식민사관의 산물로 몰아붙인 이덕일이 있었다. 그는 자신의 주장을 『매국의 역사학, 어디까지 왔나』(만권당, 2015)라는 책에 자세히 기술했다. 그가 동북아역사지도를 좌초시킨 이유는 고조선의 영토가 자기 마음에 들지 않고, 평양에 낙랑군이 있었다고 표시되었기 때문이었다. 동북아역사재단 이사장은 이명박-박근혜 대통령 시절에 김학준·김호섭이라는 뉴라이트 출신 인사들이 맡았다. 뉴라이트 출신 학자들이 식민사관을 답습한다는 비판을 받으며 박근혜 정부 시절에 국정 역사 교과서 문제의 전면에 나서기도 했었다는 점을 생각하면, 역사학자들을 식민사관이라 몰아붙인 행태는 정치적 계산 속에서 벌어진 일이라고밖에 볼 수 없다.

동북아역사지도를 폐지하겠다는 방침을 정한 김학준 이사장의 뒤를 이어 역시 뉴라이트 출신인 김호섭 이사장이 2015년 9월 취임했고, 기어이 동북아역사지도는 폐기되었다.

이들 뉴라이트 출신은 유사역사학 인사들을 불러들여 역사가들과 토론을 시키는 진풍경도 여러 차례 연출했다. 김학준 이사장 재임기인 2014년 5월 13일에는 제1회 상고사학술대회를 개최하여 유사역사가들에게 발언 기회를 주었다. 10월 2일에는 제2회 대회를 '고조선 연구의 새로운 인식'이라는 제목으로 열었다. 김호섭 이사장은 취임 후 3개월 만인 12월 17일에 '한국 상고사의 쟁점'이라는 토론회를 열어서 이덕일 등을 불러들였다. 다음 해인 2016년에는 무려 네 차례나 토론회가 개최되었고, 2017년에도 한 번 개최되었다. 아무리 팩트를 지적해서 잘못된 주장이라고 말해봐야 이들은 소 귀에 경 읽기로 자기주장만 되풀이할 뿐이었고, 그들의 지지자들이 몰려와 역사학자들에게 항의하는 일도 적지 않았다. 역사학자들을 위축시키려는 의도였다. 이들과의 토론은 의미가 없다. 무슨 말을 해도 듣지 않을 뿐만 아니라, 토론이 끝난 뒤에는 결과와 관계없이 자신들이 토론의 승자인 것처럼 행동한다. 이렇게 여러차례 토론이 있었는데도(1981년 국회 공청회, 1987년 2월 정신문화연구원 주최 토론회도 있었다) 역사학계가 토론에 나서지 않는다고 말하기도 한다. 결국 이들은 토론을 해도 이기고, 토론을 하지 않아도 이긴다. 이들과의 토론은 이들의 명성을 높여주기만 할 뿐이다.

압록강이 두 개라는 주장

한국학중앙연구원 한국학진흥사업단은 2014년부터 3년 동안 인하대 융합고고학과에 '학제 간 융합 연구를 통한 고대 평양 위치 규명'이라는 사업을 맡기고 연간 3억 4,900만 원씩 연구비를 지원했다. 이 사업의 책임자는 복기대(인하대 교수)였다. 이 사업을 통해 2017년에 『고구려의 평양과 그 여운』(주류성)이라는 책이 나왔다.

이 책에는 '압록강이 요하를 가리킨다'는 터무니없는 이야기가 적혀 있다. 고려사 전공자인 정요근(서울대 교수)은 이런 주장이 왜 말이 안 되는지를 밝힌 바 있다. 현 북한의 평양 일대에는 고구려 왕릉 및 수많은 유적·유물이 있다. 복기대는 요양 동경성을 고구려 유적이라고 주장하지만, 이 성은 후금의 누르하치가 축조했다. 이들은 후대의 기록을 당대 기록보다 우선시하고, 오직 한국사의 영토를 요동 지역으로 확대하기 위해 사료들을 마구잡이로 가져다 쓴다. '고려가 요하 동쪽에 있다'는 구절이 나오면 그것을 가져다가 요동이 고려 땅이었다고 주장한다. 실제로 이 지역은 요나라 영역이었으므로 요의 지명이 무엇이었는지를 설명해야 하는데, 이런 부분은 언급하지 않는다.

정요근은 한국학중앙연구원 한국학진흥사업단 부단장 이인철과 복기대 사이의 관계를 의심했다. 복기대가 국제뇌교육대학원대학교에 있을 때 그곳에서 박사학위를 받은 사람이 이인철이기 때문이다. 이인철은 복기대가 수행하는 '조선총독부 조선사편수회 편찬 조선사의 번역, 정밀해제 연구'에도 참여하고 있다. 이 사업 역시 국고 지원이 20억 원이 넘는 대규모 프로젝트이다. 조선총독부가 만든 『조선사』는 사료집이고 지금은 아무 효용 가치도 없는데, 이를 굳이 번역하겠다고 국고를 들이는 것은 도무지 이해할 수 없는 일이다. 그럼에도 복기대는 박근혜 정부하에서 이 사업을 따냈다. 이 사업에서도 고려의 국경이 요하까지 올라간다는 동일한 주장을 한다. 이 부분에 대한 정요근의 설명을 조금 살펴보기로 하자.

이들의 주장에 내세운 근거는 유득공(柳得恭)의 『발해고』와 일연의 『삼국유사』이다. 유득공의 글 중에 "봉황성 서쪽에 압록강이 또 있다는 것인가?(豈鳳凰城以西復有一鴨綠江)"라는 문구와, 『삼국유사』에 나오는 "요수는 일명 압록이고, 지금은 안민강이라고 한다(遼水一名鴨淥今云安民江)"는 문구를 근거로 삼고 있다.

그런데 『발해고』의 해당 문구는 "발해의 동경용원부가 봉황성에 있고 서경압록부가 압록강 근처에 있었다"라는 문구 뒤에 나온다. 봉황성은 압록강에서 보면 서쪽에 있다. 서쪽에 있는 봉황성에 동경이 있고, 동쪽에 있는 압록강에 서경이 있으면, 동서가 뒤바뀐 셈이다. 유득공은 이런 비정에 대해 의문을 표했을 뿐이다. 이런 부분은 잘라내버리고 자기들 뜻에 맞춰 사용한다. 이런 수법을 단장취의(斷章取義)라고 부른다.

『삼국유사』의 문구 역시 그 앞에 "고구려 때의 도읍은 안시성, 일명 안정

홀로서 요수의 북쪽에 있다"는 구절이 있다. 이 문구들은 고구려 소수림왕 때의 불교 전래에 대한 내용으로, 안시성을 국내성과 혼동하고 있는 잘못된 정보이다. 유사역사학의 기본적인 특징을 짚을 때, 유사역사가들은 예외적인 사실에 집착한다고 말한 바 있다. 이런 부분이 바로 그런 예이다. 일반적인 증거와 자료들을 다 무시하고 잘못된 몇 안 되는 사례를 가지고 와서 자기주장의 정당성을 입증하는 데 사용하는 것이다.

심지어 그들은 압록강의 '록' 한자가 다르기 때문에 '鴨淥江'과 '鴨綠江'은 서로 다른 강이라고 주장한다. 이런 식의 주장이라면 주몽과 추모도 다른 사람이 될 수 있다. 고대의 한자는 음이 같으면 서로 통용되는 경우가 많기 때문에 주의해서 살펴야 한다.

이런 발상의 기본에는 『환단고기』가 있는 것으로 의심된다. 『환단고기』 「북부여기 상」에는 "고진을 발탁하여 서압록을 지키게 하였다"라는 구절이 있다. 임승국은 서압록을 압록강의 서쪽으로 해석했는데, 『환단고기』(안경전 역주, 상생출판, 2012)에서는 강 이름으로 보아 동압록은 지금의 압록강이고 서압록은 지금의 요하라고 해석해놓았다. 여기 달린 주석에는 『삼국유사』의 해당 구절이 제시되었다. 즉, 그들은 『환단고기』(상생출판)에서 아이디어를 얻어 이런 연구를 진행한 것은 아닐까 의심스럽다.

역사학계의 대응

식민사학에 대한 역사학계의 비판은 1960년대 초 젊은 학자들에 의해 시작되었다. 이기백이나 김용섭 같은 학자들이 선두에 있었다. 일반인으로서는 일제강점기 일본 학자들의 연구를 빨리 부정하고 극복하지 못하는 것이 이상하게 느껴질 수도 있지만, 학문의 세계에서는 일조일석에 아무 근거도 없이 "아니다"라고 말할 수는 없다. 그 때문에 우리 스스로의 연구가 진전되는 데 시간이 필요했고, 그 성과는 1960년대에 와서야 드러나기 시작했다. 이런 노력이 유의미했다는 사실은, 유사역사가들의 공격이 시작된 1970년대 후반만 해도 시민들의 지지를 거의 받지 못했다는 점에서도 알 수 있다. 유사역사가들의 주장은 일제강점기의 투라니즘과 같은 터무니없는 괴설의 계승이었고, 따라서 이들의 주장이 빠르게 먹혀들지는 못했다. 하지만 이들은 박정희 정권이 무리하게 추진한 한일협정으로 인해 일본에 대한 시민들의 분노가 커지고 정권 유지를 위한 민족주의 고양 정책이 추진되면서 이에 편승하여 세력을 넓혀갔고, 국정 국사 교과서 문제를 이슈화해내면서 군에까지 영향을 확산했다.

이에 비해 역사학계는 유사역사가들의 주장이 지나치게 터무니없다는 이유로 이들에 대해 특별한 조치를 취하지 않았다. 그런 문제 말고도 역사학계가 해결해나가야 할 과제가 많았기 때문이지만, 그 결과는 참혹했다. 역사학계는 일제강점기 신채호류의 민족사학 계승을 이야기했지만 유사역사가들의 공세로 그 연결 고리는 끊어지고 말았다. 일반인들에게 민족사학은 이른바 '재야사학'이 계승했으며 기득권자인 역사학계는 친일 식민사학의 계승자로 자리매김된 것이다.

역사학계가 유사역사학 문제에 대해 최초로 내놓은 공식적인 대응은 아마도 반연간 발행 주기로 펴내는 『한국사 시민강좌』의 발간일 텐데, 그것이 1987년의 일이었다. 근 10년 동안 유사역사학을 무방비로 방치한 결과, 일반 시민들은 '역사학계가 식민사학에 물들어 있다'는 굳건한 프레임에 먹혀버린 뒤였다.

민족주의의 위험성은 이미 세계 학계에서 충분히 증명된 사항에 속한다.

우리 역사학계는 민족주의를 지양하고 세계 학계의 연구와 발을 맞춰 나가야 하는데, 그런 말을 하면 연구 성과와는 아무 관련 없이 '민족정신을 팔아먹은 친일파' 소리를 듣게 된다. 30년간 축적된 '역사학계=식민사학'이라는 강고한 프레임 때문이다. 이 프레임은 오늘날 더욱 기괴한 형태로 외연을 넓히는 중이지만, 그 근본 뼈대는 문정창이 세웠던 것과 동일하다.

국내 유사역사학은 일제강점기에 신문물의 세례를 받으며 태어나 땅 밑을 흐르다가 1975년 국사찾기협의회 결성으로 1차 개화했다. 이들은 『자유』라는 월간지 발표 매체를 얻음으로써 교류의 장을 확보했다. 1981년 국회 공청회를 통해 역사학자들과 대등하게 논쟁할 수 있는 존재로 자신들을 포장하는 데도 성공했다. 이 공청회에서 유사역사가들은 이론상으로 철저히 패배했으나 국회의원들에게 강한 인상을 남기는 데 성공했고, 그 결과 국사 교과서에 변동이 생겼다.

이 무렵 일어난 일본의 역사 교과서 왜곡 파동과 더불어 국내에는 국수주의 열풍이 불기 시작했다. 그리고 그 열풍의 뒤를 이어 국수주의의 결정판처럼 만들어진 『환단고기』 국역본이 등장했다.

『환단고기』의 열풍이 사그라들던 중, 박창범의 천문학 연구가 등장하면서 유사역사학은 과학이라는 날개를 달고 영향력을 한층 더 확장해갔다. 2016년 6월 26일에는 이덕일 소장을 주축으로 만들어진 '미래로 가는 바른 역사 협의회'(미사협)가 등장했다. 국사찾기협의회 이후 가장 큰 단체 결성이었다. 이 단체는 2014년 3월에 결성된 '식민사학 해체 국민운동본부'의 후신 격이다. 그들은 역사학계를 식민사학이라 공격하는 일이야말로 자신들의 과업이라 생각한다. 또한 권력층과 끊임없이 교류하고자 한다. 2013년 9월 25일 '책 읽는 국회의원 모임— 저자와의 만남'에서 이덕일은 동북아역사특위 소속인 김세연, 도종환, 유승우, 이명우 등을 만났다. 이후 이들은 이 덕일과 동일한 주장을 동북아역사재단을 향해 쏟아내기 시작했다. 과연 우 연이었을까?

대중 역사서 저술가로 유명한 이덕일 소장은 존경하는 역사학자로 문정 창을 꼽을 만큼 유사역사학에 경도되어 있다. 최근에는 『환단고기』를 옹호 하고 나섰다. 미사협 안에는 『환단고기』를 적극적으로 이용·선전하는 단체 들이 여럿 가입해 있는 상황이다.

이미 1979년에 등장했지만 주목을 받지 못했던 『환단고기』는 단지 국역 되었다는 이유만으로 관심을 받은 것이 아니다. 우리 사회에서 왜 이런 어 이없는 책이 끊임없이 사람들에게 회자되고 소비되는가 하는 문제는 진지 하게 연구해야 할 과제이다. 그런 과정 없이 단지 『환단고기』 그 자체만 비 판할 경우, 그 이전부터 주장되어온 문제로 되돌아가면서 유사역사학은 새 로운 형태로 모습만 바꾸고 다시 나타날 가능성이 높다.

『환단고기』는 그 첫마디부터 "우리 환국의 건국이 가장 오래되었다(吾桓 建國最古)"라고 시작된다. 처음과 오래됨에 집착하는 모습이다. 또한 「삼성기 전 하편」에서는 첫마디에 "인류의 조상은 나반이라 한다(人類之祖曰那般)"라고 적고, 이후 중국과의 대결에서 우리가 승리했다는 내용을 적어 중국에 대한 뿌리 깊은 열등감을 해소하고자 한다. 이 열등감 때문에 핏줄의 문제가 묘 하게 꼬이고 말았다. 중국의 고대 신화·전설의 인물 대부분을 동이족, 즉 한 민족의 일원으로 설정하다보니 중국사를 한국사로 할 수 있는지 그렇지 못 한지조차 불분명해진 것이다. 대개의 경우 중국을 방계의 족속으로 취급하 고 감히 종가의 권위에 도전하는 무지몽매한 집단으로 취급하고 있다. 이 역시 핏줄을 중시하는 유사역사학 일반의 사상과 일치한다.

고대의 막강함을 자랑할수록 현실의 누추함을 외면할 수 없다. 그 때문에 『환단고기』 내에서도 현재의 불운함을 논하는 장면이 발견된다.

"이에 다시 우리나라가 미진하고 우리 종족이 강하지 못함을 한스러워 한다" 라고 말하고 "공물을 바치는 사신의 북행이 누백 년이 되어도 부끄러워하지 않 으니 책을 덮고 길게 탄식한다." ─『환단고기』「태백일사」.

『환단고기』「태백일사」는 고려 말을 끝으로 더 이상 역사를 기술하지 않 았는데, 그것은 조선에 대한 멸시 때문이다. 그러나 고려의 역사에서도 금나 라를 사대한 사실이나 몽고의 침략으로 결국 항복한 사실은 언급하지 않고 있어서, 고려사를 모르는 상태라면 무슨 이야기를 하는지 알 수 없을 정도 로 엉망진창의 기술을 하고 있다.

자신의 생각에 자랑스러운 내용만 기술하고 싶었기 때문에 실제 역사의 면면을 소개할 수 없다는 고민의 흔적이 책 안에 들어 있다. 그러나 이런 고 민의 흔적은 이 책이 제시하는 텍스트만 읽을 때는 도통 보이지 않는다. 그 때문에 고대의 영광에 열광하는 사람들은 『환단고기』에 빠져들었다. 자극 적인 주장을 쉽게 전파하는 현대의 환경이 이 싹을 키워 거목으로 만들었 다. 이는 특이한 현상이 아니다. 과거 파시스트 국가의 역사가들이 해온 일 이며, 성공해온 일이다. 우리 사회의 좌절감이 깊을수록 역사를 통한 보상을 원하는 반동도 심해진다.

물론 역사학계도 손을 놓고 있지는 않았다. 문제는 대중이 왜곡된 사실을 너무 확고하게 믿고 있다는 점이었다. 그래서 역사학계도 대중과 소통을 늘 려나가는 데 역점을 두었다. 한국고대사학회는 2016년에 시민강좌를 열고 그 결과를 『우리 시대의 한국 고대사』(주류성, 2017)라는 두 권의 책에 담았다. 신진 역사학자들은 학술지 『역사비평』을 통해 유사역사학을 비판하기 시작했고, 그 결과물은 『한국 고대사와 사이비역사학』(역사비평사, 2017)이라는 책으로 나왔다. 『한겨레 21』은 유사역사학 비판 특집을 연속 기획으로 내고, 『경향신문』과 『조선일보』도 유사역사학 비판의 목소리를 냈다. 김현구는 재판의 전말과 뒷이야기를 담은 『식민사학의 카르텔』(이상, 2017)을 출판했다. 나 역시 『매일경제』에 1년간 칼럼을 연재하면서 유사역사학 비판을 꾸준히 지속했다. 이처럼 언론들이 과거와 달리 차츰 유사역사학의 문제를 깨닫기 시작한 것은 다행스러운 일이다. 하지만 아직도 언론 지형은 '기울어진 운동장'이다. 이미 유사역사학에 물들어버린 선배 기자들이 존재하기 때문이기도 하다.

2018년 2월 8일에는 한국사연구회, 역사문제연구소 등 역사학계 14개 학회와 단체가 교육부, 국사편찬위원회, 한국연구재단, 한국학중앙연구원, 동북아역사재단, 한국교육과정평가원 등 6개 기관의 각종 비리 의혹에 대한 감사를 청구했다. 이에 유사역사학 단체들은 발끈하고 비난에 나섰다.

앞서 이야기한 젊은 연구자들의 단체인 '만인만색'에서는 〈다시또역시〉라는 팟캐스트를 운영한다. 이 팟캐스트를 통해 유사역사학 비판을 강력하게 전개했다. 유사역사학 쪽 역시 가만있지 않는다. 〈바른 역사 콘서트〉를 진행하고 〈환단고기 북 콘서트〉도 끊임없이 열고 있다. 이들의 행사에 축사를 보내는 정부 고위 관료의 소식을 접하면, 역사학계가 넘어야 할 산이 매우 높다는 것을 알 수 있다. 유사역사가들이 증오하는 식민사학은 진작에 죽어버렸다. 오히려 죽은 식민사학을 살리려 애를 쓰는 것은, 그것이 살아야 적대적 공생 관계를 끌고 갈 수 있는 유사역사가들이다.

역사학계는 그동안 대중과의 소통에 힘쓰지 않은 점을 반성하고 더욱 다양한 방법과 경로를 통해 역사에 대한 시민사회의 인식 지평을 넓히는 작업을 해나가야 하는 막중한 과제를 안고 있다.

類似歷史學 批判

제1장

사료비판이란?

『환단고기』를 '민족의 지보'라 여기는 이들은 역사학자들이 『환단고기』 안에 황당무계한 이야기가 있다는 이유로 위서라고 주장한다고 생각한다. 그 때문인지 그들은 다른 역사책에서 황당무계한 구절들을 찾아내서 들이 민다. "『삼국사기』를 보면 박혁거세와 고주몽이 알에서 태어났다고 적혀 있 다. 『삼국유사』는 환웅이 곰을 사람으로 만들었다고 적었다. 하지만 아무도 『삼국사기』와 『삼국유사』를 위서라고 하지 않는다. 그런데 왜 『환단고기』는 몇 가지 이상한 내용이 있다고 위서라고 매도하는가?"

이는 역사학에서 위서를 어떻게 정의하는지 모르기 때문에 나오는 반응 이다. 역사학은 '사료'를 다룬다. 사료는 흔히 옛날 역사책이라고 생각하지 만, 그보다 다양하다. 문자로 이루어진 사료만 해도 책에 쓰인 것, 벽에 쓰인 것, 조각에 쓰인 것 등등이 있고, 문자가 아닌 그림·공예품·조각상도 사료 가 된다. 또 구비 전승된 것이나 춤과 같은 행위도 사료로 취급할 수 있다.

그럼 이런 종류가 과거의 것이라고 무조건 옛날 일을 그대로 반영한다고 여겨지느냐 하면, 그렇지 않다. 사료는 사료비판을 통해 가치가 있는지 없는

지가 결정된다. 사료를 역사의 재구성에 사용할 수 있는지를 증명하는 작업이 바로 사료비판이다.

사료에는 1차 사료와 2차 사료가 있다. 1차 사료는 '원천 사료'라고 부르는데 해당 사건과 동시대의 기록을 가리킨다. 2차 사료는 1차 사료를 토대로 사건을 정리한 것으로 '정리 사료'라고도 부른다. 조선왕조실록은 왕의 사후에 정리된 것이며 2차 사료이고, 『승정원일기』는 그날그날 해당 사건을 적은 것으로 1차 사료가 된다. 그러나 조선왕조실록 안에 들어 있는 상소문들은 당대의 일을 그대로 쓴 것이기 때문에 1차 사료에 해당한다. 즉, 1차 사료와 2차 사료는 일괄적으로 결정되기 어렵고, 그 내용에 따라 판별된다. 따라서 『삼국사기』와 같이 고려시대에 작성된 사서라 해도 그 안에는 1차 사료들이 들어 있다는 점을 이해해야 한다.

『삼국사기』나 『삼국유사』에 나오는 황당무계한 이야기는 그 시대의 인식을 보여주는 1차 사료일 수도 있다. 따라서 황당무계한 이야기가 들어 있다고 해서 그 책을 무작정 위서라고 부르지 않는다.

사료를 비판하는 방법에는 외적 비판과 내적 비판이 있다. 외적 비판의 세계적인 사례를 살펴보자. 1983년에 영국의 역사가 휴 트레버-로퍼(Hugh Trevor-Roper)에게 의뢰가 들어왔다. 히틀러의 일기가 발견되었는데 그 진위를 파악해달라는 것이었다. 휴 트레버-로퍼는 처음에는 일기가 진짜라고 믿었다. 하지만 일기 안에서 열아홉 살의 히틀러가 쓴 연애편지가 나오면서 의심을 품게 된다. 그 편지는 여자가 가지고 있어야 했다. 결국 히틀러의 일기는 지질, 잉크, 필체의 조사 끝에 가짜라는 선언이 내려졌다. 히틀러의 일기를 위조한 것은 그를 통해 엄청난 돈을 벌어들일 수 있기 때문이었다.

히틀러의 일기는 그 원본이라고 주장하는 실물이 있었기 때문에 가짜임을 밝혀내기가 용이했다. 하지만 많은 위서들이 원본은 실종된 상태로 나타난다. 사본만 존재하는 사료의 진위를 판별하는 일은 훨씬 어렵다.

곤도 세이쿄(權藤成卿)는 자신이 조작하여 펴낸 『남연서(南淵書)』가 광개토왕비를 기록한 책이라고 주장했다. 하지만 비문에 당연히 들어 있어야 할 글자들이 누락되는 등의 문제가 발견됨으로써 책이 나오자마자 위서임이 밝혀졌다.

위서는 '조작된 사서'를 가리키며, 조작이란 서지(書誌: 책이나 문서의 형식, 체제, 성립, 전래 따위에 관한 사실, 또는 그것을 기술한 것) 사항이 조작되었다는 의미다. 즉, 가짜 지은이를 내세우면 위서가 된다. 사료비판을 통과하지 못한 책은 그 책이 말하는 시대를 구성하는 사료로 사용해서는 안 된다. 위에 예로 든 히틀러의 일기는 히틀러가 쓴 것이라고 주장했다. 서지 사항이 잘못된 것이다. 『남연서』는 미나부치노 쇼안(南淵請安)이 7세기에 쓴 책이라고 주장했다. 역시 서지 사항이 잘못되었다. 그래서 위서라 불리는 것이다.

물론 책에 서술된 내용을 검증할 수도 있다. 문서의 내용을 비판하는 것을 사료의 내적 비판이라고 한다. 이는 그야말로 역사학의 원래 작업이라고 할 수 있는 해석과 관련된다. 말하자면 박혁거세가 알에서 태어났다는 서술이 어떤 의미를 가지는지 분석하는 일은 사료의 내적 비판이다. 흔히 왈가왈부하는 '『삼국사기』 초기 기록 불신론' 같은 것이 바로 내적 비판을 둘러싸고 벌어지는 논쟁이다.

애초에 외적 비판을 통과하지 못한 사료는 그 사료가 지칭하는 시대를 재구성하는 재료로서 가치가 없다. 내적 비판을 할 필요도 없다. 가짜 히틀러의 일기를 가지고 히틀러의 사상을 분석하는 일이 무슨 의미가 있겠으며, 가짜 광개토왕비 비문을 가지고 고구려의 실상을 연구하는 일이 무슨 의미가 있겠는가?

　유사역사학 쪽에서는 "법정에 무죄 추정의 원칙이 있듯이, 문서의 진위 판단에서도 당연히 진서 추정의 원칙이 있어야 한다"라며 어이없는 이야기도 서슴지 않는다. 역사학에서 사료비판이 무엇을 의미하는지조차 모르는 발언이다. 『한국 고대사 사료비판론』(교육과학사, 2017)을 저술한 강종훈은 "역사학의 훈련을 제대로 받지 못한 경우, 과거로부터 내려오는 자료를 그대로 믿으려는 경향을 보일 때가 많다"라고 했는데, 이 경우에 그대로 해당한다.

　역사학계에서 『환단고기』에 대한 외적 비판 작업은 벌써 끝났다. 하지만 『환단고기』를 믿는 사람들은 이 비판의 의미를 이해하지 못한다. 『환단고기』 안에는 근대 이후 사용되기 시작한 용어들이 나타난다. 위작이라는 증거 중 하나다. 이에 대한 유사역사학 측의 이른바 '반론'은 크게 두 가지 방향이었다.

　　① 근대에 사용한 용어가 아니다.
　　② 가필이 있다고 해서 위서는 아니다.

　①의 반론은 의미 없는 우기기일 뿐이다. ②의 반론은 사료비판이 무엇인지 이해하지 못하기 때문에 나온 말이다. 『환단고기』의 문제는 근대에 사용된 단어가 들어 있다는 데 그치지 않는다.

　『환단고기』는 1979년 출판되기 전까지 세상에 거의 알려지지 않았다. 이 책의 소장자라 주장하는 이유립이 내던 『커발한』과 월간지 『자유』에 『환단고기』의 내용이 일부 공개되었을 뿐이다. 『커발한』은 이유립이 조직한 단단학회의 기관지이며, 1965년부터 발간되었다.

『환단고기』「삼성기」의 지은이라고 주장된 안함로(安含老)와 원동중(元董仲)은 안함(安含), 노원(老元), 동중(董仲)을 잘못 읽은 것이다.「삼성기」는 원래『세조실록』에 나오는 책 이름이다.

바로 이런 식의 오류, 즉 책의 지은이가 위조된 책을 위서라고 한다. 이를 밝혀내는 작업이 사료비판(그중에서 외적 비판)이다. 사료의 외적 비판에서 중요한 것은 교차 검증이다. 조선시대에 나온『신증동국여지승람』에는 황해도 해주목 '고적' 조에 "수양산성을 안함, 원로, 동중 세 사람이 쌓았다"는 기록이 나온다. 노원(老元)의 이름이 뒤집혀 원로(元老)가 되었는데, 한자는 동일하다. 이처럼 다른 책을 통해서도『환단고기』가 위조되었다는 사실이 증명된다.

『환단고기』의 사료비판은 여러 학자를 통해 여러 차례 진행되었다. 그럼에도『환단고기』신봉자들은 흔히 "역사학자들이『환단고기』를 연구하지도 않고 무조건 위서라고 우긴다"고 주장한다. 이는 유사역사학에서 곧잘 펼치는 선전·선동으로, 전혀 사실이 아니다.

『삼국사기』같은 책도 끊임없이 사료비판을 받는다.『삼국사기』는 삼국시대의 역사서를 바탕으로 고려시대에 편찬되었다. 그렇기 때문에 고려시대의 관념이 그 안에 들어 있을 수 있다. 역사학자들은 이런 점을 면밀하게 분석하고 논쟁하고 의견을 나눈다. 이런 것이 역사학자들이 하는 일이다.

그럼 위서는 역사의 사료로 진짜 아무 가치도 없을까? 그건 그렇지 않다. 그 '위서'가 만들어진 시점의 역사상을 담고 있고, 아주 오래전에 나타난 위서라면 그 후 오랫동안 그것이 진짜라고 믿는 사람들에 의해 새로운 역사가 창조된 셈이므로 이후에 미친 영향력이라는 측면에서 아주 중요한 사료적 가치를 지닌다.

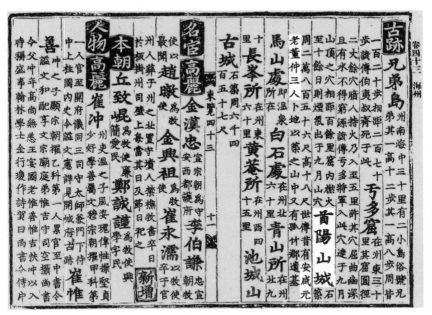

『신증동국여지승람』의 황해도 해주목 편
우측 하단에 수양산성(首陽山城)이 보인다. "세상에서 전하기를 옛날에 안함(安咸)·원로(元老)·동중(童仲)
세 사람이 있어 터를 점찍어 쌓았다고 한다"고 적혀 있다.

『환단고기』도 그런 식으로 사용할 수 있을까? 그럴 수 있다. 『환단고기』는
1960~1970년대에 국수주의적 관점에서 위조된 책이다. 즉, 1960~1970년
대에 왜 이 같은 책을 위조하게 되었는가를 파악하는 사료로서라면 충분히
활용할 수 있다.

제2장
『환단고기』의 출현에 얽힌 수수께끼

『환단고기』는 1911년 계연수가 편찬한 뒤 이유립에게 전달되어 이유립이 간직하고 있다가 1979년에 광오이해사라는 출판사에서 출간되어 세상에 알려졌다고 한다. 왜 이렇게 오랫동안 알려지지 않았는지 의문이 떠오르는 것은 당연한 일이다. 이에 대해 임승국의 『한단고기』 '편집자 후기'에는 다음과 같은 말이 있다.

> 1911년 묻혀져 있던 이 역사서를 편찬한 계연수 선생이 경신년(1980)이 되거든 공개하라고 했던 것은 결코 우연이 아닐 것이다.

이 말은 학계에서 『환단고기』가 위서임을 최초로 밝혔던 이도학에 의해서도 전해졌는데, 처음 언급한 이는 철학박사 송호수로 파악된다. 송호수는 1983년 발행한 『한민족의 뿌리사상』(인간연합)에서 다음과 같이 말했다.

> 해학 이기 선생이 교열하고 운초 계연수 선생이 편저(합편)한 것으로 되어 있

는 "환단고기(桓檀古記)"는 삼성기 상(三聖紀上) 안함로 찬(安舍老 撰), 삼성기 하(三聖紀下) 원동중 찬(元董仲 撰), 단군세기(檀君世紀) 이암 편(李嵒 編), 북부여기(北夫餘紀) 범장 편(范樟 編), 태백일사(太白逸史) 이맥 찬(李陌 撰), 이렇게 5개 서를 운초가 광무 15년 신해(1911) 5월에 합편하여 초두에 범례를 써놓고 있다. ─ 운초 운(云) 다음 경신년(1980)이 되거든 공개하라 : 이유립 언(言) ─

송호수는 동일한 이야기를 1984년 잡지 『국조단군』에서도 되풀이했다. 그러나 이유립의 제자 양종현과 전형배는 위와 같은 말을 스승으로부터 들은 적이 없다고 말한다.

전형배는 "계연수 선생이 경신년에 『환단고기』를 세상에 내라고 했다는 말을 외부인에게서는 들은 적이 있어도, 이유립 선생으로부터는 그러한 말을 단 한 번도 들은 적이 없다"고 강조했다. 이 증언이 맞다면 『환단고기』가 왜 그토록 오랜 세월 재간되지 않았는지가 설명되지 않는다.

양종현은 1966년 고등학생 때 이유립의 제자가 되었는데, 일주일 단위로 모여서 역사 공부를 했으며 그때 이유립이 『환단고기』를 손가락으로 한 자 한 자 짚어가며 가르쳤다고 했다. 양종현은 종이의 질과 색깔, 책 표지 상태까지 말했는데, 책을 묶은 끈이 떨어져서 여러 번 고쳐 묶고 풀로 붙였던 사실도 기억했다.

또한 양종현은, 1976년에 의정부에 거주하던 이유립이 백내장 수술 차 군산에 내려갔을 때 집주인이 그의 책을 모두 팔아버렸는데 그때 『환단고기』 초간본이 사라졌다고 했다. 이유립의 부인인 신매녀는 6·25 때 금산에 살았는데 임시 숙소였던 헛간에 불이 나서 책들이 불타 없어진 적이 있고, 성남에 살던 시절 수해로 책을 잃어버린 적도 있다고 말했다. 그때 없어진 책

가운데 『환단고기』도 있었는지는 신매녀가 알지 못했다.

　이유립은 '초간본' 외에 오형기라는 사람이 필사한 필사본도 가지고 있었다. 1979년에 광오이해사에서 나온 『환단고기』가 바로 이 필사본을 영인한 책이라고 주장한다. 이 책의 제일 뒤에는 오형기가 붙인 발문이 있다. 오형기는 1949년 4월 24일(음력 3월 16일)에 강화도 대시전(大始殿)에서 이유립을 만나 『환단고기』를 정서했다고 말했다. 하지만 1949년에는 강화도에 대시전이라는 건물이 없었다. 이 건물은 1969년 9월 19일에 준공된 커발한 개천각의 부속 건물이다.

　양종현에 따르면 이유립은 1948년 3월 월남하다가 체포되어 황해도 해주 내무국에서 고문을 받고 빈 몸으로 버려졌는데 간신히 회복하여 같은 해 9월 16일에 월남했다고 한다. 『환단고기』를 몸에 지니고 내려올 상황이 아니었음은 분명하다. 오형기가 이유립을 만났다고 하는 때는 공주 부근의 친척 집에서 몸을 추스리고 있던 시기였다. 『신동아』 2007년 9월호에서 이정훈 기자는 이유립이 1948년 3월에 1차 월남한 후 다시 북한에 다녀왔다고 주장했다. 그러나 이렇게 보아도 『환단고기』를 가져올 방법은 없다. 상생출판에서 나온 안경전 역주의 『환단고기』(2012)는 이유립이 1948년 9월 월남한 뒤 두어 차례 북한을 다녀왔으며, 그때 『환단고기』를 가져왔을 것이라 추정했다.

　지금까지 살펴본 바와 같이 『환단고기』의 초간본은 언제 가져왔는지 알 수 없고, 언제 없어졌는지도 알 수 없는 책이다.

제3장

기자와 위만을 한국사에서 추방하라

『환단고기』를 저술한 인물로 보이는 이유립(1907~1986)은 유사역사가들의 모임이었던 국사찾기협의회의 기관지 『자유』에 1976년 10월호부터 1977년 1월호까지 3회에 걸쳐 「환작된 기자조선」이라는 글을 실었다. 그는 이 글에서 '환작'이라는 말을 "학술적으로 없는 사실을 있는 것 같이 정책적으로 조작해냈다는 뜻"으로 정의했다. 그는 이 용어를 석주(石洲) 이상룡(李相龍)의 『서사록(西徙錄)』에서 따왔다고 말했다.

이유립은 기자조선을 사마천이 만들어냈다고 주장하면서 기자를 극력 부인한다. 그가 이렇게 말한 데는 물론 이유가 있다. 『삼국유사』를 보면 단군의 고조선이 있고 기자가 와서 그 뒤를 이었다. 그리고 위만이 기자의 후예 준왕을 몰아내고 조선을 차지했다. 단군은 한민족의 시조이지만 기자나 위만은 '중국인'이다. 그가 보기에 중국인이 감히 한민족의 나라를 차지하는 일이 있어서는 안 되는 것이다. 이유립은 "기자가 비록 성인(聖人)이나 그때에는 밖에서 들어온 이족인(異族人)이니, 단군 후손들이 한 번 보자 조종의 사식으로써 가볍게 스스로 양여하였다면 이 무슨 체통이며, 가사 조정에서 양여했다 하자 단씨의 국민된 자 한 마디 말도 없이 추대하여 임금을 삼았다 하면 이 무슨 정신인가"라고 비분강개했다.

피의 순수함을 지켜야 한다는 것은 이유립뿐만 아니라 유사역사가들의 공통된 의식이다. 국사찾기협의회의 일원인 임승국은 『한단고기』에서 "우리는 '하늘→하느→한'의 음운 법칙을 갖는 민족으로 '하늘님→하느님→한님'을 조상으로 모시는 민족신앙을 갖는 민족이다. 하느님의 피를 직접 유전으로 받아 곧 하느님으로 태어나는 백성이라는 천민신앙(天民信仰)은 온 세상에 자랑하고 싶은 우리의 믿음이다"라고 말했다.

순혈이 중요한 유사역사가의 입장에서 기자와 위만은 용납할 수 없는 존재였다. 국사찾기협의회를 창립한 안호상 역시 『자유』에 낸 기고문에서 역사학자들을 가리켜 "연나라 사람 위만(서기 앞 194년)을 우리 역사의 시조로 삼음은, 그들의 지식과 양심을 의심케 한다. 뿐만 아니라, 이보다 더 큰 이적과 반역의 행위는 없을 것이다"라면서 위만조선을 한국사에서 떼어내야 한다고 주장했다.

기자는 고구려로부터 조선 말에 이르기까지 한국 사람들에게 존경받던 군주였다. 그러나 근대화가 이루어지면서 민족이라는 문제에 눈을 뜨게 된 후 기자에 대한 평가가 바뀌기 시작했다. 한말까지만 해도 '광대한 영토를 자랑하는 기자조선'이라는 서술이 등장하곤 했지만, 1908년에 이르러 신채호는 「독사신론(讀史新論)」에서 기자가 망명해 와 단군조선의 신하가 된 것으로 기술했다. 그 영향하에 1918년 최남선은 「계고차존(稽古箚存)」에서 단군과 부여를 연결시키고 기자조선을 배제했다. 신채호는 『조선상고사』(종로서원, 1948)에서 '기자가 조국으로 돌아왔다'고 표현하여 중국의 문화를 고조선에 전달했다는 그동안의 기자에 대한 이미지마저 없애버렸다. 신채호는 기자의 후손이 나중에 불조선의 왕이 되었을 뿐이며 단군이 기자를 피했다는 이야기는 근거 없는 망령된 말이라고 일축했다.

이와 같은 신채호의 견해는 사실 역사학계 전반에 계승되었다. 역사학계는 기자 동래설이 신빙성 없다고 판단했으며, 사서에 나오는 기자조선 관련 내용을 고조선에 대한 서술로 받아들였다. 반면, 이유립은 기자조선에 대한 모든 서술을 부정했다. 이런 입장은 기자조선을 식민지로 보는 데서 기인한다. 『자유』 1976년 2월호에서 이유립은 역사학자이자 언론인 천관우의 논문 「기자고(箕子攷)」를 소개하면서 다음과 같이 썼다.

> 일본 군정에 고용된 학자들은 이런 사실을 악용하여 평안도가 주나라 때부터 중국의 식민지였다고 역설적으로 말하고, 또 경상도 낙동강 하류는 임나(任那)였으며, 임나는 일본의 식민지였다고 말하였다.

『자유』에서 천관우의 논문을 소개한 속내는 그 글에서 기자조선이 북부 중국에 있었으며 기자가 망명해 왔음을 밝혀냈기 때문이었다. 그러나 이유립은 천관우의 논거를 용납할 수 없었다. 그는 위의 글에서 이기문(한얼원 이사장)의 말을 빌려 "천관우 씨의 「기자고(箕子攷)」에 '기자국으로서 은말주초에 있어서 은주(殷周)가 모두 경시하지 못한 일대 세력이었다'는 것은 어디까지나 천 씨의 가설이며 (…) 기자의 거취는 분명한 기록이 없다. (…) 일부러 단군조선의 후계 왕국으로 이어지는 주장은 있을 수 없다는 반론으로 보아야 한다"라고 하여, 기자조선이 큰 세력을 형성했을 리 없고 단군조선의 계승국도 아니라고 강변했다.

또한 이유립은 기자조선이 사실은 한씨조선이라고 하는 이병도의 학설도 반박했다. 이유립은 이병도의 설이 "비약, 날조"이며 "새로운 가공의 한씨왕조설을 교묘히 조작해 내놓았다"고 맹렬히 비난했다. 이유립은 "내 조국의 개천건국 일체의 역사를 제거하겠다는 그 옳지 못한 자학 심리는 도저히 이해할 수 없다"라고까지 토로했다.

이유립은 고조선으로부터 부여, 삼한 등으로 우리 민족의 역사가 끊이지 않고 이어져야 한다고 보았다. 그러기 위해서는 기자와 위만을 한국사에서 제거해야 했으며, 이들이 거대한 고조선의 한 변방에 있었던 것으로 만들어야 했다. 문제는 이 주장의 근거가 될 만한 사료가 없다는 점이었다. 고조선의 '위대한 역사'를 증언하는 『규원사화』 같은 역사책도 단군이 기자에게 물려주는 시기까지만 기록하고 있기 때문이다.

이유립 측이 『규원사화』를 윤덕영(1873~1940)이 고쳤다고 주장하는 이유도 아마 그로부터 비롯되었을 것이다. 1966년 『커발한』 7호에서 이유립은 "윤덕영도 이 풍조에 영합하여 『규원사화』를 현행본으로 개장(改粧)하였으니 이것도 물론 예수교의 삼위일체설과 기자의 단군계통설을 종합해서 일종의 자가신앙 체계를 맨들자는 의도에서 나왔다"라고 주장하고, 1975년 『커발한』 48호에서는 "권현(權俔)의 작 『규원사화』 또한 대종교 사관에 맞도록 윤덕영의 사랑방에서 고쳤으니"라고 말했다. 1966년에는 "자가신앙"이라 썼던 것을 1975년에는 "대종교 사관"이라고 표현했음을 볼 수 있다.

이유립이 이렇게 『규원사화』를 깎아내린 것은 기자조선을 한국사에서 몰아내기 위해서였다. 그리고 기자조선의 빈자리를 채워넣기 위해 만들어진 한국사가 바로 『환단고기』였다.

제4장

『커발한』에서 드러나는
『환단고기』의 제작 과정

이유립에게 『환단고기』 초간본이 있었다고 가정해보자. 1965년에 그는 이미 그 책을 달달 외울 정도로 읽었을 것이다. 이유립이 『환단고기』를 암송했다는 사실은 『한배달』 2001년 7월호에 나온다.

> 급기야 기억을 되살려 『환단고기』를 다시 써야 했다. 워낙 공부를 많이 하고 어려서 전령으로 활동할 때 문건보다는 외워 전달했던 것이나 속독으로 훈련된 탓에 새로이 한단고기 내용을 기억하여 쓰는 일은 그리 어렵지 않았다. 그후 잘못된 부분이 몇 군데 제자들에 의해 발견되기도 하였으나 '거의 맞을 거다'라고 자신 있게 말하던 선생의 인품을 의심하는 사람은 ── 식민사학자들을 제외하곤 ── 거의 없다.

이유립은 계연수가 죽은 1920년 이후에는 『환단고기』를 가지고 있었다고 볼 수 있다. 하지만 역사학자 장신이 분석한 바에 의하면, 1935년 조선유교회 기관지 『일월시보』 4호에 실린 이유립의 글 「동명가(東明歌)」 상(上)에서

『환단고기』의 역사관은 전혀 찾아볼 수 없다.

「동명가」에서 특히 흥미로운 지점은 이유립이 기자조선은 부정하면서도 위만조선은 인정했다는 점과 김부식을 찬양한다는 점이다. 이는 이유립의 역사관이 그의 인생 후반부에 극적으로 변화했음을 증명하고 있다.

이유립은 1965년부터 단단학회 기관지로 『커발한』을 발행했는데, 이 『커발한』을 살펴보면 그의 생각이 어떻게 변화해갔는지 추적할 수 있다. 아마도 이런 이유로 『커발한』은 복간되지 못한 채 어둠 속에 묻혀 있었던 것 같다. 다행히 나는 『커발한』의 일부를 구한 덕분에 이유립이 유사역사학의 체계를 세워나간 과정을 살펴볼 수 있었다. 결론부터 말하자면 『커발한』은 이유립에게 『환단고기』라는 책이 없었다는 것을 증명해준다.

『커발한』 1호(1965년 4월 1일) 1면에는 이유립이 쓴 「단단학회를 발기하면서」라는 글이 실려 있다.

우리는 신시개천의 신화를 가진 겨레입니다. 태초에 상제한인(上帝桓仁) 님께서 어느 날 인간 세상을 나려다보시고 "저– 불상한 화택인간(火宅人間)들을 모두 광명한 천국으로 맨들 수 있다" 생각하옵시사 직접 천제자(天帝子)이신 한웅천황(桓雄天皇) 님을 나려보내어 다스리게 했읍니다. 이것이 조선 문화가 처음 생겨난 동기입니다. 한밝산(太白山)으로 천강하옵신 한웅천황 님은 도중 삼천과 함께 신시(神市=검불)를 차리시고 먼저 샘(井)을 천평(天坪)에 파고 정지를 청구에 맨들었다(劃井地於青邱) 합니다. 그때 우리 선민(先民)들은 태양을 광명신(光明神)의 계시는 집(天宮)으로 알고 아침이면 동녁산에 올라 해를 맞아 절하고 저녁이면 쪽내에 이르러 달을 맞아 절하는 이른바 '태양숭배' 혹은 '일월숭배'라는 신앙의식을 갖추게 되고 또 3·7날이 되면 일체 사물의 접촉을 끊고 경신자숙(敬慎自省)의 공부를 힘쓰는 도장(道場=經閣)도 있어 그때 범과 곰을 각기 도댐(信仰對象)으로 하는 토착미개(土着未開) 민족까지 신시(神市)의 교화에 스스로 귀화해온 것입니다. 이것이 신시의 개천(開天)이라 합니다. (…) 이러케 한 1천 5백 년이나 2천 년쯤 넘는 동안에 가장 총명하고 잘난 사람(神人)이 있어 큰밝산의 단목 아레로 나려오심을 기회로 모든 백성들이 받들어 우두머리(居發桓)를 삼고 국호를 조선(朝鮮)이라 정하여 평양(平壤)을 서울로 하고 신시유법(神市遺法)을 다시 계승하여 군중의 공개평의(公開評議)를 거쳐 하날부인(天符印)을 공포하여 교리 신앙 도덕의 세 원칙을 세우고 산과 물을 측량하여 백성의 거처를 마련하고 주곡(主穀) 주명(主命) 주병(主病) 주형(主刑) 주선악(主善惡)의 오사(五事)를 국가 생활의 요강으로 제정하니 이것이 단군의 건국(檀君建國)이라 합니다.

우선 글의 시작을 '신화'로 하고 있는 점이 눈길을 끈다. 환인의 '환(桓)'은 '한'으로 쓰고 '인'의 한자를 '仁'으로 쓰며 환웅의 호칭은 천황(天皇)으로 썼다. 『커발한』에서는 환인의 '인'을 因과 仁의 두 글자로 혼용해서 썼다. 내부에 두 세력이 있었던 것으로 판단된다. 수도는 평양이다. 이 내용은 『환단고기』「삼성기」두 편과 맞지 않는다. 이유립이 『환단고기』를 가지고 있었다면 어째서 기념할 만한 첫 기관지의 권두에 이렇게 생뚱맞은 이야기를 적었을까? 다음 2면을 보자.

구려(九黎)의 군(君) 치우(蚩尤) 씨는 능작대무(能作大霧)라는 신병기를 만들어 가지고 헌원(軒轅)의 나라와 천하의 패권을 다투다가 장렬한 전사를 하였으나 (…)

『환단고기』뿐만 아니라 『규원사화』에서도 치우는 전사하지 않았다. 또

『커발한』 1호에서는 상고 역사의 중요한 문헌을 거론했는데, 그중에 『환단고기』는 물론 『환단고기』에 들어 있는 편명 하나도 등장하지 않는다. 언급된 문헌은 이암의 『삼신기(三神記)』와 이명(李茗)의 『진역고기(震域古記)』이다. 이암은 『환단고기』의 「단군세기」를 편찬한 인물이고 이명은 『규원사화』에서 『진역유기(震域遺記)』 세 권을 쓴 사람이라 나왔던 인물이다. 『환단고기』 「태백일사」 '고구려국본기'에는 이암이 소전이라는 거사에게서 이명·범장과 더불어 환단 시대로부터 전수된 신서(神書)를 얻었다고 나온다. 현재 『삼신기』나 『진역고기』는 전하지 않고 있다. 그럼에도 이유립은 『커발한』에서 이 책들을 인용한다.

『커발한』 초기에 『환단고기』는 언급되지 않고 다른 역사의 비서(秘書)만 나온다는 사실이 의미하는 바는 명백하다. 『환단고기』가 아직 만들어지지 않았기 때문이다. 이유립은 『삼신기』나 『진역고기』를 만들어내고 싶었던 것이다.

『커발한』 2호(1965년 7월 1일)에는 『삼신기』의 상당 부분이 게재되어 있다. 『삼신기』의 출전은 '단학회보 기타 소재'라는 알 수 없는 문구로 표시되었다. 『단학회보』는 일제강점기에 '단학회'라는 단체에서 낸 회지를 뜻한다. 그런데 '단학회'라는 단체가 실재했는지 확신할 수 없다. 장신은 단학회의 실체를 찾을 수 없다고 말했다.

『커발한』 7호(1966년 10월 1일)에서는 『삼신기』에 원본과 다른 글자가 일부 포함되었는데 그에 대한 해명은 '재래 사본을 그대로 가져다 쓴 것이 잘못되었다'는 것이었다. 써놓고 난 뒤 수정할 사항이 생기자 변명을 붙여놓은 것이라고 볼 수밖에 없다. 어느 문구가 틀렸다는 이야기는 전혀 없기 때문이다.

『삼신기』의 첫 대목은 "오단건국(吾檀建國)이 최고(最古)라"라는 말로 시작된다(『환단고기』「삼성기」상편에는 "오환건국吾桓建國"이라고 나온다). 『삼신기』와 「삼성기」상편을 비교해보자.

『삼신기』 有一神(유일신)이 在最上之天(재최상지천)하사 爲獨化之神(위독화지신)하시니 光明照宇宙(광명조우주)하시며 權化生萬物(권화생만물)하시며

「삼성기」 唯一神(유일신) 在斯白力之天(재사백력지천) 爲獨化之神(위독화지신) 光明照宇宙(광명조우주) 權化生萬物(권화생만물)

『삼신기』 日(일)에 降童男童女八白於三危太白之地(강동남동녀팔백어삼위태백지지)하시사

「삼성기」 日(일) 降童男童女八白於黑水白山之地(강동남동녀팔백어흑수백산지지)

『삼신기』 是爲上帝桓仁氏(시위상제환인씨)오 又稱桓國天帝(우칭환국천제)라 傳七世(전칠세)하니 年代不可考(연대불가고)러라.

「삼성기」 謂之桓國(위지환국) 是謂天帝桓因氏(시위천제환인씨) 亦稱安巴堅也(역칭안파견야) 傳七世(전칠세) 年代不可考也(연대불가고야).

『삼신기』 後有神雄氏繼興(후유신웅씨계흥)하사 奉天神之詔(봉천신지조)하시고 降居白山黑水之間(강거백산흑수지간)하사

「삼성기」 後桓雄氏繼興(후환웅씨계흥) 奉天神之詔(봉천신지조) 降居白山黑水之間(강거백산흑수지간).

『**삼신기**』 持三印(지삼인)하시고 主五事(주오사)하시사 在世理化(재세이화)하시며 弘
益人間(홍익인간)하시니 號爲神市天皇氏(호위신시천황씨)라.

「**삼성기**」 持天符印(지천부인) 主五事(주오사) 在世理化(재세이화) 弘益人間(홍익인간)
立都神市(입도신시) 國稱倍達(국칭배달).

『**삼신기**』 後改神市爲檀(후개신시위단)하야 始稱天可汗(시칭천가한)하니 傳十八世
(전십팔세)하야 歷一千五百六十五年(역일천오백육십오년)이러라.

「**삼성기**」 神市之季(신시지계) 有治尤天王(유치우천왕) 恢拓靑邱(회척청구) 傳十八世
(전십팔세) 歷一千五百六十五年(역일천오백육십오년).

　전반적으로 비슷하지만 『삼신기』의 "최상(最上)"이 「삼성기」 상편에서는
"사백력(斯白力)"으로 바뀌고, "삼위태백(三危太白)"은 "흑수백산(黑水白山)"으로,
"신웅(神雄)"은 "환웅(桓雄)"으로 고쳐졌으며, "신시천황씨(神市天皇氏)"는 삭제
되었다. 대체로 신화적인 성격을 없애고 "가한(可汗)"과 같은 후대의 용어를
바꾸는 등 정교한 형태로 수정되었다. 그러나 욕심이 과해서 마지막 구절에
"치우천왕"을 넣어서 문맥이 이상해지고 조잡해졌다. 이 다음 구절이 흥미
로운데,「삼성기」에는 쓰지 않고 일부 구절이 「단군세기」에 사용되었다.

『**삼신기**』 東方(동방)에 初有父子(초유부자)하고 久無君臣(구무군신)하야 遍居山谷
(편거산곡)하야 草衣跣足(초의선족)이러니

「**단군세기**」 四來之民(사래지민) 遍居山谷(편거산곡) 草衣跣足(초의선족)

　그 다음 구절부터는 다시 「삼성기」 상편과 유사하다. 『삼신기』는 이렇게

『환단고기』 각 편에 분해되어 들어갔던 것이다.

> **『삼신기』** 有神人王儉(유신인왕검)이 降于太白山檀木之野(강우태백산단목지야)하시니

> **「삼성기」** 後神人王儉(후신인왕검) 降到于不咸之山檀木之墟(강도우부함지산단목지허)

> **『삼신기』** 九域之民(구역지민)이 咸悅誠服(감열성복)하야 推爲天帝化身而君之(추위천제화신이군지)하야

> **「삼성기」** 九桓之民(구환지민) 咸悅誠服(함열성복) 推爲天帝化身而帝之(추위천제화신이제지)

> **『삼신기』** 復神市舊規(복신시구규)하사 設都稱平壤(설도칭평양)하시며 建邦號朝鮮(건방호조선)하시니라.

> **「삼성기」** 復神市舊規(복신시구규)하사 設都阿斯達(설도아사달)하시며 開國號朝鮮(개국호조선).

"태백산(太白山)"을 "불함산(不咸山)"으로 바꾸고 "군(君)"을 "제(帝)"로 바꾸고 "평양"을 "아사달"로 바꾸는 등 손을 보았다. 평양을 아사달로 고친 것은 변명의 여지가 없는 날조의 흔적이다.

『커발한』 2호에는 이용담이 쓴 「삼신기의 역사적 위치」가 실려 있다. "환인제는 조화지주로서 천상계를 통치하였고, 환웅제는 교화지주로서 지상계를 통치하고, 단검제는 치화지주로서 인간계를 통치"했다고 서술하여 종교적 색채를 드러냈고 역사적 사실로 포장하지는 않았다.

『커발한』 3호에서는 신시개천 5862년의 근거를 묻는 질문에 『삼신기』를 근거로 제시하기도 했다. 『커발한』 4호에도 『삼신기』가 등장한다. 『커발한』 6호에서는 "그러면 제왕운기, 삼국유사, 삼신기, 단군세기(檀君世記), 동명왕실기 등 전래의 일체 기록은 후인의 위작이 되고 또 그 광개토평안호태황제의 비문까지 허위의 역사란 말인가"라며 분개하는 글이 눈에 띈다. 『단군세기』는 여기서 처음 이름을 드러냈다. 이렇게 계속 등장하던 『삼신기』는 『커발한』 13호(1968년 5월 1일)에 이르러 중요 사서의 지위를 잃게 된다. 단학회가 선정했다는 '단학 8서'의 목록에서 『삼신기』는 더 이상 찾아볼 수 없다. 『커발한』 14호(1968년 9월 1일)에는 이암의 중요 사서 가운데 『삼신기』가 사라지고 『삼성기』가 들어와 있다. 1965년에만 해도 그렇게 중요했던 이암의 『삼신기』는 이렇듯 폐기 수순을 밟았다.

『커발한』 7호(1966년 10월 1일)에는 『단군세기』 본문 일부도 실려 있다. 이 기사의 작성자는 이유립이 아니라 이유립의 후원자인 이석영(1920~1983)이다. 해당 기사 말미에는 단단학회 이사라고 소개되어 있다.

단군세기에 보면 "무진 원년이라 태초 신시의 세(世)에 사방에서 모여들어온 백성들이 초의선족(草衣跣足)으로 이곳저곳 넓은 산곡의 사이에 홋터살더니 개천 1565년 '시월 상달'을 기회로 해서 신인(神人)으로 불리우는 왕검이란 어른이 계셔서 무리 800을 거느리시고 단목 숲이 욱어진 벌로 내리시어 민중들과 함께 삼신제단 앞에 나아가 제 드리시니 그 지신(至神)하신 덕과 겸성(兼聖)하신 인(仁)이 능히 조명(詔命)을 이어 하늘을 열르시사 외외탕탕(巍巍蕩蕩)하여 오직 병렬(炳烈)하시거늘 중(衆)이 추존하여 '천제화신(天帝化身)'이라 하여 배달나라의 첫 임금을 삼으시니 이에 신시의 구규(舊規)를 회복하여 도읍을 아사달에 정하시고 평양이라 하시니 이것이 조선이라"하였다.

　제(帝)께서 천자신용하사 덕으로 중(衆)을 감화하시며 단좌공수(端坐拱手)로 하
욤없이 세계를 앉아 정하시며 현묘한 것으로 도를 얻으시고 광명한 것으로 세
상을 다스리실세 팽오(彭吳)를 명하여 토지를 개척하시고 성조(成造)로 궁실을 짓
게 하고 신지로 서계(書契)를 만들게 하시고 고시(高矢)로 가장(稼檣)을 가르치게
하시고 기성(奇省)으로 의약을 설하게 하시고 나을(那乙)로 판적(版籍)을 맞게 하
시고 희(羲)로 봉서(卦筮)를 차지하게 하시고 우(尤)로 병마를 관장하게 하시고 비
서갑하백녀를 맞아서 황후를 삼아 잠업(蠶業)을 다스리게 하시니 순방(淳庬)의 치
(治)가 사표(四表)에 밝고 흡족하게 되었다 한다.

　50년 정사에 팽우(彭虞)를 시켜서 홍수를 다스리고 51년 무술에 강화도 전등
산에 삼신(三神)(삼랑三郞)성을 쌓으시고 두악(마리)산에 참성(제천)단을 설정하사
신시의 개천문화를 조국 최고의 상징으로 내세운 것이라 하겠다.

　재위하신 지 93년에 봉정(蓬亭)에서 붕(崩)하시니 아사달(부여성) 밖 10리의 땅
에 장사지냈다 한다.

　위에 밑줄 친 부분은 『환단고기』 「단군세기」에 나오지 않는 내용이다. "무
리(衆)"는 "구환지민(九桓之民)"으로 바뀌었고 "팽오(彭吳)"는 "팽우(彭虞)"로 바
뀌었다. 팽우는 홍수를 다스렸다는 부분에서 또 나오는데, 팽오와 팽우로 혼
용되어 쓰이다가 나중에 팽우 하나만 쓰였다. "삼신성", "두악산", "참성단"
등은 나중에 괄호 안 단어인 "삼랑성", "마리산", "제천단"으로 수정되었다.
『커발한』 7호에는 다시 여러 고기(古記)가 소개되었다.

　단군조선에 관한 중요한 역사 자료로 이암(李嵒)의 『단군세기삼신기(檀君世記

三神記)』, 이명(李茗)의 『진역고기(震域古記)』, 이맥(李陌)의 『태백신사(太白神史)』, 북애자(北崖子)의 『규원사화(揆園史話)』, 단학회(檀學會)의 『증산신단실기(增刪神檀實記)』 등 허다한 기록이 있어 전해오고 있다.

『삼신기』의 이름이 『단군세기삼신기』로 바뀌었다. 이맥이 쓴 책의 이름도 『환단고기』에 들어 있는 「태백일사(太白逸史)」가 아니라 『태백신사』라는 엉뚱한 이름이다. 물론 모두 현재 전해지지 않는다. 한편 이와 비슷한 이름의 『태백유사(太白遺史)』가 『커발한』 8호(1967년 1월 1일)부터 등장했다. 『태백유사』는 계연수가 1898년에 『단군세기』와 함께 발행한 책으로 알려져 있다. 송호수는 『태백유사』 안에 『천부경』도 포함되어 있다고 주장했다. 『커발한』 47호(1975년 5월 1일)에서는 계연수가 쓴 책이 『태백일사』로 바뀌었다.

『커발한』 7호(1966년 10월 1일)에는 은나라 기자의 동래설에 대한 독자 질문이 실렸는데, 이에 대해 이유립이 직접 답변을 달았다. 이유립은 여기서 다시 『단군세기』를 인용한다. 단군 소태가 늙어서 정사를 서우여(西于余)에게 위임했는데 그의 호가 개자시(蓋玆市)이고 후세에 바뀌어 기자가 되었다는 내용이다.

그런데 『환단고기』 「단군세기」에는 이런 내용이 없다. 심지어 서우여의 한자도 달라서 徐于餘라 쓰여 있다. 호도 개자시가 아니라 기수(奇首)라고 되어 있다. 그뿐만 아니다. 이유립은 '25세 단군 솔나'도 인용한다.

(기묘) 29년이라 은인 기자가 避周東來(피주동래)하야 至廣寧地(지광녕지)하야 居之(거지)러니 帝ㅣ聞之甚憐(제문지심련)하야 賜食邑(사식읍)하시고 命爲列侯(명위열후)하시니 是爲須臾(시위수유)라.

『환단고기』「단군세기」에는 이렇게 나온다.

37년 정해에 기자가 서화(西華)로 옮겨와 살면서 인사(人事)를 사절하였다.

기자에 대해서는 『커발한』 7호에 한 대목이 더 나온다. '47세 단군 고열
가' 때다.

47세 단군 고열가 조에 "宗室解慕漱(종실해모수)로 約(약)하야 襲據故都(습거고
도)하야 稱爲天帝子(칭위천제자)하시고 (…) 分封諸將(분봉제장)할세 命須臾候丕(명
수유후비)하야 爲神王(위비왕)하고 守西夫餘(수서부여)하니 丕(비)는 殷箕子之後(은기
자지후)"라 하기도 하였거니 (…)

이 부분은 『환단고기』「단군세기」에는 다음과 같이 나온다.

종실 대해모수가 비밀히 수유와 짜고 옛 도읍 백악산을 습격하고 천왕랑이
라 하니 사방 지경이 모두 그 명령을 들었다. 수유후 기비(箕丕)를 승격하여 번조
선왕으로 삼고, 가서 상하운장을 지키게 하였다.

이처럼 내용이 크게 다른데, 원본이 존재하고 그것을 전수해왔다는 것은
있을 수 없는 일이다. 이유립은 『커발한』 7호에 글을 실을 때만 하더라도 비
(丕)를 기자의 후예라고 쓰는 등 기자를 우리 역사 안에 적당히 배치하려고
했으나, 『환단고기』를 만드는 과정에서 생각이 바뀌어 기자와 절연했던 것
이다.

『커발한』 8호(1967년 1월 1일)에는 『환단휘기』라는 이름이 등장하고 여러 사서가 연재되는데, 이 『환단휘기』는 1971년에 책자로 나온 『환단휘기』와는 관련이 없다. 『커발한』 8호에 실린 『태백유사』의 내용은 축약된 『환단고기』 「태백일사」 '삼신오제본기'와 '환국본기'이다. 순서도 조금 다르고 없는 내용도 약간 있지만 대체로 일치한다. 『태백유사』 뒤에 실려 있는 『진역고기』는 『규원사화』의 「조판기」와 「태시기」 일부이다. 몇 글자가 다르기는 하지만 『규원사화』를 거의 그대로 베꼈으며 다른 책인 양 적어놓았다. 『진역고기』 뒤에는 『규원사화』가 나오는데 『진역고기』에 베껴 넣은 구절에서 서너 줄 떨어진 뒷부분부터 시작했다.

『커발한』 9호(1967년 3월 1일)에는 「두악산 일대의 국립공원화」라는 기사에 『단군세기』 한 구절이 들어 있다. 그 아래는 『환단고기』 「단군세기」의 같은 구절이다.

- [戊午(무오)] 51년이라 帝丨命設三郎城于穴口(제명설삼랑성우혈구)하시고 築祭 天壇于頭嶽山(축제천단우두악산)하시니라.
- 戊午五十一年(무오오십일년) 帝命雲師倍達臣(제명운사배달신) 設三郎城于穴口 (설삼랑성우혈구) 築祭天壇於摩璃山(축제천단어마리산).

1967년에는 없던 신하의 이름이 1979년에는 생겨났고, 산 이름도 "두악산(頭嶽山)"에서 "마리산(摩璃山)"으로 바뀌었다. 『커발한』 9호(1967년 3월 1일)에는 『환단휘기』 두 번째 편이 나오는데 『단군세기』가 실려 있다. 여기에 단군이 신묘년생이라고 되어 있다. 『환단고기』에는 5월 2일 인시라고 날짜와 시간이 나온다.

『커발한』 14호(1968년 9월 1일)에는 『태백유사』가 또 실려 있는데, 역시 『환단고기』 「태백일사」의 내용이 일부분 들어 있다.

『커발한』 50호(1975년 11월 1일)에는 『단군세기』가 '44세 단군 구물'부터 마지막 '47세 고열가'까지 실려 있다. 『환단고기』 「단군세기」와 거의 일치하지만 '46세 단군 보을' 조에 "피살"이라는 지극히 현대적인 느낌의 단어를 "소해(所害)"로 바꾸었다. '45세 단군 여루' 조에서는 전쟁 장면이 훨씬 자세하게 서술되고 있다. 이처럼 뒤로 갈수록 더 정교해지고 자세해지는 것이 위서의 전형적인 특징이다.

『커발한』 53호(1976년 6월 1일)에는 『북부여기』 상·하편이 실려 있다. 『환단고기』 「북부여기」와 대동소이하지만 지명 부분이 수정되었다. '4세 단군 고우루' 조의 경우 한무제가 평양에 쳐들어왔다고 되어 있으나 나중에 평나(平那)라는 지명으로 바뀌었다. '5세 단군 고두막' 조의 경우 한나라와 서요하에서 싸웠다고 했으나 나중에 서압록으로 바뀌었다. 그리고 지은이의 호가 복애거사(伏崖居士)로 나온다. 이 호는 광오이해사본 『환단고기』에서 휴애거사(休崖居士)로 바뀌었다. 배달의숙본 『환단고기』에는 「북부여기」 하편의 지은이만 복애거사로 나온다. 우스꽝스러운 일이 아닐 수 없다.

제5장

알수록 이상한 『환단고기』

이유립이 진짜 『환단고기』를 가지고 있었고 양종현의 증언처럼 1976년에 잃어버렸다면, 1976년 이전에 나온 인용문들은 진본의 내용과 같아야 한다. 만일 이유립이 1949년에 오형기에게 필사시킨 책자를 보고 쓴 것이라면 광오이해사본 『환단고기』와 내용이 일치해야 한다. 이 점을 검토해보자.

『커발한』 13호(1968년 5월 1일)에는 이유립이 쓴 「세계문명동원론」이라는 연재 글이 실려 있다. 이 연재 글은 나중에 모아서 1973년에 책으로 나왔다. 여기에 '3세 단군 가륵(檀君嘉勒)'의 기사가 실려 있다.

> 甲寅三十八年(갑인삼십팔년)이라, 遣新野候裵幣(견신야후배반)하야, 往討海上(왕토해상)하니 十二月(십이월)에 三島悉平(삼도실평)하니라.

1971년에 나온 『환단휘기』 '환단휘기 자서' 3~4쪽에 같은 구절이 나온다. 이 구절은 1956년 3월 10일에 썼다고 되어 있다. 물론 앞에서 말한 바와 같이 이 주장을 곧이곧대로 믿을 수는 없다. 뒤에 설명하겠지만 『환단휘기』는

1967년 12월에 나온 책을 표절하여 만들어졌기 때문이다.

　　檀君買勒三十八年(단군매륵삼십팔년)에 遣裵幣銘(견배반명)하야, 往討海上三島

　　(왕토해상삼도)라 하니 倭之有號ㅣ始此焉(왜지유호시차언)이오.

『커발한』에는 3세 단군 가륵의 일로 되어 있지만 『환단휘기』에는 단군 매륵(檀君買勒, 36세 단군)의 일로 바뀌었다. 『환단고기』 '단군 가륵' 조에는 10년의 일로 협야노(陜野奴)라는 인물이 삼도를 점거하고 천왕이라 참칭했다는 내용이 적혀 있다. 『커발한』에서는 3세 단군 가륵 때의 일이라고 세 번에 걸쳐 상세히 기술하고 있다. 나중에 이 사건을 단군 매륵으로 나눈 것이다. 이후 모두 단군 매륵 때의 일로 처리되어 있다.
　　1973년에 내놓은 『참된 조국의 상——세계문명동원론』도 같은 구절을 인용하고 있다.

　　三十八年(삼십팔년), 遣新野候裵幣銘(견신야후배반명), 往討海上(왕토해상). 十二月

　　(십이월), 三島悉平(삼도실평), 倭之有號始此(왜지유호시차).

이유립은 1976년에 「동양문명서원론을 비판한다」(『자유』 1976년 5월호)는 글에서 또다시 해당 구절을 인용했다. 여기에서는 『커발한』에 나온 것과 동일하다.

　　甲寅三十八年(갑인삼십팔년), 遣新野候裵幣(견신야후배반), 往討海上(왕토해상).
　　十二月(십이월), 三島悉平(삼도실평).

그리고 최종적으로 1979년의 광오이해사본 『환단고기』에는 해당 구절이 아래와 같이 나온다.(1983년에 나온 배달의숙본도 동일하다.)

甲寅三十八年(갑인삼십팔년), 遣陝野侯裵幋命(견협야후배반명), 往討海上(왕토해상).
十二月(십이월), 三島悉平(삼도실평).

배반(裵幋)이라는 인물은 '신야후(新野侯)'라는 작위를 가지고 있었다. 중간에 작위가 사라졌다가 최종본에서 '협야후(陝野侯)'로 바뀌었다. '신야후'가 '협야후'로 바뀐 것은 단순한 오자가 아니다. 두 번이나 되풀이되었던 내용이 변경된 것이다. 사서를 위조하고 있었다는 증거인 셈인데, 이런 대목이 한두 군데가 아니다. 이유립 측의 말을 그대로 믿는다면 1949년에 '협야후'라고 되어 있던 것을 1956년에 작위를 빼버렸다가, 1973년에는 '신야후'라는 작위를 주었고, 1976년까지 그렇게 쓰다가 책을 낼 때는 '협야후'로 사용했다는 말이 된다. 심지어 그 이름도 '배반'이었다가 '배반명'으로 바뀌었다. 배반명의 '명'이라는 글자도 銘에서 命으로 바뀌었다. 하나의 책이 있어서 그것을 보고 베꼈다면 이런 참담한 결과는 나올 수 없다. 결론은 명백하다. 『환단고기』는 이유립이 만들어낸 책이다.

이유립은 1960년대에 『태백유사』나 『환단휘기』, 『삼신기』, 『진역고기』, 『진단유기』 등의 책을 만들고 있었다. 이 중 『환단휘기』는 『천부경』·『삼일신고』·『참전계경』·『태백진훈』의 이른바 '홍익사서'라는 경전들로 만들어졌고, 기존에 『환단휘기』 안에 수록된 『태백유사』는 '태백일사'로 이름이 바뀌어 『환단고기』 안에 들어갔다.

KBS PD 장영주는 인하대 석사논문 「『환단고기』 성립 과정」에서 이유립이 쓴 글들을 비롯해『자유』에 실린『환단고기』원문 내용의 변화를 추적했다. 그는 총 60여 차례 변용이 일어난다는 점을 확인했으며, 국명·방위·숫자 등 중요한 부분의 변화를 나열해 제시했다.

이유립이 위조한 것은 여기에 그치지 않는다.『규원사화』도 자기 마음대로 다시 썼다.『커발한』8호부터 12호에 걸쳐 4회 동안『규원사화』를 연재했는데, 내용을 슬쩍슬쩍 바꿔놓고 마음대로 건너뛰면서 옮겨놓다가 급기야 4회에서는 완전 창작의 실력을 보여주었다. 참으로 어이없는 것이, 이유립의 출신지인 삭주에 대한 내용을 집어넣는가 하면 행촌(杏村) 이암의 내용도 넣어놓았다. 그는 '현존『규원사화』는 윤덕영이 날조한 것'이라고 주장한 바 있는데, 그 역시 자신이 개작한『규원사화』를 내놓으려고 작정했기 때문에 한 말일 수도 있다.

또한 이유립은 단군교의『성경팔리(聖經八理)』를 표절하여『참전계경』을 만들어냈다. 이 표절 과정은 한국신교연구소 소장 유영인이 쓴「『성경팔리』의 기원과 전개」(유영인·이근철·조준희,『근대 단군 운동의 재발견』, 아라, 2016)라는 논문에서 자세히 논증되었다. 유영인은『환단휘기』가 대종교에 대응하여 이유립이 창교한 태백교의 경전이라고 말한다. 중요한 점은 이유립이 참고한 책이 단군교 정훈모의『성경팔리』가 아니라 1967년 12월 박노철이 펴낸『단군예절교훈 성경팔리 삼백육십육사』(단군예절교훈학술연구원출판부)였다는 것이다.『환단휘기』는 1971년에 출판되었다.『환단휘기』라는 책 제목 자체는 1967년 1월에 나온『커발한』8호에 실려 있지만, 이미 살펴보았듯이『커발한』에서 인용된『환단휘기』의 내용은 정작 출판된『환단휘기』에서는 찾아볼 수 없다.『성경팔리』에서는 기자가 단군시대의 가르침에 대해 설명하면서 신하에게 단군의 가르침을 정리하게 만든다. 이유립은 당연하게도 기자를 지워버리고 『참전계경』은 고구려 재상 을파소가 얻은 천서(天書)라고 써놓았다. 이유립과 그의 작품에는 도무지 진실이라고는 존재하지 않는다.

『환단고기』의 출간에도 미스터리가 남아 있다. 1979년 9월 10일에 광오이해사가 발간한 『환단고기』는 총 100부 인쇄되었다. 이유립은 이 출간을 허용한 적이 없으며, 스승 몰래 출간을 진행한 제자인 조병윤을 파문했다고 알려진다. 『신동아』 2007년 9월호에 나온 내용이다. 그런데 이 책에는 이유립이 직접 쓴 정오표가 붙어 있다. 출간을 허용하지 않았는데 어떻게 정오표를 만들 수 있었을까?

더욱 놀라운 것은 광오이해사본 『환단고기』는 초판에 그치지 않고 재판을 찍었다는 사실이다. 재판본에는 조병윤이 쓴 후기가 붙어 있다. 재판은 1979년 12월 22일에 역시 100부 한정으로 찍었다. 책 가격이 무려 18,000원으로 초판본보다 두 배 가까이 올랐다. 1979년의 18,000원은 지금의 10만 원 이상이다. 초판본이 잘 팔렸고 그래서 재판을 찍었다고 볼 수밖에 없다. 조병윤을 파문했는데 재판본이 석 달 뒤 같은 출판사에서 나올 수 있을까? 게다가 재판본에는 당당히 "정산(靜山) 문인 한양 조병윤"이라고 쓴 후기까지 붙어 있다. 정산은 이유립의 호이다. 후기에서 이유립의 제자임을 당당하게 밝힌 것이다. 이렇게 조사를 하면 할수록 계속 『환단고기』 관련자들의 앞뒤 안 맞는 이야기들이 나온다.

광오이해사본 『환단고기』는 『자유』의 발행인 박창암을 거쳐 그해 가을에 일본인 가시마 노보루(鹿島昇)에게 전달되었으며, 일역본이 1982년 7월에 출간되었다. 이유립은 가시마 노보루가 잘 모르겠다고 하는 부분의 해석을 도와주고 출간을 축하하는 글도 보냈다. 일역본의 해제에서 가시마는 이유립에게서 직접 『환단고기』를 받았다고 말했으며, 후기에서는 번역 후에 이유립과 박창암에게 보내 지도를 받았다고 밝혔다. 1984년에 나온 재판본에는 이유립이 가시마에게 보낸 축시가 속표지에 실려 있다.

요컨대 이유립이 직접 『환단고기』 초판본의 교정을 보고, 책이 나온 뒤에는 일본인에게 책을 보내고, 12월에 나온 재판본에는 파문당했다는 제자가 이유립의 문하임을 밝히고 후기를 썼다. 이 책의 발간에 이유립이 화를 냈다는 말은 상식적으로 생각해도 조작된 이야기라고 볼 수밖에 없다.

그렇다면 이런 이야기는 왜 했을까? 과거에는 이유립이 광오이해사 발간본의 여러 문제점을 바로잡고 싶어서 그 책이 미완성본이라는 이야기를 퍼뜨리고 새로운 책으로 문제를 덮으려 했다고 이해했었다. 1983년에 배달의숙에서 새 『환단고기』가 나왔기 때문이다. 두 판본은 목차부터 차이가 있다. 배달의숙본에는 목차에 '가섭원부여기'가 표시되어 있다. '가섭원부여기'는 『환단고기』에 원래 들어 있는 것인데 광오이해사 발간본 목차에는 누락되었다.

배달의숙본은 판권도 위조되어 있다. 판권을 보면 1979년으로 나온다. 광오이해사본은 국립중앙도서관 납본 기록을 통해 확실히 1979년에 나왔다는 사실을 알 수 있지만, 배달의숙본은 『한배달』 2001년 7월호에서 주장하기를 1983년에 출간했다고 한다. 또한 이에 대해 상생출판에서 나온 『환단고기』에는 배달의숙본도 1979년에 만들어졌으나 출판비가 없어서 1983년에 출간되었다고 나와 있다. 그러나 이 주장은 1979년 12월에 광오이해사본 재판이 출간되었기 때문에 성립하기 어렵다.

그 때문에 인터넷상에서는 배달의숙본이 이유립이 직접 만든 것이 아니라 그 제자들에 의해 이유립 사후에 만들어졌다는 주장도 나오고 있다. 이 주장이 설득력을 갖는 이유는 광오이해사본에 이미 정오표가 붙어 있음에도 배달의숙본에는 정오표 이상의 수정이 가해졌기 때문이다. 대표적인 부분이 고주몽의 연호이다. 광오이해사본에는 고주몽의 연호가 '다물'이라고 나온다. 배달의숙본에는 '평락'으로 바뀌어 있다. 정오표에 들어 있지 않았던 이런 중대한 수정은 누가 했을까? 이유립이 했다면 애초의 정오표에 왜 이 부분이 빠졌을까? 또한 1985~1986년에 나온 『환단고기』 번역본들은 모두 광오이해사본을 가지고 만들어졌다. 수정된 배달의숙본으로 만들어지지 않은 이유는 그때까지 배달의숙본이 출간되지 않았기 때문일 수도 있다. 그러나 이유립 본인이 고쳤든, 제자들이 고쳤든 결론은 동일하다. 『환단고기』는 현대에 만들어져 필요에 따라 계속 수정되어온 위서라는 것이다.

광오이해사본 『환단고기』 필사자인 오형기는 정체불명의 인물인데, 이유립이 죽었을 때 장례위원장을 맡았다는 이유립 제자 양종현의 증언으로 보아 그런 실수를 했음에도 이유립이 파문하거나 내치지 않았다는 이야기이기도 하다. 다시 말해서 발문이나 오자 같은 것은 사실 아무 흠도 아니었다는 이야기다.

『환단고기』의 존재 자체는 1979년 이전에 이미 유사역사가들에게 알려져 있었다. 1980~1990년대에 가장 유명했던 유사역사가 임승국은 1978년 5월에 낸 책 『고대사관견』(경인문화사, 1978)에서 『환단고기』에 수록된 「삼성기」와 「태백일사」를 인용했다. 그러나 정작 책 제목인 『환단고기』는 등장하지 않는다. 『자유』 1978년 12월호에는 『환단고기』의 목차가 공개되었다. 이 목차는 광오이해사본 목차와 거의 동일한데, 다만 「북부여기」의 지은이를 복애거사(伏崖居士)라고 쓴 점이 다르다. 광오이해사본에는 휴애거사(休崖居士)라고 나온다. 배달의숙본에는 「북부여기」 전편과 「가섭원부여기」의 지은이가 휴애거사로, 「북부여기」 하편은 복애거사로 표시되어 있다. 지은이 이름은 범장(范樟)으로 동일한데 호가 서로 다르게 나왔다는 점은 배달의숙본이 오탈자를 꼼꼼히 확인한 책이라고 믿기 어렵게 만든다.

임승국은 『한단고기』에서 이렇게 이야기했다.

> 자국의 역사에 대해 긍지를 갖고, 그것을 자랑하며, 그 얼을 되새기고자 하는 것이, 또 이를 통해 민족정기를 부추기고자 하는 것은 하등 부끄러운 일이 아니다. 이제 이 책, 한단고기 한 권을 읽어 마칠 때쯤에는 우리의 참된 역사와 전통, 하느님 나라 백성의 긍지와 자부심으로 맥박이 고동칠 것임을 믿어 의심치 않는다.

그러나 1981년 유사역사학계가 총공세를 퍼부어 국회에서 공청회까지 이끌어내던 무렵, 『환단고기』에 대한 이야기는 한마디도 나오지 않았다. 이는 당시 유사역사가들도 『환단고기』를 의심하고 있었다는 증거일 것이다.

이유립은 1976년에 『커발한문화사상사』(왕지사)라는 책을 냈다. 이 책의 서문에는 한민족 시초의 이야기가 적혀 있는데, 『환단고기』와 다른 부분들이 있다. 이 책의 서문을 보자.

> 그때 웅(熊, 검거레 — 여권옹호국) 호(虎, 불거레 — 남권선언국) 양대 진영의 비민족적 주체성 자유를 깨면서 환국(桓國) 고유의 홍익인간 사상으로 체계화하는 민족문화운동을 역사적으로 전개하고 사회적으로 실천한 것이니 우리 커발한은 이것을 역사적 사실로 이해하며 민족적 숙원으로 동정하며 현실적 사명으로 체득해야 할 것이다.

이어서 이유립은 순이 요를 쫓아내고 우가 순을 쫓아냈다고 주장한다. 이러한 이야기는 선양(禪讓)이라는 중국 전설상의 평화로운 왕위 계승을 흠집 내기 위한 기술이다. 가장 흥미로운 점은 『환단고기』가 이 책에 등장한다는 것이다.

첫째, 삼성기전(三聖記全)의 신시(神市)의 18세를 전하여 역년이 1565년이라 함과 둘째, 환단고기(桓檀古記)의 "단군의 수(壽) 1908년"과 셋째, 고씨(高氏)의 자한유국(自漢有國)이 이제 900년이라 한 그것이다.

이유립은 1976년까지도 『환단고기』를 구체적으로 만들어내지 못했다. 『환단고기』의 한 편명인 「삼성기」가 『환단고기』와 병렬로 놓여 있다. 별개의 책이라는 의미이다. 그리고 "단군의 수 1908년"이라는 것은 『삼국유사』의 이야기이고 『환단고기』에는 나오지 않는다. 『환단고기』는 단군이 대를 이은 통치자의 칭호라고 말하는데, 단군의 나이가 1,908세가 되는 일은 있을 수 없다.

『환단고기』가 전승되어온 책이 아니라는 이야기는 이제 충분히 한 것 같다. 『환단고기』의 문제점은 이 외에도 엄청나게 많은데, 인터넷을 조금만 검색해봐도 찾아낼 수 있다. 맹목적으로 믿지 말고 비판적으로 살펴보기를 진심으로 바란다.

제6장

『환단고기』의 이상한 세계관

1. 환국의 영토

『환단고기』「삼성기」 상편에는 "한 신이 사백력(斯白力) 하늘에 있어 홀로
신이 되어 (…) 어느 날 동녀동남 800명을 흑수, 백산의 땅으로 내려보냈다"
는 구절이 있다. 유사역사가들은 '사백력'이 시베리아라고 주장한다. '시베
리아' 자체가 근대에 생긴 지명인데, 마치 고대에 비슷한 발음으로 불렸을
것처럼 만들어진 단어가 '사백력'이다. "동녀동남 800명을 흑수, 백산의 땅
으로 내려보냈다"는데, 이 땅은 만주를 가리킨다고 말한다. '흑수'는 흑룡강,
'백산'은 백두산이라는 것이다. 즉, 이유립이 「삼성기」 상편에서 하고자 했
던 이야기는 '환인이 시베리아 땅에서 만주로 와 나라를 세웠다'는 것이다.
이 나라 영토는 어느 정도 크기였을까? 『환단고기』「삼성기」 하편을 보자.

파내류산 아래 환인씨의 나라가 있는데 천해(天海)의 동쪽 땅이며 파내류의
나라라고 한다. 그 땅의 넓이는 남북 5만 리, 동서 2만 리에 이른다.

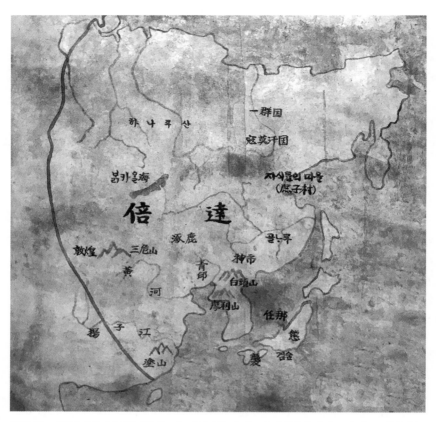

배달국도 이유립이 쓴 『대배달민족사』 제2권에 수록된 지도를 채색하여 다시 그린 것으로 『한배달』 창간호의 표지 그림으로도 이용되었다.

 남북 5만 리를 킬로미터로 환산하면 약 2만 킬로미터이다. 시베리아 북극
해에서부터 홍콩까지 거리를 재도 모자란다. 그냥 반올림해서 그렇다고 치
자. 동서 2만 리를 환산하면 약 7,855킬로미터가 되는데, 티베트고원에서 산
동반도 끝자락까지 모두 포함된다. 대강 위 서술에 맞는 지도가 있다. 이유
립이 쓴 『대배달민족사』 제2권에 수록된 '배달국도'가 그것이다.
 이 지도에는 '배달'이라 쓰여 있는데, 배달국은 환국 다음에 환웅이 세운

나라 이름이다. 아무튼 이런 거대한 땅덩어리를 신석기시대에 다스렸다고 주장하는 그 배포에는 혀를 내두르지 않을 수 없다. 이유립은 생산력이 뒷받침되지 않는 제국이 어떻게 성립 가능한지 생각해본 적이 없을 것이다. 당연하게도 저 땅의 절반 이상이 농사도, 심지어 유목도 불가능한 동토의 땅이라는 사실도 그에게는 중요하지 않았으리라.

2. 배달국의 영토

「삼성기」 상편에 이런 말이 있다. "그 후에 환웅이 이어 일어나 삼신의 명을 받들고 백산과 흑수 사이로 내려왔다."

앞서 이미 환인이 흑수, 백산의 땅에 내려왔는데 환웅이 또 그 땅에 내려왔다. 다만 「삼성기」 하편을 보면 이야기가 조금 달라진다. 정리해서 말하자면, 때는 환국 말기, 안파견이 삼위와 태백을 보고 사람을 파견코자 하니 서자촌에 사는 환웅이 추천을 받았다. 그에게 무리 3천을 주어서 태백산 꼭대기로 내려보냈는데,(이런 식이면 환국은 하늘나라가 되어버린다.) 이때 반고라는 사람도 길을 떠나겠다 청한 뒤 삼위산 납림동굴에 가서 임금이 되었다.

반고는 익히 알려진 바와 같이 중국 한족의 신화 속 시조다. 이유립이 이야기한 삼위산이란 감숙성에 있으므로 저 서쪽 끝에 중국인을 배치해놓은 셈이다. 그러나 그가 말한 태백산은 여전히 백두산이니, 한반도를 기초로 한 세계관에서 여전히 빠져나오지는 못하고 있다. 태백산이 백두산인 것은 『환단고기』 「태백일사」 '신시본기'에도 누누이 설명한 바이다. 일연이 『삼국유사』에서 비정한 묘향산은 천지가 없으니 불가하다고 입에 침이 마르도록 떠들고 있는 것이다.(물론 산 정상에 연못이 있고 없고는 단군신화와 아무 관련도 없다.)

환웅이 세운 배달국의 영토를 짐작할 수 있는 대목이『환단고기』「태백일사」'신시본기'에 나온다. 환웅이 신지씨에게 글자를 만들게 했는데 그 글자의 유적이 남해 낭하리, 경박호, 선춘령, 오소리 등지에 남아 있다고 주장했다. 그런데 이 모든 곳이 한반도와 만주 일대다. 즉, 이유립은 그 이상의 영역을 생각해내지 못한 것이다. 다음으로 「삼성기」 하편의 구절을 보자.

> 치우천왕은 염농이 쇠퇴한 것을 보고 드디어 웅대한 뜻을 세워 서쪽에서 천병을 여러 번 일으키고 또 삭도로부터 진군하여 회와 대 사이를 차지하였다. 헌원후가 일어나자 곧장 탁록의 벌판으로 나아가 헌원을 사로잡아 신하로 삼고 후에 오장군을 서쪽으로 보내어 고신을 쳐서 공을 세우게 했다. 이때 제하(諸夏)가 셋으로 나뉘어 서로 대치하고 있었는데 탁의 북쪽에는 대요, 동쪽에는 창힐, 서쪽에는 헌원이 있었다.

임승국은 '삭도'를 산동성 임치현(臨淄縣) 동남쪽이라 비정했고, 이유립의 제자들은 산서성의 황하 줄기 중 하나로 비정했다. "치우천왕이 서쪽에서 천병을 여러 번" 일으켰다는 구절이 의아한데, 원문은 "累起天兵於西"이다. 치우가 우리 종족이면 동쪽에 있어야 하는데 어떻게 서쪽에서 군사를 일으켜 동쪽에 있는 회와 대 사이를 차지할 수 있었을까? 이런 이상한 구절이 생긴 것은 치우가 매우 복잡한 과정을 거쳐 역사에 편입되어왔기 때문이다. 이에 대해서는 김인희가『치우, 오래된 역사병』(푸른역사, 2017)에서 자세히 논증했다.

치우에 대한 이야기는 뒤에 다시 하기로 하자. 여기서 더 중요한 것은 "회

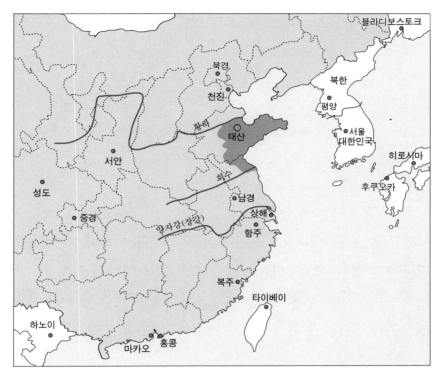

〈지도 1〉 「삼성기」 하편에 나타난 치우천왕의 점령 지역

지도에 표시된 곳은 「삼성기」 하편에 나온 치우가 점령했다는 회대지간이다. '대'는 태산, '회'는 회수를 뜻하며, 회대지간은 대체로 산동성 일대를 가리킨다.

와 대 사이를 차지했다"는 대목이다. 회와 대 사이란 회수(淮水)와 태산(泰山) 사이를 가리킨다. 이는 〈지도 1〉에 표시한 지역을 치우천왕이 점령했다는 말이다. '점령'했다는 것은 곧 그 전에는 이 땅이 한족의 땅이었다는 뜻이다. 즉, 치우천왕 이전 배달국의 영토에는 이 땅이 들어 있지 않았다는 말이 된다. 이것이 이유립이 생각한 『환단고기』의 세계인 것이다.

환웅이 도읍을 정한 곳을 신시라고 한다. 이유립의 세계관에서 신시는 백두산을 가리킨다. 이곳이 청구와 낙랑(이 세계관에서 낙랑은 요서 지방에 있다)보다 동쪽에 비정되어 있다. 그것은 『환단고기』「태백일사」 '신시본기'를 보면 알수 있다.

> 복희가 신시로부터 나와서 우사의 직을 한집안에서 대대로 물려받고 후에 청구, 낙랑을 지나서 드디어 진(陳)으로 옮아가니 수인, 유소와 더불어 이름을 서토에 드날렸다. (…) 지금 산서 제수에 복희 족속들의 옛집이 남아 있는데 임, 숙, 수구, 수유 등의 나라가 모두 둘러 있었다 한다.

위 글에는 우선 진(陳)나라가 나온다. 하남성 개봉부(開封府)에 있었던 나라다. 그리고 복희의 영향이 미친 지역이라 산서성이 나와 있다. 뒤에 나온 나라들도 모두 그 근방에 있었다고 비정된다. 즉, 산서까지도 한족의 영토였다고 인정하고 있는 것이다. 조금 더 읽어보자.

> 복희의 능이 지금 산동성 어대현 부산(鳧山)의 남쪽에 있다. 신농이 열산(列山)에서 일어났다.

복희의 능이 산동성에 있으며 신농이 일어난 열산은 호북성에 있다니, 이유립은 이 땅들 역시 한족의 영역이었음을 인정하고 있는 셈이다. 여기서 치우 이야기가 나오면서 중요한 대목이 지나간다.

> (치우는) 범처럼 하삭(河朔)에 웅크리고 앉아서 안으로 날랜 군사들을 양성하며 밖으로 시세의 변화를 살폈다.

하삭이란 황하 이북의 거친 땅을 가리키는 말이다. 즉, 이유립은 배달국의 영토를 전혀 중원에 비정하지 않았음을 다시 한 번 확인할 수 있다. 이는 이후 치우의 진군로를 살펴봐도 분명히 알 수 있다. 「태백일사」와 「삼성기」에서 치우가 점령한 영역은 좀 다르게 나타난다. 「태백일사」 쪽이 훨씬 크다. 「태백일사」에서 치우의 진군로와 점령지는 다음과 같다.

> ① 갈로산 : 쇠를 캐내 무기를 만든 곳. 전형배의 『환단고기』(단학회 연구부)는 산서성 평양부 갈성현에, 김산호의 만화 『대쥬신제국사』는 요서의 갈석산에 비정했다. 『환단고기』(상생출판)에서는 동래군(산동) 소속이라고 설명되었다.
>
> ② 탁록 : 탁군 부근.
>
> ③ 구혼(九渾): 위치 불명.
>
> ④ 옹호산(雍狐山) : 위치 불명. 『환단고기』(단학회 연구부)에는 섬서성에 있는 옹산(雍山)이라고 되어 있는데, 서안보다도 더 서쪽에 있다.
>
> ⑤ 양수(洋水) : 위치 불명. 임승국은 요동반도에 있는 대양이라고 했는데, 지도라도 한 번 보고 말했는지 모르겠다.
>
> ⑥ 공상(空桑) : 하남성 진류현.

위 주장을 근거로 진군로를 그려보면 〈지도 2〉와 같다. 탁록에서 옹호산으로 갔다가 진류까지 점령했으면 고대 중국의 중요 지역을 다 차지한 셈이다. 그렇지만 이때 공손헌원이 반란을 일으켜서, 치우는 다시 탁록으로 진군해 헌원을 무찔렀다(지도에서 검은색 화살표). 그 결과 치우는 기주, 연주, 회·대의 땅을 모두 차지했다고 한다. 그런데 애써 공격해서 점령한 섬서(관중) 땅

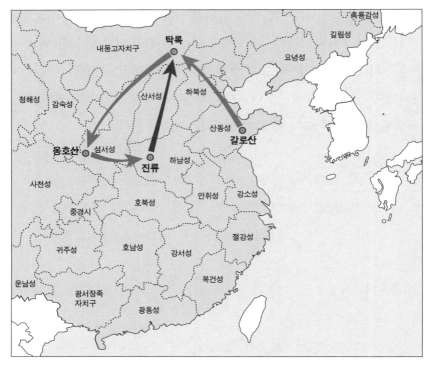

〈지도 2〉『태백일사』에 나타난 치우천왕의 진군로와 점령지
산동의 갈로산에서 출발한 치우는 탁록을 향해 북쪽으로 이동했다가 옹호산이 있는 서남쪽으로 내려
가서 다시 하남성의 진류를 향해 동진하고 그곳에서 다시 탁록으로 이동했다.

은 왜 차지하지 않았을까?

　여기서 더 중요한 점은 기주, 연주, 회·대 지방이 한족의 영토였다는 점이
다. 한족의 영토니까 빼앗을 수 있는 것이다. 이미 자기 땅인 지역을 차지하
기 위해서 전쟁을 하지는 않는다. 이 지역은 원래 환국의 영토였다. 언제 상
실했던 것일까? 이 '훌륭한' 책은 그 점에 대해 일언반구 언급하지 않는다.
이런 문제점을 이해할 수 없었던 김산호는 『대쥬신제국사』에서 환국 부분
을 아예 날려버리고 이야기를 시작했다. 그럼 이제 이 영토는 언제 어떤 이

유로 잃어버리게 되는가?

3. 한족의 영토

앞서 여러 차례 치우가 '쳐서 얻은' 땅은 본래 치우의 땅이 아니었다는 의미임을 지적했다. 그러니 남북 5만 리, 동서 2만 리 운운하는 이야기는 그냥 과장법이었다고 이해하고 넘어가보자. 그럼 『환단고기』에서 본래 상정한 환국의 영토는 어느 만큼이었을까?

「삼성기」 하편을 보면, 환국 말기에 두 종족이 있었다고 나온다. 호족과 웅족이 그것이다. 호족은 탐욕스럽고 잔인하며 약탈을 즐겼고, 웅족은 어리석고 괴팍하고 뽐내기를 좋아했다. 그런 웅족은 환웅에게 굽히고 들어왔지만 호족은 뻗댔기 때문에 결국 사해 밖으로 쫓겨났다고 한다. 그리고 10대 갈고 환웅에 이르러 쫓겨난 호족의 후손인 염농과 경계를 정하게 된다. 즉, 한족은 환국 말기에 환웅에게 쫓겨난 호족의 후예라는 것이 이유립의 설명이다. 이때 정해졌다는 경계는 대체 어디였을까? 그것은 「태백일사」 '신시본기'에 나온다.

> 갈고 환웅 때에 신농(=염농)과 더불어 강토의 경계를 획정하였는데 공상 동쪽
> 이 우리에게 속했다.

공상은 하남성 진류이다. 그렇다면 진류의 동쪽은 우리 땅이다. 바로 기주, 연주, 회·대 지방이다. 치우(14대 환웅)는 왜 자기 땅인데도 쳐들어간 걸

까? 이 대목은 이유립이 아무 생각 없이 기술했을 것이며, 논리적 설명 자체가 불가능하다. 그러자 김산호는 유망이 황해로 진출하기 위해 배달국의 영토를 점령했던 것이라고 주장했다. 그가 이런 억지 설명을 위해 유망을 동이족으로 설정한 결과 이 전쟁은 졸지에 '동족상잔'의 전쟁이 되어버렸다. 『환단고기』에는 없는 이야기다.

요컨대 갈고 환웅 때는 우리 땅이었던 곳이 치우 환웅 때 이르러 어느 틈에, 어찌 된 일인지도 모르게 빼앗겼던 곳으로 해두는 수밖에 없다. 그리고 그곳을 치우가 되찾은 것이다. 이렇게 되찾은 땅은 그후 어찌 되었을까? 유사역사가 이일봉은 그 땅에 치우가 청구국을 세웠다고 주장한다. 정말일까?

『환단고기』에서는 치우가 도읍을 청구로 옮겼다고 말하는데, 청구는 앞서 한 번 나온 바 있다. 복희가 중원으로 갈 때 청구와 낙랑을 지났다고 했다. 이일봉은 청구국이 산동에 있었다고 자기 마음대로 지목했는데, 산동에 위치한 청구를 지나 중원으로 갔다면 복희는 대체 어떻게 움직였다는 이야기인지 도통 말이 되지 않는다.

더구나 이일봉은 치우가 점령한 땅에 청구국을 세웠다고 했다. 『환단고기』「단군세기」6세 달문 조에는 "치우는 청구에서 일어나 만고에 무력을 떨쳤다. 회와 대가 모두 치우에게 돌아오니 천하가 감히 넘보지 못하였다" 라고 나온다. 치우는 남의 땅인 청구에서 일어나 그 땅을 점령하고 청구국을 세운 것이 된다. 그런데 그는 14대 환웅이다. 배달국 통치자인 그가 남의 땅에서 일어났다는 것이 말이 되는 이야기일까?

『환단고기』에는 이런 내부 모순이 수없이 많다. 이는 중국 쪽 일은 애초부터 염두에 두지 않고 우리가 이기고 승리했다는 것만 과장하려다보니 일어나는 현상이다. 우리는 계속 이겨야 하고, 그러려면 상대에게서 땅을 빼앗아

야 한다. 그러다보니 한족의 영토는 빼앗기고 빼앗겨도 그 자리에 계속 남
아 있게 된다.

4. 단군조선의 영토 ── 전반기

『환단고기』 「단군세기」에 따르면 단군의 존재는 매우 우스워진다. 단군은
배달국의 마지막 환웅인 단웅의 아들이라고 나와 있다. 저 강대한 배달국의
태자라는 말씀이다. 그런데 외조부 웅씨왕이 그를 데려다가 대읍국의 사무
를 보게 만들고 자기의 비왕(裨王)으로 삼아버린다. 배달국의 태자가 속국의
소국 사무를 본다는 게 말이 되는지? 그래서인지 「태백일사」 '삼한관경본
기'에는 단군의 혈통에 대한 이야기가 나오지 않는다.

> 신인 왕검이 있어 백성들의 신망을 크게 얻어 승격하여 비왕이 되었다. 섭정
> 한 지 24년 만에 웅씨왕이 전쟁에서 붕어하자 왕검이 드디어 그 자리를 대신하
> 여 구환을 통일하니 단군왕검이다.

단군조선은 어디에 있었을까? 이유립은 이번에도 만주를 지목했다. 「태백
일사」 '신시본기'에 이렇게 나온다.

> 그 후 단군왕검이라 이름하는 이가 있어 도읍을 아사달에 정했는데 지금의
> 송화강이다.

이렇듯 구체적으로 위치를 찍었다. 『커발한』에서는 도읍이 평양이라고 했는데, 이 평양도 만주에 있었다고 여겼을 것이다. 환국-배달국-단군조선이 다 같은 동네에 있었다는 이야기다. 다만 환국의 경우 '남북 5만 리'라는 어이없는 허풍이 들어 있었고, 환국의 변방에서 배달국이 일어나 만리장성 북방에 퍼져 있었다 정도로 이해하면 될 것이다.

단군이 왕위에 오를 때 전쟁이 있었다 하고, 통일 운운하는 점을 봐도 배달국 말기는 매우 어지러웠던 것으로 짐작할 수 있다. 이유립은 '자국에 불리한 내용은 쓰지 않는다'는 본인 나름의 춘추필법에 따라 그런 이야기는 애초 쓰지 않았던 모양이다. 단군은 9환을 통일한 후 삼한을 세웠다고 한다. 그것이 마한, 진한, 번한(변한이 아니다)이다. 마한은 웅백다를 왕으로 봉했으니 웅씨 일족일 것이고, 진한은 스스로 다스렸고, 번한에는 치우의 후손을 봉했다고 한다.

진한은 이미 송화강 유역이라 했고, 번한은 험독(險瀆)에 수도를 두고 왕검성이라 부른다고 했다. 이들의 사고 체계에 따르면 요서를 가리킨다. 이들은 요서의 창려를 오랫동안 험독이자 왕검성이라고 우겨왔으니까 말이다. 마한은 「태백일사」 '소도경전본훈'에서 지금의 대동강이라고 했으니 한반도에 있었던 것 같다. 마한의 기록을 '삼한관경본기'에서 보면 탐모라(제주도)가 나오기도 하고 왜를 정벌하러 가기도 하니 한반도임은 분명하다.

이 시대에 회·대 지방은 어찌 되었을까? 그곳에는 분조(分朝)를 두었다고 한다. 단군은 태자 부루를 도산에 보내 치수의 법을 가르쳐주었는데, 이때 나라의 경계를 정했다. 유주, 영주, 회·대 지방을 단군조선의 영토로 하고, 그곳에 분조를 두었다.('단군세기' '단군왕검' 조) 지금까지 살펴보았지만 이곳은 옛날부터 우리 땅이라고 했던 지역이다. 그런데 그걸 또 정했다고 써놓았다.

겨울 10월에 북쪽을 순행하고 돌아오다 태백산에 들러 삼신에 제사 지내고
신령스러운 약초를 구했는데 이것을 인삼 또는 선약이라 했다.

— 「단군세기」 '4세 오사구' 조

여기 나오는 태백산은 백두산인데, 백두산의 인삼을 자랑하는 건 좋지만
송화강 변에 수도를 둔 임금이 북쪽을 순행하고 돌아오는 길에 남쪽 변경의
산에 오른다는 게 말이 되나? 이는 무의식 중에 현재의 평양을 수도로 생각
해서 나타난 오류다.

회·대 지방 이야기로 돌아가자. 분조를 설치한 우리 땅이었던 이곳은 또
세월이 지나자 스르르 한족의 땅으로 둔갑해 있다. 22세 단군 색불루 때 기
록을 보자.

11월에 몸소 구환의 군사를 거느리고 여러 차례 싸워 은나라 서울을 쳐부수
고 화친한 지 얼마 안 되어 또 크게 싸워 쳐부수었다. 이듬해 2월 황하 가에까
지 이들을 추격하여 승전의 축하를 받고 변한의 백성들을 회와 대의 땅으로 옮
겨가 살게 하고 짐승들을 기르고 농사를 짓게 하니 나라의 위세가 크게 떨쳤다.

이때 남국(藍國)이라는 나라가 나온다. 김산호는 아무 근거도 없이 남국을
양자강 위쪽 해안가에 비정했는데, 이유립의 설정에 따르면 남국은 고죽국
옆(즉, 요서 지방)에 있었던 나라다. '2세 단군 부루' 조에 나온다.

처음에 우나라의 순임금이 유주와 영주를 남국의 인근에 두어 부루가 군사
를 보내 정벌했다.

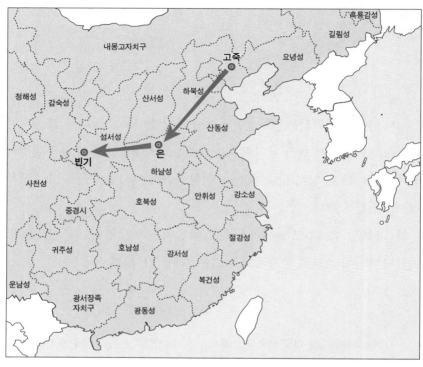

〈지도 3〉 「단군세기」에 22세 단군 색불루가 진격했다는 곳
남국이 고죽국과 함께 중국 중원의 은나라로 진출하고 장수 여파달을 보내 빈·기 지방을 점령하고 여
나라를 세웠다. 빈·기는 웅호산이 있는 곳이다. 같은 곳을 계속 점령 중이다.

즉, 남국은 유주-영주 인근이 된다.(영주는 지금 요서의 조양을 가리킨다) 또한
색불루 다음 23세 단군 아홀 때 기록에는 남국과 함께 남쪽으로 정벌에 나
서서 은나라에 여섯 읍을 설치했다고 나온다. 김산호의 설정처럼 남국이 양
자강 북쪽에 있다면 은나라는 강남 땅에 있어야 한다.

색불루 때 기록은 남국이 고죽국과 함께 은나라 국경 가까이까지 진출했
다 하고, 심지어 장수 여파달이 장안 이서의 빈·기 지방을 점령하고 여(黎)라
는 나라를 세웠다고 한다. 웅호산과 빈·기는 같은 지역이다. 이곳도 계속 점

령하긴 하는데 결코 우리 땅이 되지 않는 불사신 같은 지역이다.(지도 3 참조)

23세 단군 아홀 때 기록을 보자.

> 2년 을유에 남국군 금달이 청구군, 구려군과 더불어 주개(周愷)에서 모여 몽고리의 군사들을 합쳐 가는 곳마다 은나라의 성책을 쳐부수고 오지에 깊이 침입하였다. 회와 대의 땅을 평정하여 그것을 나누어 포고씨는 엄에, 영고씨는 서에, 빙고씨는 회에 봉하니 은나라 사람들은 들리는 소문에 지레 겁을 먹고 감히 접근하지 못하였다.

"몽고리"는 몽고를 가리키므로 북방의 어디쯤일 것 같다. "주개"는 『환단고기』(단학회 연구회)에 따르면 산동이라고 한다. 회·대 지방이다. 회·대 지방에 모여 "오지에 깊이 침입"해 들어갔는데, 그 결과 평정한 곳이 또다시 회·대 지방이다. 여긴 언제 또 빼앗겼던 걸까? 도대체 이 땅은 빼앗아도 빼앗아도 다시 한족의 땅이 되니 이를 어찌할 것인가?

여기서 또 한심한 부분을 하나만 더 짚고 넘어가자. 남국의 장수 이름 중 하나가 웅갈손이다. 얼핏 보면 그 당시의 이름처럼 보이겠지만 한자가 熊乫孫이다. 갈(乫) 자를 들여다보라. 저 글자는 가(加)에 ㄹ을 붙여서 만든 글자다. 즉, 훈민정음 창제 후에 만들어진 글자인 것이다. 비슷한 글자로는 거(巨)에 ㄱ을 붙인 걱(巪) 자가 있다. 이런 게 유사역사가들이 주장하는 소위 '민족의 사서'의 민낯이다.

색불루와 아홀 기간을 『환단고기』는 한 분기점으로 삼고 있다. 이 시기를 기점으로 진한은 진조선이 되고, 마한은 막조선, 번한은 번조선으로 이름을 바꾼다. 이 무렵이 바로 기자가 동래했다는 때다. 그래서 이유립은 삼한이라

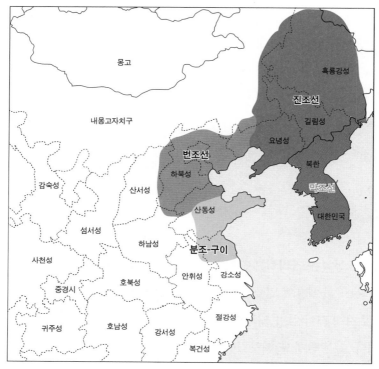

〈지도 4〉 이유립이 생각한 고조선의 영토
1세 단군 때 세웠던 분조-구이 지방은 번조선의 영역이 된 것으로 나온다.

는 이름을 버리고 조선이라는 이름을 써야겠다고 생각했던 것이다. 이때 '8
조 법금'도 나온다.

  잘 알려졌듯이 『규원사화』에서는 이 시기에서 단군조선 47대가 끝나버린
다. 그러나 기자조선을 없애고자 혈안이 되었던 이유립은 47대는 그대로 두
고 기자조선만 없애기 위해 재위 연대를 두 배로 늘리는 무리수를 두었다.
『단기고사』는 이때 기자가 나라를 세운 것이 아니고 단지 기자조선이라는
이름의 나라가 성립한 것으로 억지를 부리고 있는데, 『환단고기』는 그런 사

실은 입도 뻥긋하지 않는다. 『단기고사』에 나오는 기자조선의 창립자 서여(西余)와 비슷한 이름의 서우여(徐于餘)를 번조선의 첫 왕으로 등장시켰을 뿐이다. 우리는 이미 『커발한』에서 서우여의 이름이 어떻게 변했는지를 살펴본 바 있다. 이후 번조선의 왕명은 『단기고사』의 기자조선 왕명을 차용하여 이어가게 했다.

『환단고기』에서 주장하는 이 당시 조선의 영토는 만주를 차지한 진조선, 지금의 하북성 일대를 차지한 번조선, 한반도를 차지한 막조선과 분조가 설립되어 있었던 산동-서주의 땅을 포괄한다.(지도 4 참조) 이제 이 땅들을 어떻게 차례차례 잃어버리는지 살펴보자.

5. 단군조선의 영토 — 후반기

23세 단군 아홀 이후 43세 물리에 이르기까지 영토와 관련해서는 별다른 일이 없다. 물리 때 우화충이라는 사냥꾼이 반란을 일으켜 물리가 죽고 백민성 욕살 구물이라는 자가 단군이 되어 우화충을 처단한 뒤 삼조선 제도를 만들었다고 한다.

아니, 삼조선은 이미 색불루 때 만들었다고 하지 않았었나? 그건 「태백일사」에 나오는 이야기고, 「단군세기」에는 이때 만든 것으로 나온다. 우스운 것은, '삼한을 삼조선으로 바꾸고 나라 이름을 대부여로 고쳤다'고 써놓은 점이다. 「태백일사」 '삼한관경본기'에는 "진한은 천왕이 직접 다스렸다"라고 나온다. 이 말대로라면 진한은 진조선도 되고 대부여도 되는 셈이다. 이때부터 단군의 권위가 무너졌다고도 적어놓았다.

45세 단군 여루 때는 연나라가 요서를 점령했다(BC 365). 그러자 삼조선이 연합해서 연나라를 공격하여 격퇴했다. 번조선은 북막과 연합하여 연나라의 상곡(上谷)을 빼앗고 그곳에 성읍을 설치했다.

이 내용에서 알 수 있는 것은, 연나라가 하북성 일대를 차지하고 있었다는 점이다. 상곡은 지금 북경의 서북쪽 위치에 있다. 즉, 원래 번조선의 영토에 속한다. 이곳을 '연나라의 상곡'이라고 썼다는 것은 결국 중국의 영토라고 인정하는 셈이다. 대체 언제 여기를 빼앗겼단 말일까? 이야말로 유사역사가들이 주장하는 위국휘치(爲國諱恥 : 나라를 위해 수치를 감춘다) 원칙에 충실한 기술이라 할 만하다.

이 일이 있은 뒤 번조선의 왕 해인은 연나라에서 보낸 자객에게 죽는다. 그 아들 수한이 뒤를 이어 즉위했는데, 이때(BC 339) 연나라가 또다시 침공한다. 그동안 『단기고사』에서 빌려온 덕분에 이름 짓는 수고를 덜었던 『환단고기』가 여기서 문제에 부딪친다. 번조선이라는 나라는 결국 『삼국지』 「위지동이전」에 나오는 『위략』에서 언급된 고조선을 가리키는 것이기 때문이다. 위략에 따르면 이 지역의 통치자는 기자지후, 즉 기자의 후손이어야 한다. 다시 말해 번조선이 멸망할 시점에서는 왕이 기씨여야 한다는 것이다. 그래서 이유립은 기후(箕詡)라는 인물을 만들어냈다.

기후는 연의 공격을 막아내고 역공을 가해서 연의 사죄와 볼모를 받아내고 그 공으로 마침내 번한의 왕이 된다. 이후 왕위는 기후–기욱–기석으로 내려가 위략에 나오는 조선왕 비(丕)로 이어진다.

기비의 아들 기준은 떠돌이 도적 위만의 꾐에 빠져 패하고 바다로 들어가 돌아오지 못했다고 써서 위만조선의 성립을 알리며 번한은 사라진다. 이렇게 처리하면 진정한 조선인 진조선(대부여)은 안전해진다.

그러나 46세 단군 보을 때(기후 때이다) 진조선에 난리가 일어나서 장군 고열가가 의병을 일으켜 간신히 진압한 뒤 마지막 47세 단군이 되었다. 고열가는 나라가 쇠퇴하여 더 이상 유지하기 힘들다고 생각하고 산으로 들어가 선인이 되어버린다. 이렇게 해서 '단군조선=진조선'은 없어져버린다. 그 뒤를 이은 사람이 고구려 사람 해모수이다. 이 이야기는 잠시 뒤 다시 하겠다.

그럼 한반도에 있던 마한=막조선은 어찌 되었을까? 아무도 모른다. 「태백일사」 '마한세가' 하편은 진조선의 멸망 이야기로 그냥 끝나버린다. 막조선의 이야기는 없고 다시 마한으로 돌아간 이야기가 「태백일사」 '고구려국본기'에 조금 나오는데, 아래와 같다.

> 마려 등이 온조에게 말하기를 "신이 듣건대 마한이 이제 곧 쇠패할 것이라 하니 바로 지금이 우리가 그곳으로 가 도읍을 정할 때입니다" 하였다. 온조가 승낙하였다.

그러니까, 삼조선 중 그래도 마지막까지 남아 있었던 것이 마한이라는 이야기다. 그나마 이것이 전부다. 분조가 성립되어 있던, 아무리 빼앗아도 어느새 다시 남의 땅이 되어버리던 불사조의 땅, 회·대 지방은 어찌 되었을까? 역시 아무도 모른다. 이유립에게 이 지역은 한민족의 위대함을 과시하기 위해 그냥 빼앗기만 하면 되는 땅이었기 때문에 굳이 그 전말을 기록할 필요가 없었다. 하지만 이 지역이 이대로 『환단고기』에서 사라지는 것은 아니다. 한민족의 영광을 위해서 또다시 빼앗아야 하니까. 참고로 적어본다면 중국 사서에는 진시황이 통일한 후 구이가 소멸된 것으로 나오는데, 유사역사가들의 인식도 대체로 그런 편이다.

6. 삼국시대의 영토

해모수가 BC 239년 나라를 세웠으니, 이를 부여=북부여=고구려라고 부른다. 해모수의 둘째 아들 고신과 증손자 불리지는 위만을 토벌하고 제후가 되었다. 그럼 토벌당한 위만의 손자 우거는 어찌 되었을까? 「태백일사」 '북부여기'에 따르면, 위만은 북부여의 3세 단군 고해사에게 토벌당했다. 북부여는 이곳에 관리를 두었다. 하지만 위만의 손자 우거는 멀쩡하다. 멀쩡할 뿐만 아니라 북부여를 자꾸 침공하는 통에 골치를 썩이기도 한다. 북부여는 끝내 위만과 우거를 처리하지 못했는데, 한나라가 이들을 멸망시키고 북부여로 쳐들어온다. 이 한나라 군대는 고두막한이 이끄는 북부여 의병이 격퇴한다. 여기서 고두막한이 바로 동명이고, 그는 북부여의 왕위를 찬탈하여 북부여 5세 단군의 자리에 올랐다. 나중에 주몽에게 나라가 넘어간다. 이유립은 고구려의 시조인 동명성왕을 두 사람으로 분리해버렸다.

고주몽은 해모수의 둘째 아들 고신의 손자 옥저후 불리지(일명 고모수)와 하백의 딸 유화 사이에서 출생했다. 『환단고기』 「가섭원부여기」에는 '불리지는 하늘로 올라가 돌아오지 않았다'고 하며, 고주몽은 가섭원부여 해부루왕의 보호를 받은 것으로 나온다. 반면 「태백일사」 '고구려국본기'에서는 고주몽이 멀쩡한 자기 나라를 놓아두고 가섭원에 가서 말을 치며 살다가 다시 북부여로 도망가 북부여 단군의 사위가 되어 나라를 세운다. 이 과정은 『환단고기』에서 단군이 사위가 되어 나라를 차지하는 것과 동일하다. 빈곤한 상상력이 되풀이된 것이다.

부여 왕의 딸이자 고주몽의 아내 소서노는 두 아들을 데리고 떠났는데, 배달의숙본 『환단고기』 「태백일사」 '고구려국본기'에는 이렇게 나온다.

패수와 대수 사이의 토지가 비옥하고 물산이 많아 남으로 달아나 진번지간에 이르러 바다 가까운 벽지에 살았다. 남쪽으로 대수에 이르고 동쪽은 큰 바닷가였다.

이 부분이 광오이해사본 『환단고기』에는 "북쪽으로 대수에 이르고 서쪽이 큰 바닷가였다"라고 나온다.

여기에 광오이해사본과 배달의숙본 사이의 큰 차이가 있다.(이 외에 고주몽의 연호가 다물에서 평락으로 바뀌는 문제도 있다. 이것은 고구려의 연대를 무리하게 끌어올리다가 연도가 맞지 않는 것을 알고 후에 평락 연호를 만들어 끼워넣었기 때문에 생긴 일이다. 연대가 모두 뜯어고쳐진 점만 봐도 『환단고기』에 원텍스트가 존재하지 않음을 알 수 있다. 원본을 옮기다가 오탈자가 난다고 해도 없던 연호가 생겨나고 연대가 터무니없이 달라지는 것은 불가능하기 때문이다) 광오이해사본은 온조가 한반도 중부 지방에 나라를 세웠다는 일반적인 이야기와 전혀 다르지 않다. 서쪽에 서해 바다가 있으니까. 하지만 배달의숙본을 보면 동쪽에 큰 바다가 있다고 했으니 온조가 강원도 동해 변에 나라를 세웠다는 말일까? 물론 그럴 리 없다. 이는 이유립이 『삼국사기』 원문을 그대로 옮기다가 실수한 것이고, 뒤에 실수가 알려지자 뜯어고친 것이다. 백제가 원래는 중국 동쪽 해안가에 있다가 한반도로 이주했다고 짜맞추기 위해서 행한 일이다.

'고구려국본기'에는 신라의 건국 이야기도 나온다. 부여 제실의 딸 파소가 처녀 임신을 해서 진한으로 도망쳐 아이를 낳았는데, 그 아이가 거서간이 되어 나라를 세운다. 진한=사로이다. 진한이란 본래 단군조선이었는데 여기서 갑자기 신라의 전신으로 등장한다. 무슨 연관이 있었을까? 아무런 설명도 나오지 않는다.

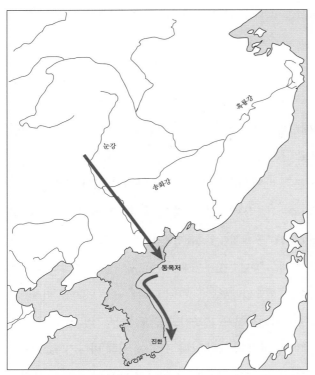

〈지도 5〉「태백일사」 '고구려국본기'에 나오는 파소(사소)의 이동 경로
파소(사소)가 눈강에서 출발하여 동옥저를 거쳐 진한 나을촌으로 이동한 경로이다. 이것을 보면 이유
립은 진한, 즉 신라를 경상도에 비정했음을 재확인할 수 있다.

'고구려국본기'에 따르면 파소의 이동 경로는 다음과 같았다.

눈수(嫩水)→ 동옥저→ (배 타고 남하)→ 진한 나을촌

'눈수'는 눈강을 가리키며, 송화강을 이루는 2대 지류 중 하나다. 흑룡강성
과 길림성, 내몽고자치주를 갈라놓는 강이라 생각하면 된다. 따라서 파소(본
래 사소가 맞다)의 이동로는 대략 〈지도 5〉의 동선과 같다. 이를 통해 이유립이

신라의 영역을 경상도에 비정했음을 알 수 있다.

문자왕 때가 되면 불사의 '떡밥' 회·대 지방이 다시 등장한다. 이 땅은 일찍이 백제가 점령했다가, 계속 지키지 못하고 고구려에 넘겨준 것으로 되어 있다.

> 이보다 앞서 백제가 제·노·오·월의 땅에 파병하여 점령하고, 관아 부서를 설치하여 민호를 대장에 올리고, 분봉하고 작위를 내려주었고, 험지에 요새를 두고 본국처럼 병역과 세금을 부과했다.

> 명치 연간에 백제의 군정이 쇠약해지고 무너져 떨치지 못하고, 권익의 집행이 모두 성조로 돌아오게 되었다. 성읍을 획정하고 관리를 두었다.

명치는 고구려 문자왕의 연호라고 되어 있다. '고구려국본기'에는 명치 11년에 고구려가 정벌했다고 나온다. 명치 12년에는 고구려가 백제의 요서 지방 땅도 빼앗았다. 그런데 이 요서라고 이야기하는 지역은 『환단고기』에 따르면 태조왕이 10성을 쌓은 곳이다.

본래 고조선 땅이었으나 위만이 차지했고, 한나라가 빼앗았다가 언제 되찾았는지 알 수 없다. 온조가 이 근처에 나라를 세웠다가 한반도로 이주하고 다시 태조왕이 여기에 성을 쌓았으니 고구려 영토인 것 같긴 한데, 태조왕으로부터 150여 년이 지나서 산상왕이 이곳에 있는 공손탁을 무찌르고 현도와 낙랑을 멸했다고 한다. 이후 어떻게 이 땅이 백제 땅이 되었는지 모르겠지만 여하튼 백제가 차지하고 있다가 문자왕 때 고구려가 빼앗았다는 것이다. 대체 이 땅의 정체는 뭘까? 평강왕은 온달을 시켜 산서의 동쪽을 점령한다. 이제 고구려 영토는 앞서 본 단군조선 영토와 비슷해졌다.

이후 수양제가 쳐들어오자 을지문덕이 이를 격퇴하고 여러 지역을 고구려 영토로 빼앗았다. 그런데 그 지역이 또 요서 지방의 땅이다. 문자왕 때 차지했던 땅을 언제 또 중국에게 빼앗겼던 것일까?

이미 이전에 수나라가 일어나던 때 산동 지방의 고구려 영토를 침공했으나 영양왕이 이를 다 무찔렀다고 되어 있다. 산동 지역뿐만 아니라 월주, 즉 현재 중국 동해안 일대가 모두 고구려 영토였다. 산동 영토는 수양제가 빼앗은 것으로 되어 있다.

> 주라구가 군사로 등주를 점거하고 전함 수백 척을 징집하여 동래에서 배를 띄워 평양으로 나아가다가 우리에게 발각되어 후군으로 맞서며 전진하다 대풍을 만나 전군이 표몰하고 말았다. ──「태백일사」 '고구려국본기'

몽고군의 일본 침략도 아니고 서해 바다에서 대풍을 만나 전군이 빠져 죽었다니 이게 말이 되는 이야기인가.

'고구려국본기'에 따르면, 연개소문 때 당태종은 요동이 본래 중국 땅이라고 하면서 되찾겠다고 군사를 일으킨다. 이미 을지문덕 때 요서는 물론 하북성 일대까지 전부 고구려에게 빼앗긴 상태인데 그 땅은 건너뛰어서 요동을 침공한다. 대체 어떻게 이런 일이 가능할까?

연개소문은 당태종을 무찌르고 산서·하북·산동·월주를 모두 차지한다. 그런데 이곳은 문자왕과 영양왕, 을지문덕이 벌써 차지했던 땅이다. 그 사이 고구려는 또 왜 이 땅을 잃어버렸을까?

엄청난 영토를 가졌던 고구려가 어떻게 멸망했는지는 『환단고기』에 나오지 않는다. 그냥 멸망 후에 대조영이 발해를 세운 이야기만 나온다. 그런데도 유사역사가들은 중국 사서가 자국의 수치는 기록하지 않는다고 정색을 하고 야단을 부린다.

7. 발해와 회·대 지역

발해는 고구려의 후신이니 회·대 지역이 다시 한 번 등장해준다. "대장 장문휴를 보내 자사 위준을 죽이고 등주와 내주를 빼앗아 성읍을 만들었다."

물론 이곳을 언제 또 잃어버렸는지에 대해서는 아무 내용이 없다. 이러한 유형은 정말 지치지도 않고 되풀이된다. 신라와의 경계도 나오는데, 서쪽은 지금의 옹진에서 임진강까지 신라가 물러나고 동쪽은 지금의 강릉이라고 명기되어 있다. 이유립은 신라가 중국 대륙에 있었다는 망상까지는 하지 않았다.

발해가 멸망한 뒤 한반도 이북의 땅은 모두 날아가버렸다. 『환단고기』는 고구려와 발해 멸망으로 땅이 싸그리 없어졌고 이후 영영 회복하지 못했다고 이야기한다.

8. 고려

거란의 소손녕과 고려의 서희가 벌인 담판의 기록을 보면 다음과 같이 나온다.

소손녕 너희 나라는 신라 땅에서 일어났고 고구려 땅은 우리 것인데 너희가
     침식하고 있다. 또 우리와 땅이 잇닿아 있는데 바다를 건너 송을 섬
     기니 우리가 출병한 것이다.

서희 귀국의 동경이 우리의 경내이니 어찌 침식한 것이겠는가?

우리는 이유립이 설정한 신라가 어디에 있었는지 이미 보았다. 또한 바다를 건너 송에 가야 하고, 거란과는 육지로 잇닿아 있으며, 그 나라의 동경이 고구려 영토에 속한다고 했다. 이 정보를 종합해보면 고려의 위치는 자연히 한반도가 된다. 이유립에게 대륙 신라가 없었던 것처럼 대륙 고려도 없었다.

결국 지금까지 살펴본 바, 『환단고기』는 유령처럼 땅을 빼앗고 또 빼앗아 간 중화민족의 '위대한 승리'를 감추기 위해 만들어진 괴서라 해도 할 말이 없을 정도다. 은근과 끈기라는 말은 우리보다는 차라리 그네들에게 붙여줘야 할 것 같다. 이런 패배와 굴종의 역사서가 자긍심을 길러준다고 생각할 수 있다는 사실이 놀라울 뿐이다.

제4부

유사역사학의 일그러진 한국사 23장면

類似
歷史學 批判

제1장

치우라는 괴물

치우라는 존재가 갑자기 부각된 것은 2002년 월드컵 때였다. '붉은악마'라는 축구 응원단이 치우 깃발을 들고나왔던 것이다. 『문화일보』는 유사역사가 고준환의 말을 듣고 "배달국의 제14대 천왕으로 병기 제작술이 뛰어났다" 운운하는 기사를 실었다(『문화일보』 2002년 6월 11일). 행정자치부의 지원을 받아 『동방의 등불—코리아』라는 책자가 3만 부나 만들어져 한국어, 영어, 일본어를 동원해서 배달국 14대 치우천왕을 소개하기도 했다.

치우는 월드컵 열풍과 함께 우리 사회 깊이 파고들었다. 그러나 치우는 우리 민족과 아무 관계없는 중국의 전설 속 괴물에 불과하다. 치우가 높이 평가받게 된 것은 중국 한족의 조상으로 여겨지는 황제(黃帝)의 적대자였기 때문이다. 중국에 대한 열등감은 집요한 보상 심리를 만들어냈고, 그 결과 황제의 가장 지독한 라이벌이었던 치우를 한민족의 조상으로 탈바꿈시켰다.

그 최초의 작업은 『규원사화』에서 이루어졌다. 일제강점기에 민족적 자부심을 세우기 위해 만들어진 『규원사화』는 치우를 우리 역사 속으로 끌어들이려 했다. 이때 문제가 된 부분 중 하나는, 치우가 결국 황제에게 잡혀 죽었다는 사실이었다. 『규원사화』는 치우의 부장 중 하나가 전사한 사건이 치우의 죽음으로 잘못 알려졌다고 능치고 넘어갔다.

아마도 이쯤에서 '조선시대에도 치우를 군신(軍神)으로 섬겼다는 기록이 있는데 왜 『규원사화』가 처음이라 하는가'라고 질문하는 사람이 있을 것이다. 그렇다. 치우는 군신으로 섬겨졌다. 전쟁에서 진 사람이 어떻게 군신이 될 수 있느냐고 묻는다면, 그것은 고대의 관념을 잘 알지 못하기 때문이다.

치우는 전국시대부터 군신으로 섬겨지기 시작했다. 한나라 고조가 치우를 모시는 치우사를 건립했다. 한족이라는 말 자체가 한나라에서 기원했는데, 그 한족이 치우를 군신으로 섬긴 것이다. 그러다 송나라 때 이르러 관우가 군신의 지위에 오르면서 치우는 악신으로 격하되었다. 이후 치우는 그 후손임을 자처하는 종족도 없는, 그냥 악신이 되어버렸다. 다만 치우의 깃발과 그 깃발을 놓고 올리는 전쟁 제사인 둑제 등은 관습적으로 계속 이어졌다. 조선시대에 치우를 군신으로 섬겼다는 기록은 이 둑제와 관련 있다. 그 어디에도 치우가 우리 조상이기에 섬겼다는 기록은 존재하지 않는다.

'후손이 없는, 그러나 강력한 무력을 지닌 존재'는 후대에 이용해먹기 좋다. 유럽의 여러 국가가 트로이의 후손을 자처한 이유도 그것이었다. 똑같은 이유로 치우는 한민족과 묘족의 조상으로 둔갑해버렸다. 이를 첫 번째로 수행해낸 것이 바로 『규원사화』였다. 그리고 더 후대에 등장한 『환단고기』는 치우를 14대 환웅으로 만들고 잡혀 죽었다는 부장에게 치우비라는 이름까지 지어주었다.

중국의 혁명가들이 한족의 조상을 황제로 생각하게 된 데는 테리앙 드 라쿠페리의 역할이 있었다고 앞서 말한 바 있다. 라쿠페리는 고대 사서에 나오는 여민(黎民)이 묘족이라고 주장했다.

토착민인 묘민의 수령인 치우는 서쪽에서 이동해 온 황제족에 패하여 남쪽으로 이동하여 현재 묘족이 되었다.

— 김인희, 『치우, 오래된 역사병』, 푸른역사, 2017에서 재인용.

이로써 묘족은 치우를 자기들의 조상이라 주장하게 되었다. 묘족은 치우–구려–삼묘–남만–묘족으로 이어지는 계보를 주장한다. 그러나 여기에는 큰 맹점이 있다. 동북아역사재단의 김인희 박사는 이 문제를 오랫동안 연구해온 학자이다. 김인희는 이렇게 말한다.(그는 묘족을 현대 중국어 발음에 따라 먀오족이라 쓰고 있으나 여기서는 널리 알려진 대로 묘족이라 표기하겠다)

문제는 치우를 묘족의 조상으로 알고 있는 사람은 지식인 계층으로 일반인은 모른다는 것이다. 어찌하여 책을 읽은 사람만이 알고, 책을 읽지 않은 사람은 모르고 있단 말인가? 그 이유는 치우가 묘족의 진짜 조상이 아니기 때문이다.

이 점은 우리나라와 동일하다. 2002년 이전에 치우를 아는 사람은 거의 없었다. 『규원사화』 이전에 치우와 우리 민족을 연결할 고리가 나온 적도 없었다. 하지만 오늘날 우리나라의 많은 사람들이 '치우천왕'이라는 이름을 낯설지 않게 여기는 것처럼, 묘족도 지금은 치우 전설을 읊을 수 있게 되었다. 역사가 오염된 것이다.

많은 이들이 귀면와를 치우 형상으로 알고 있는데, 최초로 이런 주장을 한 사람은 박성수이다. 본래 독립운동사를 연구하던 학자였는데 어느 순간 유사역사학에 빠져 세계환단학회 회장까지 역임했다. 김인희는 귀면와가 당나라 수면척두와의 영향을 받아 만들어진 것임을 『치우, 오래된 역사병』에서 상세히 밝혔다. 또한 박성수, 박정학, 진태하, 우실하, 이덕일 등의 주장이 중국 학계의 견해를 그대로 따르고 있다는 점도 지적했다.

> 총체적으로 볼 때 "치우는 동이족으로 한족인 황제와의 전쟁에서 패했으며 현재 묘족은 당시 전쟁에 패하여 남쪽으로 이동한 이들의 후손이다"라는 중국 견해를 그대로 수용하고 있음을 알 수 있다.

그 결과 어떤 문제가 생겼는가? 중국의 유사역사 집단은 한민족이 중화민족의 일원이라고 주장하고 있다. 치우는 중화민족의 세 조상 중 하나(다른 둘은 염제와 황제)이기 때문에 그 치우의 후손인 한민족도 중화민족의 한 갈래라는 것이다.

그런 이유로 대만의 유심성교는 중화민족연합제조대전에서 한국 역대 제왕들의 제사도 지낸다. 게다가 중국에 치우사를 건립하고 한국 역대 제왕들의 신위도 모셨는데, 그 안에는 심지어 김일성과 김정일도 들어 있다.

유사역사학의 주장은 자신들의 생각과 달리 그 허술한 논리 구조 때문에 정반대로 이용당하기 십상이다. 2002년 치우학술대회라는 것이 열렸다. 중국 학자들까지 초빙하여 학회를 치렀는데, 이 자리에서 중국탁록중화삼조문화연구회 조육대(趙育大, 자오위다)는 "염·황 두 임금은 탁록에서 풍부한 옛 문화를 남겼지만, 치우도 마땅히 우리의 위대한 시조여야 한다"라고 말했다. 이에 대해 심백강(민족문화연구원장)과 조육대는 이런 말을 나눴다.

심백강 종전의 중국 학자들의 기본 시각에서 중화족의 시조는 염제, 황제였는데, 이제 과거 제외되었던 치우가 포함되었으니 3대 시조로 보는 파격적 시각을 가지게 되었다. 이러한 시각은 21세기에 걸맞는 시각이며 발전이다. (…) 우리 동이족도 마찬가지다. 황제·염제도 우리 민족과 모두 관련이 있기에 우리도 이러한 열린 시각으로 보다 발전적인 연구물이 나오기를 바란다.

조육대 중국은 예전 5천 년간 동이족 등을 변두리로 놓고 중화민족으로 생각하지 않았다. 이것은 대단히 불공평한 일이다.

심백강은 우리가 우위에 서 있었으면 하는 뜻으로 말했을 것이다. 조육대는 그 반대다. 그리고 이러나저러나 한족과 동이족은 같은 민족이라는 이야기를 하고 있다. 동북공정의 완성을 보는 것 같다.

김인희는 『치우, 오래된 역사병』에서 치우라는 괴물이 상나라 갑골문에는 '치'와 '우'로 나뉘어 등장하다가 주나라 때 와서야 치우라는 단어로 만들어지고, 주나라 소왕이 초나라를 정벌한 내용이 치우의 정벌로 등장하게 되는 과정을 설명한다. 그 후 중원을 대표하는 진(晉)나라가 초나라와 다툰 내용도 후일 그 상대가 치우로 바뀌게 된다. 한나라가 북방의 흉노와 싸운 사실까지 치우와 싸운 것으로 바뀌면서, 탁록은 황제(黃帝)와 치우의 최종 결전장이 되었다.

즉, 탁록은 실제 황제와 치우가 싸운 곳이 아니라, 한나라 때의 전승으로 인해 황제와 치우의 결전장으로 선정되었을 뿐이다. 춘추전국시대에는 기주에서 전쟁을 했다고 했으나, 한나라 때 오면 사마천의 『사기』 등에서 탁록을 최종 결전장으로 지목하게 되었다. 유사역사가들은 이런 전설을 역사적 사실이라고 우기고 있을 뿐이다.

치우의 전승은 매우 혼란스럽고 복잡하다. 김인희는 치우가 등장하는 사서의 연대를 면밀히 검토하여 치우 전승이 어떻게 변화하는지 추적하고 결론을 도출했다. 유사역사가들은 할 수도 없고 하지도 않는 작업이 바로 이런 것이다.

제2장

『규원사화』 원본 이야기

『규원사화』는 언제 쓰인 것인지 알 수 없는 책이다. 이 책은 1920년대에 돌연 출현했다. 『규원사화』가 조선시대 역사서라고 주장하는 사람들은 책에 나오는 을지문덕 사당 이야기를 근거로 숙종 때 쓰였다고 말한다.

> 평양으로 돌아오니 마침 조정에서 을지문덕 장군의 사당을 세운다고 하였
> 다. 장군은 수나라 군사 100여 만을 무찌른 고구려의 대신이다.

『규원사화』에 효종의 묘호가 언급되어 있으므로 최소한 효종 이후에 쓰인 것은 확실하다. 그리고 서문 말미에 "상지(上之) 2년 을묘 3월"이라고 되어 있어 어떤 왕의 즉위 2년째에 쓴 책이라 여긴 것인데, 숙종이 즉위하고 2년째 되는 해가 1675년 을묘년이라 숙종 때라고 주장한 것이다. 하지만 그 해는 '숙종 1년'이다. 조선시대에는 왕이 즉위한 해는 즉위년이라 부르고 그 다음 해를 1년(원년)으로 썼다. 즉, 저 글이 정말 숙종 때 쓰인 것이라면 '상지 1년'이라고 썼어야 맞다.

또한 정말 숙종 때 쓰인 책이 맞다면 어딘가에서 인용이 되거나 책명이 남아 있어야 한다. 하지만 『규원사화』는 1925년 『단전요의(檀典要義)』라는 책에 처음 인용되었다. 『단전요의』는 대종교인 김용기가 쓴 책이다. 이 외에 1928년 김광이 쓴 『대동사강(大東史綱)』에도 인용되었다.

이유립은 현재의 『규원사화』가 친일파인 윤덕영이 대종교 입장에서 개작한 것이라고 주장한 바 있다.(물론 이유립의 일방적인 주장일 뿐이다.) 그러면서 자기 나름대로 꾸민 『규원사화』를 『커발한』에 연재했다. 한 가지만 더 짚고 넘어가자. 이유립은 삭주부사 권현을 『규원사화』의 지은이로 지목했다. 그런데 이 주장은 이유립이 '권현의 후손'이라 지칭했던 권오돈에 의해 부정되었다.

『규원사화』에는 1814년에 작성된 한치윤의 『해동역사』 구절이 인용되어 있다.

> 『고려사』 광종 10년에 "압록강 밖의 여진을 백두산 밖으로 몰아내어 살도록 하였다"고 하였는데, 백두산이라는 이름이 여기에서 비로소 나타난다.
>
> —『규원사화』「단군기」.

"광종 10년"은 '성종 10년'의 오자다. 『해동역사』에서 낸 오자를 『규원사화』가 그대로 베꼈던 것이다. 이로써 『규원사화』는 1814년 이후에 쓰여졌음이 증명되었다.

『규원사화』에는 1914년 김교헌이 쓴 『신단실기(神檀實記)』의 한 구절이 들어 있다. 『신단실기』의 이 구절은 1889년 대일본제국육군참모본부가 편찬한 『만주지지(滿洲地誌)』에서 가져온 것이다. 각각의 구절은 이러하다.

主神ハ全世界ヲ統治シ無量ノ智能ヲ有シ其形體ヲ現スルナク最上
ノ天ニ坐シ

주신은 전 세계를 통치하고 무량의 지능을 가지셨으며 그 형체를 드러내지
않고 최상의 천에 앉으시어　　　　　　　　　　　　　　　　—『만주지지』.

主神 有統治全世界之無量智能 而不現其形體 坐於最上之天

주신은 전 세계를 통치하는 무량의 지능을 가지셨으나 그 형체를 드러내지
않고 최상지천에 앉아 계시니　　　　　　　　　　　　　　　—『신단실기』.

有一大主神, 曰桓因, 有統治全世界之無量智能 而不現其形體 坐於最
上之天

환인이라 하는 일대주신이 있어 전 세계를 통치하는 무량의 지능을 가지셨
으나 그 형체를 드러내지 않고 최상지천에 앉아 계시니　　　　　—『규원사화』.

이를 통해 『규원사화』는 1914년 이후, 더 빠르다 해도 1889년 이후 쓰인
책이 확실해졌다. 그런 의미에서 1915년이 을묘년이라는 점이 의미심장하
다. 또한 『규원사화』에는 "슬프다! 우리 조상이 살던 옛 강토가 남의 손에
넘어간 지 이미 천 년이나 되었다"라는 말이 있다. 발해가 926년에 멸망했
기 때문에 1915년이면 약 천 년이 된다.

『규원사화』 「만설」에는 이런 구절도 있다.

마리산의 참성단은 4천 년이 지났는데도 아직 튼튼히 남아 있고, 서울 한강
남쪽의 긴 성벽은 2천 년이 지났는데도 높이 솟아 있으며, 경주의 첨성대는 천

수백 년이 지나도 없어지지 않았다.

"서울 한강 남쪽의 긴 성벽"이란 백제 토성을 가리킨다. 기원전 18년에 백제가 건국되었으므로 숙종 때라면 2천 년이 될 수 없다. 첨성대는 선덕여왕 때 세워졌는데 이 시기는 630년대이므로 역시 숙종 때라면 천 년가량 지난 시점으로 '천수백 년'이 될 수가 없다. 이 모든 시기와 일치하는 때는 일제강점기 초반이다.

그럼에도 『규원사화』에 대한 숙종 시기 편찬설을 꿋꿋하게 지지하는 사람들은 국립중앙도서관에 숙종 때 만들어진 '원본'이 있다는 사실을 내세운다. 1972년 고서 심의 당시 이가원, 손보기, 임창순이 숙종 1년인 1675년에 만들어진 진본이라고 감정했던 것이다. 그러나 이에 대해서는 다음과 같은 견해가 나왔다.

국립중앙도서관에 소장되어 있는 『규원사화』에 대하여 2003년 3월 서지 전문가들이 비공식적이기는 하나 재감정을 실시한 바 있는데 대체적으로 그것이 진본은 아니며 일제 때 필사되어 제본된 것으로 판단한 바 있다. 이 외에 국립중앙도서관에 소장되어 있는 것으로 1940년 손진태가 양주동이 갖고 있던 것을 필사시킨 것이 있는데, 이것은 1976년 아세아문화사에서 영인한 것과 같은 것이다. 그 외에 시중에 나와 있는 『규원사화』 영인본은 동국대본(권상노 소장본)과 서울대본(방종현 소장본), 그리고 한국정신문화연구원본(이선근 소장본) 등이 있는데 모두 약간의 자구 차이를 제외하고는 내용이 일치하는 것으로 알려져 있다. — 김한식, 「상고사 연구에 관련되는 문헌비판」, 『교수논총』 36, 국방대학원, 2004.

『규원사화』역시『환단고기』와 마찬가지로 근대에 나온 위작이다. 특히 『규원사화』와『환단고기』는 역대 단군의 이름은 일치해도 그 재위 연도는 완전히 다를 정도로 내용상 충돌하는 부분이 엄청나게 많다. 그런데 비슷한 부분도 상당히 들어 있다. 연대가 다른데 내용은 같다니, 이럴 수도 있는가? 동서고금에 유례가 없는 사례이다. 합리적인 설명은 간단하다.『환단고기』가『규원사화』의 내용을 베낀 것이다.

『환단고기』는『규원사화』를 보고 기자조선을 없애기 위해 무리하게 단군의 재위 연대를 잡아 늘렸다. 그럼으로써『환단고기』「단군세기」가『규원사화』와 충돌하게 된 것이다. 이유립은 이 문제를 덮기 위해 현존『규원사화』를 위조된 책이라고 주장할 수밖에 없었다.

제3장

고조선은 기원전 2333년에 건국되었을까?

2018년은 단기, 즉 단군 기원 4351년이다. 이는 예수 탄생년을 원년으로 하는 서기를 기준으로 기원전 2333년에 단군이 나라를 세웠다고 하여 계산한 결과다. 많은 이들이 기원전 2333년에 고조선이 건국되었다고 생각하며, 그 연대가 『삼국유사』에 나온다고 알고 있다. 그러나 이는 사실이 아니다.

『삼국유사』는 고려 충렬왕 때 보각국사 일연(1206~1289)이 저술한 것으로 고구려·백제·신라의 역사뿐 아니라 고조선의 역사도 수록하고 있다. 『삼국유사』는 고조선의 건국 연대를 언제로 밝혔을까? 『삼국유사』에는 고조선 건국 연대에 대한 두 가지 견해가 소개되어 있다.

첫 번째는, 지금은 전해지지 않는 『위서(魏書)』라는 사서를 인용하여 요임금과 동시에 나라를 세웠다고 말한다. 두 번째 견해는 『고기(古記)』에 의거해서 요임금 즉위 50년인 경인년에 나라를 세웠다고 보는 것이다. '경인'은 60갑자로 세는 연도를 가리킨다.

그런데 일연은 '경인년'에 의문을 품고 주석을 달아놓았다. 요임금 즉위 원년은 무진년이고 50년은 정사년이므로, 경인년에 나라를 세웠다는 것은 이상하다는 의견을 피력한 것이다.

　요임금은 우리가 태평성대를 이야기할 때 '요순시대'라고 말하는 그 '요'를 가리킨다. '순'은 요임금 뒤를 이어 제왕에 올랐다. 『삼국유사』에 소개된 두 견해 모두 고조선이 중국 전설상의 임금인 요임금 때 세워졌다고 주장하지만, 요임금과 동시에 개국했는지 혹은 요임금 재위 50년 뒤인지는 알 수 없는 상황이다.

　『고기』는 요임금 즉위 50년이 경인년이라고 했다. 만일 이 기록이 맞다면 요임금 원년은 신축년이 된다. 이것은 『삼국유사』의 기록을 따를 때 추산되는 연도다. 일연이 말한 요임금 즉위 원년이 무진년이라는 것은 북송 때 유서(劉恕, 1032~1078)가 지은 『자치통감외기(資治通鑑外紀)』의 기록에 의거한 것이다.

　고조선 건국에 대해서는 또 하나의 사서가 전하는 기록이 있다. 고려 충렬왕 13년(1287)에 나온 『제왕운기』가 그 책이다. 『제왕운기』는 이승휴(李承休)가 지은 책으로, 중국과 우리나라의 역사를 시로 읊고 있다. 이 책은 고조선이 건국한 때를 요임금과 같은 무진년이라고 적었다. 이승휴도 『위서』의 설에 따라 요임금이 무진년에 나라를 세웠고 단군도 같은 때 나라를 세운 것으로 이해한 것이다.

　결국 고조선이 개국한 해는 요임금이 나라를 세운 때를 기준으로 잡고 있는 셈이다. 요임금이 세운 나라의 이름은 당(唐)이다. 그래서 요임금을 가리켜 흔히 '당요'라고 부르기도 한다.

　무진년 개국의 견해는 고려 말의 대학자 목은(牧隱) 이색(李穡)의 『목은집』에서도 볼 수 있다. 『목은집』에서 이색은 "우리 동방이 당요 무진년에 나라를 세웠다"라고 말한다. 조선 초에 편찬된 『고려사』에도 "우리나라는 요임금 때 같이 세워졌다"라고 기록되어 있다. 조선 초 권근(權近, 1352~1409)이 지은 『양촌집(陽村集)』이나 조선 왕실의 역사를 노래한 『용비어천가』도 당요 원년 무진년에 같이 나라를 세웠다고 적고 있다.

그러나 요임금이 나라를 세운 때가 무진년이라는 설만 있지는 않다. 서진(西晉) 때 황보밀(皇甫謐, 215~282)이라는 학자는 요임금 즉위년이 갑진년이라 주장했고, 북송 때 대학자인 소옹(邵雍, 1011~1077)도 갑진년설을 지지했다. 사실 요 원년에 대해서는 그 밖에도 병자년, 정미년, 신묘년 등 다양하다. 결국 모른다는 말이나 마찬가지다. 요임금은 전설상의 인물이니 당연한 일이다.

1484년에 고조선 건국년에 대한 새로운 설이 제기되었다. 서거정(徐居正, 1420~1488)이 편찬한 『동국통감(東國通鑑)』은 이전까지 따르던 요임금 개국 무진년설을 버리고 갑진년설을 따랐다. 그러자 문제가 생겼다. 우리나라 기록에는 요임금과 같은 때에 나라를 세웠다거나 무진년에 나라를 세웠다는 기록은 많았지만, 갑진년에 나라를 세웠다는 기록은 하나도 없었던 것이다. 그래서 서거정은 『동국통감』에 이렇게 썼다. "지금 살피건대, 요가 일어난 것은 상원 갑자 갑진의 일이며 단군이 일어난 것은 그 후 25년 무진의 일이니, 즉 요와 동시에 세워졌다는 것은 그릇되었다."

서거정은 『동국통감』에 앞서 1476년에 『삼국사절요(三國史節要)』를 편찬했는데, 이때는 요임금과 동시에 나라를 세웠고 그 시기는 무진년이라고 썼다. 그로부터 8년 뒤 자아비판하듯이 '요와 동시에 나라를 세웠다는 것은 잘못'이라고 말한 것이다.

『동국통감』은 성종 때 출간되었지만 세조의 왕명으로 편찬되기 시작했으며, 중국의 『자치통감』에 비견되는 정통 사서를 펴내려는 노력의 일환으로 만들어진 책이었다. 세조는 자주적인 사서를 만들고자 했으나 성종 때로 편찬 사업이 넘어가면서 사람들이 대거 참여했고, 이에 성리학적 사고가 많이 반영되었다. 요임금이 나라를 세울 때와 동시에 고조선이 건국되었다는 것을 부정하게 된 데는 이런 성리학적 사고가 반영되었을지도 모른다.

어쨌든, 요임금 원년 갑진년설에 따라 고조선의 건국 연대는 요임금 25년 무진년으로 결정되었는데, 바로 이해가 기원전 2333년이다. 이렇게 만든 이유 중 하나는 명나라 건국과 조선 건국의 연도 차이가 25년이 나기 때문이다. 그 연도 차이에 맞춰 요와 단군의 간격도 벌려놓았던 것이다.

만일 요임금-고조선 동시 건국설을 따른다면 고조선의 건국년은 기원전 2357년이 된다. 2018년도 단기 4351년이 아니라 4375년이 될 것이다. 한편 『삼국유사』에 언급된 『고기』에 근거해 요임금 50년 건국설을 따른다면 기원전 2308년이 된다. 사실 요임금 50년 경인년설을 따르느냐, 정사년설을 따르느냐에 따라 고조선 건국 연대는 변화한다. 요임금과 동시에 건국되었다는 설을 따르면 이처럼 단기에 변화의 여지가 생긴다. 중국은 최근에 '하상주 단대공정(夏商周斷代工程)'을 통해 춘추전국시대 이전의 연대를 재조정했다. 기원전 1122년에 멸망했다고 알려진 상나라는 기원전 1046년에 멸망한 것으로 바뀌었다. 그런 면에서 보면 무진년에 고조선이 건국되었다고 하는 것은 중국 제왕의 연대가 변경되어도 유지할 수 있는 탁월한 선택이었을지 모른다.

예수도 기원전 4년에 태어났다고 보는 것이 대세지만, 그 때문에 서기 연도를 모두 뜯어고치지는 않는다. 단기 역시 『동국통감』에서 확정된 이후 오랜 세월 우리 역사에 기록되어온 연대인지라 당연히 기원전 2333년으로 여겨지고 있는 것이다. 다만 일의 전말은 정확히 알아두는 것이 좋다. 왜냐하면 이 연대를 가지고 엉터리 역사서를 꾸미는 일이 생기기 때문이다. 사이비를 상대하는 가장 좋은 방법은 정확한 지식이다.

『환단고기』와 같은 위서들도 기원전 2333년에 단군이 고조선을 건국한 것으로 역사를 꾸며놓았다. 워낙 오랫동안 알아온 연대였기 때문에 고칠 생각을 못한 것이다. 『환단고기』 등이 실제로 과거의 책이 아니라는 간단한 증거라 할 수 있다. 또한 뒤에서 살펴보겠지만 이런 연대를 가지고 일식이나 오행성 결집 등을 논하는 것 역시 코미디일 수밖에 없다.

이에 대해서 유사역사학 신봉자들은 내가 "『위서』와 『고기』는 원래 없던 것을 일연이 창작해낸 논리"라고 주장한다고 우겼다. 나는 어디에서도 『위서』와 『고기』를 일연이 창작했다고 말한 적이 없다. 그들은 보이지 않는 것을 본다.

또한 그들은 『동국통감』에는 '고기'가 '고기(古紀)'라고 되어 있으므로 『삼국유사』의 고기(古記)와는 다른 책이라고 말하면서, 그러므로 이문영의 주장은 잘못된 것이라고 말한다. 하지만 나는 『삼국유사』와 『동국통감』이 같은 책을 보았는지 다른 책을 보았는지 따진 적이 없다. 단기에서 문제가 되는 것은 고조선 건국을 요임금에 맞춰서 볼 경우 요임금의 연대 추정에 따라 변동된다는 점, 그리고 전설 시기의 연대 측정에는 신빙성이 없다는 점이다. 유사역사가들은 이 핵심에 대해서는 전혀 논의하지 못하고 있다.

제4장

고조선은 어디에 있었을까?

역사학계를 비난하는 이들이 흔히 하는 이야기 중 하나가 '역사학계에서는 스승의 말을 벗어나면 매장되어버린다'는 것이다. 이런 식이라면 학문은 전혀 발전할 수가 없다. 다른 학설도 나올 수 없다. 명백한 헛소리다. 역사학계에서는 오늘도 실로 다양한 학설들이 무수히 제시되고 있다.

특히 재미있는 점은 그들이 우리나라 역사학자들은 모두 이병도의 학설을 따르고 있다고 생각한다는 것이다. 20세기 중반까지 활동했던 역사가 한 명의 힘을 이렇게 과대평가하는 이유는, 그런 비난을 하는 사람들이 아는 역사가가 이병도 한 명뿐이기 때문은 아닐까 싶을 정도다.

그런데 그들은 또 자신들의 입맛에 맞지 않는 새로운 학설이 나오면 '스승의 가르침을 따르지 않는 나쁜 제자'라고 비난한다. 예를 들어, 거대한 고조선을 주장했던 '스승' 윤내현의 주장을 따르지 않았던 심재훈은 유사역사가들로부터 '아비의 등에 칼을 꽂았다'는 비난을 받았다. 이쯤 되면 기준은 스승의 말을 따르느냐, 따르지 않느냐가 아니라 자신들의 입맛에 맞는 이야기를 하느냐 하지 않느냐일 뿐임을 알 수 있다.

이병도는 1957년에 낸 『신수 국사대관』(보문각)에서 단군이 처음 평양 지방을 수도로 삼았고 그 뒤를 이은 한씨조선 때 대동강 유역을 근거로 하여 그 영토가 서쪽으로 요하 유역까지 뻗어나갔다고 적었다. 사실 이 견해는 이병도의 독특한 설도 아니었다. 이미 조선시대 실학자인 이익의 『성호사설(星湖僿說)』이나 정약용(丁若鏞)의 『아방강역고(我邦疆域考)』도 비슷한 이야기를 담고 있었다. 『성호사설』에는 이렇게 나온다.

> 그 영토의 경계를 정확히 알 수는 없으나 기자가 계속하여 나라를 세웠고 그의 후손인 조선후의 시대에 와서 연과 힘을 겨루었는데, 연이 그 서쪽 지역을 공략하여 2천여 리의 땅을 빼앗아 만반한(滿潘汗)까지를 경계로 정함으로 인하여 조선이 비로소 약해졌으니, 연에서 동쪽으로는 본래 땅이 얼마 없었은즉 만반한은 바로 지금의 압록강이다. 만(滿)은 만주(滿州)요, 반(潘)은 심(瀋)이 잘못된 것이다. (…) 기자의 수도가 평양이었으나 연과 국경이 연접되었고, 고죽이란 나라의 유허도 그 가운데에 있었을 것이다.

요하에 이르렀던 고조선이 연나라의 침입으로 서방의 영토를 잃고 압록강을 국경으로 하게 되었다는 이야기 역시 이병도와 동일하다. 다시 말해, 이병도의 주장은 조선시대 실학자들의 주장과 다를 것이 없었다.

또한, 오늘날 우리 학계에서는 '기자'가 단군의 뒤를 이어 '기자조선'을 세웠다는 이야기가 더 이상 사실로 받아들여지지 않지만, 조선시대 지식인들은 이것을 역사적 사실로 믿고 있었다. 성인 반열의 기자가 왕이 되었다는 것을 자부심의 근원으로 삼기도 했다.

기자는 은나라에서 출발하여 단군의 조선으로 온 것이니 자연히 이동설의 주역으로 자리 잡았다. 박지원은 『열하일기』에서 이동설을 설명했다. 기자조선은 처음에는 요서 지방에 있다가 요동성으로 옮겨왔고, 연나라에게 패배한 뒤에 대동강 평양으로 이동했다는 것이었다. 이렇게 이동할 때마다 수도를 '평양'이라 불렀다고도 설명한다.

일제강점기에 신채호도 이동설을 주장했다. 요동의 어니하(淤泥河)를 패수(浿水)로 보고 나중에 평양으로 이동했다고 주장했다. 한편 일제의 역사학자 오하라 도시타케(大原利武)는 『사기』 주석에 나오는 험독에 주목했다. 험독은 만주에 있었던 기자조선의 수도로, 왕검성은 위만조선의 수도로 구분해서 이동설을 주장했다.

해방 후에 북한의 리지린은 험독을 난하(灤河) 유역의 창려군으로 보았다. 그곳에서 요동 어니하 유역인 개평(蓋平)의 왕검성으로 이동했다고 주장했다. 리지린은 연나라 진개(秦開)의 침입 때 수도가 점령당하지 않았으므로 기원전 3세기 초에 이미 요동으로 수도가 옮겨졌다고 생각했다. 역시 북한 학자인 황철산은 난하에서 요동으로 이동했다는 설에 반대하여 요동에서 대동강으로 이동했다는 주장을 내놓았다. 황철산은 험독을 왕험성(왕검성은 왕험성이라고도 쓴다)과 혼동한 데 불과하므로 인정할 수 없다는 입장이었다.

남한에서는 북한보다 조금 늦은 시기에 김철준이 고조선 중심지 이동설을 내놓았다. 요서 → 요동 → 평양으로 두 번 이동했다는 주장이었다. 요동에서 평양으로 이동한 이유는 진개의 침공이었다. 중심지가 이동했다는 주장이다. 물론 이런 주장이 나오는 동안에도 이병도는 입장을 바꾸지 않았다.

1980년대에는 서영수가 이동설을 주장했다. 요동에서 평양으로의 이동이다. 중심지와 함께 주민들도 이동해 왔다고 본 것이 서영수 주장의 독특한 점이었다. 그는 험독이 교치로 인해 후대에 와서 생긴 혼동이라고 이해했다. '교치'란 군명이 이동하여 다른 지역에 배치되는 것을 가리키는 역사 용어이다. 유사역사가들은 '교치'를 이해하지 못해 지명 변경의 구조 자체를 모르는 경우가 많다.

지금까지 본 바와 같이 고조선이 이동했다는 학설에는 연나라 진개의 침입이 아주 중요한 역할을 한다. 이 침공으로 영토를 일부 상실한 고조선의 중심지가 이동했다는 주장이 많다.(리지린만 그 전에 이동했다고 생각했다) 하지만 험독이 창려군에 있었다는 주장은 교치에 따른 착오일 뿐이므로, 리지린의 주장은 애초부터 잘못되었다.

국내 학계의 다수는 이동설을 따르고 있는데, 초기 위치에 대해서는 제각기 다른 비정을 하고 있다. 고조선의 경계를 알기 위해서는 서쪽의 경계를 이루는 패수의 위치가 중요한데, 북한은 대릉하(大凌河)를 패수로 본다. 북한의 주장과 대동소이한 주장을 한 윤내현(단국대 교수)은 패수를 난하로 보아 고조선의 국경을 더 서쪽으로 밀어놓았다. 남쪽 경계도 북한은 원래 대동강까지 보았다가 나중에 예성강까지로 확장했는데, 윤내현도 처음에는 청천강까지를 경계로 보다가 그 후에는 한반도 전체를 아우르는 거대한 영역을 내놓는 모양이다. 무슨 근거로 영토를 계속 넓히는지 알 수 없다. 반면 이병도는 패수를 청천강으로 보았다. 고조선의 영토는 대략 청천강에서 예성강 위쪽 사이로 보았다.

최근에는 대릉하 부근의 조양시(朝陽市) 일대를 고조선의 중심지로 보는 견해가 힘을 얻고 있다. 박준형(해군사관학교 교수)이 대표적인 연구자이다. 그 부근의 비파형동검 발굴을 증거로 삼는다. 이곳에서 진개의 공격으로 물러나게 되는데, 이때 경계가 되는 패수는 혼하(渾河)라고 주장한다. 근거는 『전한서』의 기록이다. 고조선 연구의 국내 최초 박사인 송호정은 이 주장에 동의하지 않고 있다.

이와 같이 고조선의 위치에 대해서만 정리해봐도 여러 견해가 등장한다. 최근에 박대재(고려대 교수)는 고조선의 수도가 쭉 평양이었다는 주장을 내놓기도 했다. 이병도의 주장과 같은 것인가? 아니다. 이병도는 청천강과 예성강 사이의 좁은 지역을 고조선의 영토로 보았지만 박대재는 패수를 동요하로 본다.

학계의 입장은 다양하고 학자들마다 자신의 설을 가지고 치열하게 논쟁한다. 논쟁의 자료로 각종 문헌 자료는 물론이고 고고학적 성과들도 치열하게 해석되고 있다. 역사학계가 식민사학을 추종해서 스승의 말이라면 한 글자도 고치지 못한다는 유사역사학의 주장은 엉터리 비방에 지나지 않는다.

다만 이런 이야기를 하면, 학계에 있는 사람으로부터 지도 교수의 횡포에 대한 일화를 말해주는 사람이 꼭 있다. 불행히도 어느 사회에나 부조리하고 갑질을 일삼는 사람이 있기 마련이다. 그런 개인적인 일탈과 구조적인 문제는 분리해서 생각해야 한다. 유사역사학 쪽은 이런 구분을 하지 않고 늘 한꺼번에 싸잡아서 공격하는 데만 몰두한다.

제5장
친일파가 모신 단군도 있다

일본제국의 식민사학자들이 단군을 가공의 인물로 취급하고 일제는 단군을 박해했다는 것이 우리의 일반적인 상식이다. 그런데 친일파들, 그것도 손에 꼽힐 만한 악질 친일파가 단군을 숭배하는 운동을 펼쳤다면 믿어지겠는가? 하지만 사실이다.

또한, 조선의 사대주의 선비들은 중화만 떠받들고 단군은 무시했다는 일반적인 인식도 있다. 그런데 유림이 단군을 숭배하는 운동을 펼쳤다면 믿어지겠는가? 하지만 이 역시 사실이다.

평안남도 강동군에는 단군묘가 있다. 북한이 진짜 단군릉이라고 허풍을 치는 바람에 더 유명해졌는데, 원래 옛날부터 단군묘로 알려져 있던 곳이다. 『동국여지승람』에 단군묘가 있다고 기록되어 있다. 조선시대 유림은 이 단군묘에 제사를 지냈다.(조선은 유교 국가이므로 단군을 이단시하거나 홀대했다는 주장을 하는 사람들이 있는데, 그런 주장은 사실이 아니다.) 강동현감이 주관하여 봄가을로 제를 지냈다고 한다. 그러다가 갑오개혁 이후 제사는 더 이상 진행되지 않았다.

1909년 단군묘는 능으로 숭봉되었다. 하지만 수리가 이루어지지 못해서 (수리비로 중앙정부가 책정해준 금액이 2,000~3,500원이었지만 집행되지 않았던 것 같다) 이후 단군릉은 점점 더 황폐화되었다. 그래서 단군묘인지, 단군릉인지 여전히 모호한 상태였다.

1923년 강동의 유림 단체인 강동명륜회가 200여 원을 갹출하여 담장과 문을 만들었다. 당시 명륜회장은 강동군수, 즉 친일 관료가 맡고 있었다. 이들은 내선일체, 동조동근론을 위해 단군을 이용하고 있었다.

일제와 친일파가 민족의 구심점인 단군을 식민 통치에 이용했다는 게 대체 무슨 말인가 싶을 것이다. 그런데 단군을 보는 일제의 관점은 부정론 한 가지가 아니었다. 단군을 자신들의 조상신인 아마테라스오미카미(天照大神)의 동생 스사노 노미코토(素戔嗚尊)로 보는 관점도 있었다. 아마테라스와 단군이 혈연이라는 것은 일본인과 한국인이 혈연 관계라는 이야기다. 그러니까 내선 — 일본과 조선은 일체, 즉 하나라는 것이 그들의 논리였다.

이러한 두 가지 관점이 혼재해 있었기 때문에 단군에 대한 언급이 금지된다든가 하는 일도 없었다. 이를테면 '신궁봉경회' 같은 단체는 박영효나 민영휘(閔泳徽) 등의 친일파가 주도하면서 아마테라스와 단군을 함께 제사 지낼 신궁을 건설하고자 했다. 중앙에는 아마테라스를 두고 좌우에 단군과 조선 태조를 놓을 작정이었다. 대표적인 친일파인 민영휘는 '단군신전봉찬회'의 고문을 맡기도 했다.

1929년에는 평남유림연합회 주도로 '단군묘 수호계'(단군릉이라 불러야 하는데 여전히 묘라고 불렀다)가 조직되었는데, 평남유림연합회 역시 친일 단체였다. 1932년에는 강동군에서 '단군릉수호각건축기성회'가 조직되어 단군릉수축 운동이 벌어졌다. 평남유림연합회의 활동에 더 이상 기댈 것이 없다고 생각한 강동명륜회의 김상준과 강동군수 김수철이 앞장선 것이다.

김상준은 평안도 평의회원으로 역시 친일파였다. 1881년생으로 소유하고 있는 토지만 150정보(당시 시가 5만~6만 원)에 소작인 80여 명을 거느린 강동의 대지주였다. 한일병합 후 1911년에 강동군 초대 참사로 일제의 행정에 참여했으며 1912년에는 강동면장, 강동면 평의원, 1916년에는 명치신궁봉찬회 조선 지부 평안남도 군위원 등등 적극적으로 일제에 협력한 인사였다. 그는 3·1운동 때 강동군에서 만세운동이 일어나지 못하도록 노력했고, 장남 김대우가 당시 경성공업전문대 학생으로서 3·1운동에 참여했다가 체포되자 자신의 충성심을 호소하며 아들의 석방을 위해 탄원서를 내기도 했다. 1924년에는 평안남도 평의회원, 1937년에는 평안남도 도의원이 되었다. 김상준의 동생 김상무도 강동면장을 역임했고, 또 다른 동생 김상화는 의사였는데 평안남도 도회의원을 역임했다.

한때 3·1운동에 참여했던 아들 김대우는 아버지 덕에 무사히 풀려난 후 일본 유학을 떠났고 귀국 후에는 총독부 관리가 되었다. 1928년에는 평북 박천군수로 취임했다. 스물아홉의 나이였다. 1930년에는 용강군수, 이후 도 이사관, 평북 내무부 산업과장, 경상남도 이사관, 총독부 학무국 사회과 사무관, 조선사편수회 간사로 2년을 지내기도 했다. 그 뒤 총독부 사회교육과장이 되었다. 1937년에는 「황국신민서사」를 작성했다. 1938년 당시 총독부 내 고등관은 12명이었는데, 그중에서도 가장 선두를 달리는 인물이었다. 1943년에는 전북도지사, 1945년에는 경북도지사로 있다가 해방을 맞았다. 이 정도 인물이니 당연히 반민특위에 의해 체포되었지만 무죄로 풀려났다.

김대우의 동생 김호우는 경찰이었다. 교토제국대학을 졸업하고 평남 양덕경찰서에서 경부보로 시작, 평양경찰서 경부로 해방을 맞이했다. 해방 후

마포서장을 거쳐 내무부 치안국 수사과장, 충청남도 경찰국장을 지냈다.

강동군수 김수철은 메이지대학(明治大學)에서 법학을 전공하고 1929년 영변군수가 되었다. 오산학교에 기부를 약속하고 이행하지 않아 고소당했고, 패소 끝에 군수직에서 물러나기도 했다.

1933년 12월 말까지 단군릉 수축 성금으로 약 822원의 돈이 모였다.(이 중 『동아일보』가 기부한 돈이 500원이었다) 성과가 미미한 탓에 조직 개편이 이루어지고 강동군 전체에 걸쳐 모금운동이 펼쳐졌다. 1934년 봄까지 성금은 2,800원 정도가 더 들어와 총 3,600원가량이 모였다. 그러나 이 돈으로는 능을 수축하는 데 턱없이 부족했다. 필요한 자금은 수만 원에 달했다. 그때까지 모인 성금을 가지고 아쉬운 대로 수축 작업이 시작되었지만, 결국 수호각은 건립하지 못한 채 1935년 10월 단군릉제를 끝으로 단군릉수축기성회의 활동은 마감되었다.

일제는 단군릉수축운동에 민감해하지 않았으며 모른 척했다. 내선일체·일선동조를 내건 문화통치의 영향이었다. 단군릉수축운동에 기부한 많은 이들은 일제에 대한 반감과 민족운동에 참여한다는 의지를 가지고 있었겠지만, 이 운동을 주도한 사람들은 적극적 친일파로서 자신들의 입지를 강화하고 일제의 문화통치에 기여하고자 했다. 단군을 숭배하는 일이 친일과 양립할 수 있는가? 답은 '그렇다'이다.

단군 숭배와 친일 또는 항일은 아무런 연관성이 없다. 거꾸로, 단군을 국조로 숭배하는 종교였던 대종교가 우리나라 독립운동사에 세운 혁혁한 공을 생각해봐도 역시 그렇다. 상해에서 임시정부가 발족할 때 7명의 총령 중 3명(이동녕, 이시영, 신규식)이 대종교인이었다. 임시정부 의정원 29인 중 대종교인은 21명에 달했다고 한다. 대종교인으로서 우리 독립운동사에 굵직한 족적을 남긴 인물은 얼핏 생각해도 박은식(朴殷植), 신채호(申采浩), 김좌진(金佐鎭), 이범석(李範奭), 김동삼(金東三), 이상룡(李相龍), 이상설(李相卨), 안재홍(安在鴻) 등이 금방 떠오른다. 『동아일보』 창간에 깊숙이 개입했던 유근(柳瑾)도 대종교인이었다. 유근의 제자가 바로 인촌 김성수(金性洙)이다. 후일 변절했으나 최남선도 대종교인이었으며, 북로군정서를 세운 서일(徐一), 한글학자 주시경(周時經), 권덕규, 이극로(李克魯), 김두봉(金枓奉)도 대종교인이었다.

단군을 숭배한다고 해서 자동적으로 독립운동가로 연결되지는 않는다. 역사는 이처럼 모순되고 복잡해 보이는 일들을 우리 앞에 던져준다. 유사역사학은 이러한 복잡성을 인정하지 않는다. 세상도, 역사도 그렇게 단순하지 않다.

제6장

환국은 정말 있었을까?

유사역사학에서는 우리나라 최초의 국가가 환국(桓國)이라고 주장한다. 그 주장의 근거는 『삼국유사』이다. 『삼국유사』에 "옛날에 환국이 있었다(昔有桓國)"라고 쓰여 있다고 말한다.

그런데 역사학계는 이 부분을 "옛날에 환인이 있었다(昔有桓因)"라고 읽는다. 어째서 한쪽에서는 국(國)이라 읽고, 한쪽에서는 인(因)이라 읽을까?

현재 전해지는 『삼국유사』는 꽤 종류가 많다. 그중에서 제일 유명한 것은 보통 '임신본'이라고 부르는 것이다. 중종 7년인 1512년에 간행된 것으로, 이해가 임신년이어서 임신본이라고 부른다. 이 임신본은 몇 종이 남아 있는데, 문제의 글자, 즉 환'국'인지 환'인'인지 혼란스러운 글자가 囯으로 적혀 있다.

囯이라면 나라 국 자, 즉 國의 약자가 아닌가? 그러니 '환국'이 맞다고 생각할 수도 있다. 하지만 이런 주장은 조선시대에 이미 먹혀들지 않았다. 『세종실록』 10년(1428) 6월 14일 자 기사에 "북쪽 벽에는 단웅천왕, 동쪽 벽에는 단인(檀因)천왕, 서쪽 벽에는 단군천왕을 문화현 사람들은 삼성당이라고 항

三國遺史有曰古記云昔有桓因庶子桓雄

상 부르며"라고 하여 단인, 즉 환인을 이야기했으며, 『단종실록』 즉위년(1452) 6월 28일 자에는 "『삼국유사』에서 말하기를 『고기』에 전하되 옛날에 환인의 서자 환웅이 있었다"라고 정확히 환인(桓因)이라고 썼다. 『단종실록』은 늦어도 예종 1년(1469)에는 편찬을 완료했으므로, 중종 때 만들어진 『삼국유사』보다 빨리 만들어진 것이다.

믿고 싶은 것만 믿는 사람들은 일제강점기에 일본 역사학자들이 조선왕조실록을 모두 검열하여 글자를 고쳤다고 주장하기도 한다. 조선왕조실록은 현재 태백산본과 정족산본 등이 남아 있는데 이것을 전부 살펴본 뒤에 고쳤다고 주장하는 셈이다. 조선왕조실록은 한글 번역본을 읽는 데도 엄청난 시간이 필요하다. 하물며 한문 원본을 뒤져서 해당 부분을 죄다 찾아내 고친다는 것은 불가능한 일이다. 하지만 유사역사가들은 이런 불가능한 일도 전부 해낼 수 있는 '슈퍼 파워'를 일제 식민사학자들에게 부여해준다. 그야말로 어이가 없는 일이다.

고려시대에 단군신화를 전한 또 하나의 책인 『제왕운기』에도 환인(桓因)으로 나온다. 『제왕운기』는 초간본은 전해지지 않지만 공민왕 9년(1360)에 발행된 중간본이 전해지고 있다. 모두 보물로 지정되어 있다.

그러나 이런 연구 결과가 축적되지 않은 상태에서 国를 보고 國의 약자로 오해하는 것은 충분히 있을 수 있는 일이다. 그 결과 1904년 도쿄제국대학에서 나온 『삼국유사』에는 '환국(桓國)'이라고 되어 있다. 흔히 일본은 환국을 절대 인정하지 않았기 때문에 '환국'이라고 쓴 글자마저 환인으로 고쳤

교토대 『삼국유사』 영인본의 덧칠된 글자 '환인'(왼쪽)
1921년 교토대에서 영인한 『삼국유사』의 환인. 囯을 囚으로 덧칠한 것을 확인할 수 있다. 최남선은 이를 "천인의 망필"이라고 맹비난했다. 국립중앙도서관 소장.

순암수택본 『삼국유사』의 덧칠된 글자 '환인'(오른쪽)
이 책은 안정복이 가지고 있던 것으로, 이마니시 류가 이 책을 구한 뒤에 일본 텐리대학에 기증했다고 한다. © Gim Soon

다는 이야기가 있지만, 사실은 도쿄제국대에서 발간한 책에도 '환국'이 나오고 있었던 것이다.

그럼 일본이 '환국'을 '환인'으로 고쳤다는 이야기는 어디에서 유래한 것일까? 그것은 1921년에 나온 교토대학 영인본 때문에 나온 이야기다. 교토대 영인본을 보면, 위 사진과 같이 囯자 위에 덧칠을 해서 囚자로 바꿔놓은 것이 눈에 띈다.

그런데 이렇게 덧칠한 책이 하나 더 있다. '순암수택본'이라 불리는 책으로 순암(順菴) 안정복(安鼎福)이 가지고 있던 책이다. 안정복은 『동사강목』에서 환인(桓因)이라고 썼다. 그가 囯이라는 글자를 國이라고 생각하지 않았다는 증거이다. 이 책은 일본 텐리대학이 소장하고 있으며 이마니시 류가 기증한 것으로 알려져 있다.

즉, 두 책 모두 이마니시 류의 소장품이었다. 또한 교토대 영인본의 간행사에는 영인한 책이 이마니시가 소장한 것으로, 안정복이 손수 주석을 단 책이라고 적혀 있다. 안정복이 『삼국유사』를 두 권이나 소지했을 가능성은 크지 않으므로 교토대 영인본과 텐리대 소장본의 순암수택본은 같은 책이라고 보는 편이 자연스럽다. 두 책의 영인 상태가 다르게 보이는 이유는 잡티 제거 작업 때문이라고 생각된다. 이마니시는 이 책을 보면서 자신의 생각에 틀렸다고 여겨지는 글자에는 × 표시를 하고 옆에 글자를 적어넣는 등, 원본을 소중히 여기지 않았다. '桓国'의 国자에서 口 안의 王자 위에 大를 덧쓴 사람은 이마니시가 확실하다. 그러나 이마니시가 덧칠했다고 해서 환인의 '인' 자가 원래부터 囷이 아니었다고 할 수 없다. 왜 그런지 차근차근 알아보자.

앞서 『삼국유사』 중에는 중종 때 편찬된 '임신본'이 제일 유명하다고 했다. 하지만 그 이전에 만들어진 『삼국유사』도 전해지고 있다. 이 『삼국유사』들을 '고판본'이라고 한다. 고판본 『삼국유사』에는 문제의 글자가 조금 다르게 전해진다. 고판본 중 필사본인 '석남본'에는 이 글자가 囷으로 나와 있다.

석남본은 필사본이라 잘못 쓴 오자일 수도 있다. 하지만 2013년에 손보기(연세대 교수)가 소장하던 파른본 『삼국유사』가 공개되었는데, 여기에도 같은 글자인 囷가 쓰였음이 밝혀졌다.

파른본과 석남본 모두 조선 초에 만들어진 것으로, 이 판본들로 인해 国자는 囷의 오각임이 증명되었다. 하지만 囷은 囷자와 모양이 다르지 않은가? 囷이 囷이라는 것을 어떻게 증명할 수 있는가?

나라이름역사연구소 소장 조경철은 고려시대에 만들어진 『고려대장경』

석남본 『삼국유사』(왼쪽)와 파른본 『삼국유사』(오른쪽)에
나오는 '환인' 글자
조선 초에 만들어진 석남본은 필사본이기 때문에 그
동안 '囯'자가 잘못 쓰여진 글자일 수도 있다는 주장
이 제기되었다. 그러나 파른본은 조선 초에 판각된 것
인데도 석남본과 똑같은 글자가 사용되었음을 확인할
수 있다.

에서 이 글자를 찾아냈다. 『고려대장경』의 『신집장경음의수함록(新集藏經音
義隨含錄)』에 이 글자가 사용되었던 것이다. 『신집장경음의수함록』은 10세기
중엽 송나라 가홍(可洪)이 편찬한 책으로, 대장경에 나오는 어려운 용어의 음
과 뜻을 설명해놓았다. 여기에 바로 囯자가 나오고 그 글자는 因으로 읽는
다고 적어놓았다. 그리고 이 글자가 나오는 경전을 『문수사리보초삼매경(文
殊師利普超三昧經)』이라고 했다.

그런데 『문수사리보초삼매경』에는 이 글자가 있어야 할 자리에 因이 새
겨져 있다. 즉, 두 글자가 같은 글자라는 점을 증명하고 있는 것이다. 문제의
구절은 "甫因吾法而得無爲(보인오법이득무위)"로, "비로소 나의 법으로 인하여
무위를 얻게 되었다"는 뜻이다. 『고려대장경』은 『삼국유사』와 동시대에 만

들어졌다.

이도학(한국전통문화대 교수)도 『꿈이 담긴 한국 고대사 노트』(일지사, 1996)에서 565년에 만들어진 북제(北齊)의 '강찬조상기(姜纂造像記)'에 因의 다른 글자체 (이체자)로 囙자가 사용되었다고 밝혔다.

이처럼 '환인'이 맞다는 사실은 여러 자료를 통해 다각도로 증명된다. 이 를 통해 우리는 글자 하나가 획 하나를 잘못 그음으로써 어떤 일을 일으켰 는지도 알 수 있다. '환국'에 대한 엉뚱한 집착은 『환단고기』와 같은 위서를 탄생시키는 데 이르렀던 것이다. 역사학에서 글자 하나하나를 고증하고 파 악해나가는 연구는 바로 이런 오류를 바로잡기 위함이다.

조선시대 학자들은 대부분 '환국'이 말이 되지 않음을 알고 있었다. 그렇 게 읽으면 일연이 달아놓은 주석을 해석할 수도 없고 문장 자체도 이상해지 기 때문이다. 하지만 우기는 데는 목청만 높이면 된다. 그런 식으로 역사학 의 물밑에는 엉터리 지식들이 자꾸만 쌓여간다.

제7장

홍산 문화를 둘러싼 아전인수 해석

역사는 무조건 오래되어야 하고 영토는 무조건 광대해야 한다고 생각하는 사람들에게 한반도는 너무나 좁고 누추하게만 느껴졌다. 그들은 엄연한 현실을 부정할 수 없다보니 '과거에는 위대한 역사가 있었다'는 꿈을 꾸게 되었다. 기원전 2333년에 나타났다고 하는 고조선의 역사마저 그들에게는 충분히 오래된 역사가 아니었다. 게다가 수도를 평양에 두었다니, 한반도를 벗어나지 못한 무가치한 역사일 뿐이었다. 더 넓은 땅을 갈구하는 목마름은 전혀 채워지지 않았다.

그렇다고 해서 고조선이나 고조선의 전신이 유럽에 있었다고 억설할 수는 없으니, 만주나 몽골, 중국에 있었다고 주장하게 되는 건 어찌 보면 당연한 행태일지도 모르겠다. 그리고 여기에는 어설픈 고고학이 적용된다. 중국에서 오래된 유적이 발견되면, 그것이 곧 고조선이나 고조선의 전신이 세운 유적이 되는 것이다.

과거에는 산동 지방의 대문구(大汶口, 다원커우) 문화가 동이족의 문화라고 해서 우리나라의 찬란한 문화라고 이야기했었는데, 홍산(紅山, 훙산) 문화가 등장한 이후로는 이 유행이 싹 가라앉았다. 물론 유행이 변화한 데는 학문의 발전도 한몫했다고 볼 수 있다.

김인희는 『소호씨 이야기』(물레, 2009)에서 대원구 문화의 동이족과 한민족의 선조는 아무 관련없다는 점을 낱낱이 밝혔다. 예컨대 두 지역에는 머리를 납작하게 하는 '편두'라는 풍습이 있었다. 모양으로만 보면 비슷하게 보이지만 사실 그 내용은 완전히 다르다. 대원구 문화에서는 머리 밑에 딱딱한 것을 받쳐서 편두를 만들었고, 우리나라에서는 돌같이 무거운 물건으로 이마를 눌러서 편두를 만들었다. 겉보기가 비슷하다고 해서 같은 근원을 갖지는 않는다는 점을 알아야 한다.

유사역사가들이 그렇게 애지중지하던 대원구 문화는 홍산 문화라는 대체재로 옮겨갔다. 홍산 문화 자체가 알려진 것은 오래되었다. 내몽골 지방 적봉시(赤峰市)의 홍산에서 처음 발견되어 홍산 문화라고 부른다. 그 영역은 상당히 넓어서, 북쪽으로는 시라무렌하에서 내몽골 초원까지, 동쪽으로는 의무려산을 넘어서 하료하 서안까지, 남쪽으로는 발해(요동반도와 산동반도로 둘러싸인 바다)까지 이르른다. 1935년에 처음 조사되었고 1954년 홍산 문화라 명명되었다. 기원전 4500년에서 기원전 3000년까지의 기간 동안 존속한 문화였다.

홍산 문화는 넓은 지역에 퍼져 있기는 했지만 발굴된 유적·유물이 많지 않았던 탓에 처음에는 크게 주목받지 못했다. 그러다가 2003년 시작된 중화문명탐원공정(中華文明探源工程)에서 요하 문명이 중국 문명의 기원이라는 주장이 제기되자 우리나라 유사역사학계에서도 주목하기 시작했다.

중국 측은 홍산 문화가 문명 단계에 이르렀다고 주장하면서 '홍산 문명'이라고 부른다. 문화는 인류가 생활하면서 이룩한 모든 것들을 가리키는 말로 현대사회에도 있고, 오지의 야만 부족에게도 있고, 원시시대에도 있다. 하지만 '문명'이라는 용어는 사회의 특정한 발전 단계를 의미하며 '국가' 성립을 핵심적 지표로 삼는다.

중국이 홍산 문명이라고 명명하게 된 것은 우하량(牛河梁) 유적 때문이다. 이곳에서 여신상이 발굴되었고 여신 숭배를 위한 제단도 나왔다. 우하량 유적에서 나온 유물과 무덤의 크기로 보면 제정일치의 통치자가 있었음이 분명하다는 것이 중국 측 설명이다. 그러나 여기에는 여러 가지 문제점이 있다. 이에 대해서는 김정열(숭실대 교수)이 『우리 시대의 한국 고대사』(주류성, 2017)에서 '홍산 문화의 이해' 장에 잘 정리해놓았다. 좀 더 학술적인 논문으로는 같은 저자가 쓴 「홍산문화론—우하량(牛河梁) 유적과 중국 초기 문명론을 중심으로」(『한국고대사연구』 76, 2014)를 보면 된다.

첫째, 우하량 유적의 중심 묘와 주변 묘 사이에는 부장품에 어떤 규칙이나 기준이 보이지를 않는다. 주변 묘에서 중심 묘보다 더 화려한 부장품이 나오기도 한다. 이는 권력이 사회적으로 규정되어 있지 않고 개인의 역량에 달려 있었다는 의미이다. 둘째, 권력자의 궁전이나 신전이 발굴된 적이 없고, 앞으로 발견될 확률도 높지 않다. 셋째, 우하량 유적이 홍산 문화 전체의 중심지라고 볼 수 없다. 넷째, 우하량 유적이 동시대 중원 지역의 유적에 비해 탁월하다고 볼 수 없다. 요컨대 홍산 문화는 후기에 들어 큰 변화를 보이긴 했지만, 그렇다고 홍산 '문명'이라고 부를 단계까지는 아니라는 것이다.

중국이 홍산 문화의 주인공으로 만들고 싶어하는 집단은 황제족(黃帝族)이다. 한족은 황제의 후손이라는 전승을 가지고 있다. 황제는 곰과 연결된 이미지를 가지고 있는데, 그 때문에 중국은 홍산 문화의 유물 중 하나인 옥기가 곰을 형상화한 것이라고 우긴다. 그것이 곰인지 무엇인지 알 도리는 없다. 중국 측에서도 처음에는 돼지라고 말했었다. 중국은 우하량 근처의 산 이름이 웅산(熊山)이라고 주장하기도 하는데, 이 산의 이름도 원래는 저산(猪山), 즉 돼지산이었다.

중국은 남방의 염제와 북방의 황제가 서로 어울려 중화민족을 이루었다고 주장하고 싶어서 황제를 홍산으로 끌고 왔다. 하지만 요서나 내몽골 지방에는 황제와 관련된 전승이 없다. 또한 황제는 신화 속 인물이다. 중국은 그런 황제를 실존 인물로 둔갑시키는 무리한 일을 하고 있는 것이다.

한편 이런 중국의 연구 결과에 황제 대신 고조선을 끼워넣으려는 사람들이 있다. 곰이 등장하니까 단군의 어머니인 웅녀와 연관을 짓는다. 여신상도 발굴되었다니 웅녀와 연결시키기에 더 좋다. 우하량 유적은 대릉하 상류에 있다. 예전부터 그곳을 고조선 영토라고 생각해온 사람들이라면 더욱 안성맞춤으로 여겼을 터다. '중국이 고조선의 유적을 빼앗는 역사 침탈을 하고 있다'고 외치면 대중의 호응도 따라온다.

이런 식으로 홍산 문화는 고조선의 유적으로 둔갑했다. 그런데 연대가 안맞는다. 고조선은 기원전 2333년에 세워졌는데, 그 시기면 이미 홍산 문화는 끝난 뒤이기 때문이다. 하지만 큰 문제는 아니라고 생각했을 것이다. 그들에게는 어떤 문제도 해결해 줄 수 있는 『환단고기』가 있으니까. 이곳이 고조선의 유적이 아니라 그 이전 '환국'의 유적이라고 억지를 부리면 된다.

김정열은 이렇게 말한다. "홍산 문화가 우리 것인지 아니면 중국의 것인지에 대한 집착과 논쟁은 본디부터 근대 국민국가 성립 이후 이 관점을 선사시대까지 무제한 확장하여 투영하는 가공의 영역을 넘어서지 못한다."

목적에 맞춰 증거를 나열하려 하지 말고, 홍산 문화 그 자체를 들여다보는 성숙한 역사의식이 필요하다.

제8장

유사역사학이 공자를 소비하는 방법

유사역사학에 빠지는 가장 큰 이유는 열등감이다. 제국에 대한 열등감은 우리 역사에 없는 제국을 만들어내게 한다. 분명한 기록을 부정할 수 없으니 애매한 것들을 끌어다 쓴다. 세계 4대 문명에 대한 열등감은 '대동강 문명' 같은 것을 만들어내거나 아예 4대 문명 이전의 역사를 창조해냄으로써 해결하려고 한다. 수메르를 고조선의 한 갈래라 말하고, 여기서 이집트나 메소포타미아, 이스라엘이 탄생했다고 주장하는 것 역시 열등감의 산물이다.

이 열등감은 한편으로는 '우리 것'이라는 억지 견인으로, 또 한편으로는 '악마의 것'이라는 배척으로 나타난다. 하나의 대상에 대한 견인과 배척은 동시에 일어날 수 없는데도 어차피 현실이 아닌 탓에 동시에 등장하는 경우가 있다. 중국과 일본에 대한 태도가 바로 그것이다.

일본의 경우, 제국으로서의 일본은 철저하게 배척한다. 하지만 고대 일본을 놓고 이야기하면 견인이 된다. 고대 일본은 삼국의 사람들이 개척한 것이며, 천황은 백제의 후예이다. 물론 이렇게 고대 일본을 위치 지어도 일본제국의 죄과는 온전히 일본의 것이다. 오히려 일본제국은 고대에 우리가 내려준 하해와 같은 은혜도 모르고 배은망덕하게 한반도를 침탈한 사악한 종자가 된다. 사악하거나 사악하지 않거나 결국은 동족인 셈인데 그 점은 신경 쓰지 않는다. 그런데 이 '동족'이라는 논리는 일제강점기에 일제가 내놓았던 내선일체나 동문동종 개념과 맞닿아 있다. 일본과 우리가 하나의 민족이라면 결국은 통일해야 하는 대상이 되고 만다. 애초에 그릇된 논리로 만든 결과는 기괴할 수밖에 없다.

중국도 마찬가지다. 고대 중국은 우리 민족의 역사로 윤색된다. 고대 중국이 이룬 문화적 성과는 모두 동이족이 해낸 것이고, 동이족은 바로 한민족이라고 주장한다. 중국 고대의 모든 국가를 한민족이 세웠다면 대체 중국사와 한국사를 구분하는 일이 무슨 의미가 있는가? 이미 유사역사학은 '동북공정'보다 더 심한 '동이공정(東夷工程)'을 시행하고 있는 셈이다.

이런 애증의 존재 중 하나가 공자이다. 공자는 유교의 창시자이고 조선은 유교 국가였다. 유사역사학에서 보는 조선은 한심하기 이를 데 없는 나라인데, 그것은 조선이 일본에 의해 멸망했기 때문이다. 유사역사학에서는 어떻게 멸망했는지를 정말 중요하게 생각하기 때문에, 한나라에 의해 고조선이 멸망했다는 사실은 부정한다. 고조선같이 위대한 나라가 한나라에게 멸망당했을 리 없기 때문이다. 사서에 기록된 것은 고조선 변방의 작은 사건에 지나지 않는다. 고구려나 백제의 경우는 신라의 '배반' 때문에 멸망했다. 따라서 이 멸망의 책임은 동족의 등에 칼을 꽂은 신라에게 있다고 그들은 생각한다.

그러나 조선은 일본에 의해 멸망했다. 왜? 그것은 조선이 유교 탓으로 문약한 나라가 되었기 때문이다. 그들은 영토에 엄청나게 집착하면서도 조선의 영토가 고려보다 더 확대되었다는 뻔한 사실조차 외면한다. 조선에 비하면 고려는 무수한 외침에 자주 시달린 편인데, 그런 점도 살피지 않는다. 일본에게 멸망당한 원죄는 무엇으로도 갚을 수 없는 것이다.

이 모든 것이 공자 때문이다. 유교가 들어와서 고조선으로부터 내려오는 신묘한 도를 해쳤고, 사대주의를 심었고, 문약한 나라가 되어버렸다. 중화의 독이 한민족을 망쳤다! 이러한 인식은 상당히 뿌리 깊어서, 한때 『공자가 죽어야 나라가 산다』(김경일, 바다출판사, 1999)라는 책이 베스트셀러에 오르기도 했다.

이러니 그들로서는 도무지 공자를 곱게 볼 수가 없다. 공자는 천하의 악당이어야 한다. 사실 공자는 중국에서도 도교에 의해 폄하될 때가 많다. 심지어 공자가 노자에게 가서 망신을 당하는 이야기도 있다. 하지만 그 정도로는 매우 부족하다. 공자의 흠결을 부각하기 위해 눈이 벌개진 사람들이 찾아낸 것이 공자는 사람을 먹는 식인종이었다는 이야기이다.

공자의 제자 자로(子路)는 반란에 맞서다가 살해되었다. 반역자들은 끝까지 저항한 자로를 죽인 뒤에 젓갈로 만들어버렸다. 이 소식을 들은 공자는 평생 즐겨 먹던 젓갈을 먹지 못하게 되었다. 이를 바탕으로 '공자가 인육 젓갈을 즐기다가 자로가 젓갈이 되었다고 하자 인육 젓갈 먹기를 그만두었다'는 이야기가 만들어졌다. 전근대에 형벌의 일종으로 사람을 젓갈로 만들어버리는 일은 종종 있었다. 우리나라에도 있었던 일이다. 조선왕조실록을 보면 연산군이 엄귀인과 정귀인을 젓갈로 만들어버렸다는 이야기가 나온다. 『삼국사기』나 『고려사』에도 등장한다.

이런 왜곡이 가능한 것은 한자를 이용한 속임수를 쓰기 때문이다. 젓갈은 한자로 醢(젓갈 '해' 자)라고 쓰는데, 이 한자가 '인육 젓갈'이라는 뜻이라고 혼동시켜버렸다. 자로도 '해'(젓갈)가 되었고 공자도 '해'를 먹었으니 둘은 같은 것이라고 주장한다. 얼토당토않은 낭설인데도 사람들은 이런 충격적인 이야기를 들으면 마치 굉장한 비밀을 알아낸 양 흥분하며 소비한다.

그들은 공자를 이렇게 배척하면서도 또 동시에 견인하기도 한다. 유사역사학 내에는 세계 4대 성인 중 한 명인 공자를 우리 민족의 일원으로 보는 시각도 널리 퍼져 있다.

1978년에 역사 단체들은 유사역사가들의 황당무계한 주장들을 언급하며 더 이상 비방을 멈추라는 성명을 내놓았는데, 그중 하나가 공자와 맹자를 동이라 주장하는 것이었다. 이에 유사역사학의 대부 문정창은 『자유』 1978년 12월호에 반론을 실어 반박했다. 문정창은 공자가 동이족이 세운 은나라의 후예이기 때문에 동이족이라고 주장했다. 안호상은 공자뿐만 아니라 중국의 황제, 치우, 요, 순, 진시황까지 모두 배달·동이 사람이라고 주장했다. 1978년 10월 22일 자 『조선일보』에는 이유립과 선우휘 주필의 대담이 실렸다. 이때 선우휘는 "공자도 우리나라 사람이라는 주장도 있던데요. 안호상 박사 같은 분의 의견…"이라고 물었고, 이유립은 "기록에 그렇게 나와 있지요. 중국인들도 거기에 동의하고요. 은나라 사람이니까요"라고 답변한다. 이런 주장을 이때 이미 유사역사가들이 공유하고 신문 매체 등을 이용해 널리 퍼뜨렸다는 증거인 셈이다.

그러면 이제 우리는 '식인종'인 공자를 우리 민족의 일원으로 받아들여야 하는 걸까? 중국이 우리나라 고대사를 자꾸 자기네 역사로 만드는 게 기분 나쁘다면 중국 역사를 우리 것이라 우기는 일도 하지 말아야 한다. 하지만 이런 말에는 늘 "우리가 말하는 건 진짜란 말이다!"라는 억지소리가 따라붙으니 참으로 안타깝다.

제9장

낙랑군 미스터리

이른바 '영토 순결주의'라는 게 있다. 우리 영토에는 일체 다른 민족의 '더러운' 손길이 닿아서는 안 된다는 것이다. 이런 의식이 고대사에 투영되면 낙랑군이라는 '다른 민족의 더러운 손길'이 문제가 되고 만다.

그러나 유사역사학에서는 반대로 말한다. 사대주의와 식민사관 때문에 우리 역사를 축소시켜온 것이 한국 역사학계이고, 그 대표적인 예가 '낙랑군은 평양에 있었다'는 주장이라는 것이다.

먼저 확인하고 가야 하는 점이 있다. 그것은 '역사가 무엇에 봉사하는가'라는 문제이다. 과거 독립운동 시기에는 독립에 기여하는 게 목표일 수도 있었다. 식민지에서 벗어나 독립국가를 건설하는 일이 절대적인 명제였기 때문이다. 하지만 우리는 이미 독립을 달성했다. 세계 유수의 국가 중 하나다. 그런 현재까지도 역사가 다른 무엇을 위해 봉사해야 하는가? 역사를 공부하는 이유에는 정말 많은 것이 있으나, 전통적인 교훈, 즉 과거로부터 무엇인가를 배운다는 점을 무시할 수는 없다. 그런데 과연 우리는 무엇을 배우는가?

역사는 우리에게 세계를 바라보는 눈을 갖게 해준다. 우리는 역사를 통해 이 세계가 어떻게 만들어져왔는지 이해하게 된다. 또한 역사를 통해 인간 자체에 대한 이해를 높이고, 비판적 사고 능력을 키울 수 있다. 그러나 유사 역사학에 빠진 사람들은 역사가 자국의 이익에 봉사해야 한다는 결연한 의식을 무엇보다 앞세우는 경우가 대부분이다. 자국의 이익에 위배되면 숨기고 감춰야 한다고 태연하게 말한다.

> 꼼꼼하게 사료적 근거를 따져서 작성했더니 결과적으로 중국 동북공정과 일제 식민사관의 주장대로의 결과가 나왔다면 하는 수 없다. 다만 그럴 경우 대한민국은 이런 지도 자체를 만들어서는 안 된다.
> — 이덕일, 『매국의 역사학, 어디까지 왔나』, 만권당, 2015.

유사역사가들은 역사가 진리에 복종하는 것이 아니라 국가의 이익에 봉사해야 한다고 믿으며, 그것이 잘못된 인식임을 깨닫지 못한다. 그렇기 때문에 '애국한다는데 무엇이 문제인가'라고 되묻는다. 더 나아가 "일본과 중국은 없는 역사도 만들어내는데, 우리는 있는 역사마저 없애버린다"고 목소리를 높인다.

학문이 국가를 위해 봉사하면서 위대한 민족을 노래한 경우가 있었다. 나치 독일과 일본제국이 바로 그 주인공들이다. 그들이 애국이라는 이름 아래 어떤 일을 저질렀는지는 더 말할 필요도 없다. 그러나 유사역사학 신봉자들은 "식민지로서 저항적 민족주의를 가꿔온 우리는 다르다"라고 말한다. 독일이 파시즘에 기울어진 것은 강한 시절의 일이 아니라 베르사유체제 밑에서 허덕이던 때였다. 정말 강한 나라는 개개인이 세계를 합리적으로 이해하고 비판적으로 사고할 수 있는 나라임을 알아야 한다.

유사역사가들은 일제의 식민사가들이 낙랑을 평양으로 비정했고 그 후 식민사학자들이 이를 무비판적으로 수용했다고 오랜 세월 악선전해왔다. 이와 같은 유사역사가의 공격에 대응하기 위해 역사학자들은 낙랑을 평양이라고 말한 것이 일제 식민사가가 처음은 아니라는 점을 증명했다. 유사역사가들이 조선시대 실학자들은 낙랑군을 요동에 비정했다고 주장하면서, 자신들은 조선 실학의 후계자인 반면 역사학계는 식민사학의 후계자라는 프레임을 짰기 때문이다. 하지만 정약용 등 실학의 거물이 낙랑군은 평양에 있었다고 고증한 것을 내밀자, 그들은 언제 그랬냐는 듯이 실학자들 중에는 요동에 비정한 사람도 있는데 그에 대해서는 역사학자들이 말을 하지 않는다고 비난을 퍼부었다.

문명은 흔적을 남긴다. 아무 흔적도 없는데 문명을 찾아냈다고 주장하는 것은 '내 차고에 용이 살고 있다'는 말과 같다. 내 차고에는 용 한 마리가 살고 있는데, 지금까지 아무에게도 발견되지 않았을 뿐이다. 누가 내 차고에 용이 없다는 사실을 증명할 수 있을까? 유사역사학에서 하는 말이 이와 같다. 요서의 어디가 낙랑군이었다고 말하는데, 수백 년을 유지한 그곳에는 아무런 유적·유물이 없다. 그렇지만 그곳이 낙랑군이었다고 주장한다. 심지어 그들이 '식민사학의 수괴'라고 치를 떠는 이병도의 말을 인용해서 고고학보다 문헌을 중시해야 한다고 강변한다. 이는 이병도 시절의 낡은 이야기일 뿐이다. 고고학의 눈부신 성과에 대항할 방법이 없자 꺼내든 궁여지책에 불과하다.

평양에서는 엄청난 양의 낙랑군 유물과 유적이 나왔다. 2014년에는 이 유물·유적을 정리한 책도 출간되었다. 『낙랑고고학개론』(중앙문화재연구원 편, 진인진, 2014)이 그것이다. 190×258mm(보통 서적은 152×224mm의 신국판이다) 크기의 큼지막하고 컬러로 만든 책이다.

동시대 어느 곳에도 이 정도 양의 낙랑군 유적·유물은 존재하지 않는다. 이곳에 고조선의 낙랑군이 없었다면 낙랑군은 외계인이 하늘나라로 들고 갔다고 보는 수밖에 없다.

『낙랑고고학개론』은 낙랑군 호구부 분석을 통해 고조선 유민의 분포를 파악하고, 분묘, 토성, 토기, 청동기, 철기, 칠기, 금공예품 등의 유적·유물을 소개했다. 또한 낙랑군의 문화가 진한, 변한, 한반도 중부 지방, 고구려, 백제, 왜에 어떤 영향을 주었는지도 분석했다.

낙랑 고분은 지금까지 3,000여 기가 알려져 있다. 주체사관을 신봉하는 북한 학계는 평양을 식민지로 규정하지 않으려고 이 무덤들을 최리(崔理, 낙랑왕)의 낙랑국 무덤이라고 말한다. 하지만 그 안에서 발견되는 엄청난 양의 한나라 유물들, 중국식 무덤 축조 방식 등의 명백한 증거들이 북한 학계의 주장을 허망하게 만들고 있다. 칠기와 와당에서는 명문들이 나온다. 후한 이후의 물건들만 나온다는 거짓 주장과 달리 전한 시대의 물건도 출토되고 있다. 낙랑 명문 수막새(기왓골 끝에 사용하는 기와)는 1식에서 4식까지 존재하는데, '명문'이란 글자가 새겨져 있다는 것이다. 1식에는 낙랑부귀(樂浪富貴), 2식에는 낙랑예관(樂浪禮官), 4식에는 대진원강(大晉元康)이라는 글자가 새겨져 있다. 원강은 진나라의 연호이다.

유사역사가들은 흔히 낙랑 유물은 전부 가짜라고 이야기한다. 가짜가 일부 있었던 것도 사실이다. 하지만 다 가짜는 아니다. 우리나라 고고학자들이 그렇게 허술하지 않다는 것은 『낙랑고고학개론』을 보면 알 수 있다.

평양 일대에는 낙랑 유적과 유물이 굉장히 많다. 평양 일대가 한나라의 군현인 낙랑군이 아니었다고 말하려면 이 지역에 있는 유적·유물에 대한 합리적인 설명을 내놓아야 한다. 어떤 이들은 이것이 조작이라고 말한다. 그러나 무덤의 양식뿐 아니라 주거지의 변소 양식까지 한나라 형식이다. 이런 것을 조작하려고 해봐야 조작할 수도 없을 뿐더러, 심지어 해방 후에 발굴된 것들도 부지기수다.

말문이 막힌 유사역사가들 중에는 평양 일대의 유적들은 후한 광무제가 침공하여 점령했을 때 만든 것이라고 둘러대는 이들도 있다. 당초 평양 지역에 낙랑군이 있을 수 없다는 주장의 근거 중 하나가 '너무 멀다'는 것이었다. 중국 본토로부터 그렇게 멀리 떨어진 군현을 유지할 이유도 없고 유지하기도 어렵다는 것이 그들의 주장이다. 그렇다면 중국 본토와 평양 일대의 낙랑군 사이에 고조선이 있는 상황이 훨씬 이상하지 않은가? 거리가 멀 뿐만 아니라 심지어 교통로도 끊겨 있는 상태가 된다. 광무제는 가까운 고조선은 내버려두고 그 배후에 어떻게 군대를 보냈단 말인가? 억지로 꿰어 맞추다보니 말이 안 되는 결과를 낳고 만다.

또 어떤 사람은 그곳은 최리의 낙랑국이 있었던 곳이지 낙랑군이 아니라고 말한다. 최리의 낙랑국은 호동왕자와 낙랑공주 설화에 나오는 곳이다. 그 설화의 앞 대목에 호동이 옥저 지방을 여행하다가 최리를 만났다고 나온다. 그러면 옥저 지방이 평양 일대에 있었다는 이야기가 된다. 고대 지도가 엉망진창이 된다. 설령 최리의 낙랑국이라 치더라도 한나라 유적·유물은 어차피 설명이 되지 않는다.

또 어떤 사람은 고구려가 잡아온 한나라 포로들의 집단 수용 시설이거나 무덤이라고 말한다. 입장을 바꿔서, 누군가 장군총과 같은 요동 지방의 고구려 왕릉이 중국에서 잡아간 고구려 포로들의 무덤이라고 말한다면 그걸 받아들일 수 있겠는가? 포로를 위해 거대한 규모의 무덤들을 세우고 각종 부장품을 넣는단 말인가?

아예 평양 일대의 유적·유물은 모르겠으니 입 딱 다물고, 그저 낙랑은 요서에 있었다고 주장하는 사람도 있다. 이에 대해서는 고고학자 정인성(영남대 교수)이 직접 확인한 바 있다. 유사역사가들은 요서 지방에 있는 영평부성(永平府城)이 낙랑군치라고 주장하는데, 그 유적은 명나라 때 석성의 기초 위에 청나라가 벽돌로 축성한 것에 불과했으며, 대방군이 있었다고 주장한 하북성 천장고성 역시 요·금대의 토성을 명·청대에 개축한 것이라는 점을 확인했다.

유사역사가들은 평양에 낙랑군이 없었다면 설명할 길이 없는 유적·유물들은 부인한다. 그에 반해 그들이 지목하는 낙랑군 자리에는 유적·유물이 아예 없어서 갈석산과 같은 자연물을 유적이라고 우기기도 한다. 전혀 설득력이 없다. 정상적인 상황이라면 이야기는 여기서 끝나는 것이 맞다. 그런데 왜 끝나지 않는가? 그것은 식민사관의 덫에 걸려들었기 때문이다.

1892년에 일본 역사가 하야시 다이스케(林泰輔)는 『조선사』에서 조선은 중국과 가깝기 때문에 중국인이 와서 왕이 되거나 중국 중앙정부가 군현을 설치해서 중국의 속국과 같았다고 했다. 이런 인식 체계 아래 이나바 이와키치(稻葉岩吉)는 위만이 오기 전에 이미 한반도에 중국인 콜로니(colony)가 존재했다고 보았다.(이때만 해도 아직 '식민지'라는 번역어가 존재하지 않았다.) 이런 인식이 한국사를 타율적인 상태로 보는 식민사관인 '타율성론'의 기반이 된다.

일제는 1915년 조선총독부박물관을 만들고 제4실에 '낙랑대방시대' 실을 만들었다. 이 전시실에는 낙랑의 유물들이 전시되었는데, 주로 중국 쪽에서 유래한 유물 위주로 꾸며졌다. 중국의 선진 문화가 낙랑을 통해 한반도로 전파되었다는 것을 자연스럽게 알려주기 위해서였다. 한국사는 이렇게 타율적으로 형성되었다는 식민사관을 주입하기 위한 공작이었다.

일제의 이런 농간을 간파한 사람이 위당(爲堂) 정인보(鄭寅普, 1893~1950)였다. 위험성을 인지한 정인보는 식민사관의 타율성론을 공격하기 위해 '낙랑 유물 조작설'을 주장했다. 그의 의문 제기는 크게 다음과 같은 것들이었다. 첫째, '봉니 위조 의혹'이다. 봉니는 공문서를 넣은 봉투를 함부로 뜯지 못하게 점토로 봉하고 도장을 찍어놓은 것을 말한다. 봉니는 다른 지역으로 보내는 봉투에 찍힌 것이니 '낙랑태수장(樂浪太守章)'과 같은 봉니가 나오는 것은 이치에 맞지 않다고 보았다. 또한 너무 많은 봉니가 발견된 점에도 의문을 표했다. 둘째 '효문묘(孝文廟) 동종 위조 의혹'이다. 이 동종은 평양에서 발견되었는데, 한나라 묘당이 평양에 있다는 증거가 되었다. 정인보는 『한서』에 따라 묘당은 황제가 온 곳에만 설치되는데 한나라 문제(文帝)는 평양에 온 적이 없었으므로 이 종은 위조품이라고 주장했다. 셋째, '점제현 신사비(秥蟬縣神祠碑) 의혹'이다. 정인보는 다른 곳에서 발견된 비석이 옮겨졌다고 주장했다. 또한 한나라 양식의 고분은 앞서 말한 바와 같이 한나라 포로들의 무덤이라고 추정했다. 그의 주장은 식민사관에 맞서려는 의도에서 출발했겠지만 시대적 한계를 지니고 있었다. 하나씩 살펴보자.

첫째, 고고학의 발전에 따라 봉니가 문서 발송에만 이용된 것이 아니라 문서 보관에도 이용되었다는 사실이 드러났다. 또한 정인보가 지적한 봉니 문자의 오류 역시 다른 지역에서도 발견된다는 점이 밝혀졌다. 국립중앙박물관에 보관 중인 200여 점의 봉니에 대한 조사도 모두 끝나 진위가 가려진 상태다. 둘째, 효문묘 동종의 경우 황제가 방문하지 않은 곳에도 묘당이 설치되었다는 사실이 밝혀졌다. 『한서』의 기록보다 이른 시기의 1차 사료인 목간 자료를 통해 확인된 사실이다. 셋째, 점제현 신사비의 경우 그 내용이 당대의 사실이 분명하고 비석의 규모로 보았을 때 장거리 이동이 가능하지 않았을 것이라고 역사학계는 판단하고 있다.

북한 학계는 원래 평양에 낙랑군이 있었다고 생각했으나 1963년에 리지린이 『고조선 연구』(과학원출판사, 1963)를 내놓은 뒤 입장이 바뀌었다. 리지린의 논문에 따르면 고조선의 중심지는 요동 지방에 있어야 했기 때문이다. 북한은 낙랑의 유적·유물 문제를 해결하기 위해 무리수를 둔다. 유적은 모두 고조선의 독특한 문화이며 유물은 교역의 증거일 뿐이라고 주장하고, 명문 자료도 모두 부정한다. 낙랑이라고 적힌 유물은 이곳에 낙랑국이 있었기 때문이라고 말한다. 한무제는 고조선 변방의 위만조선만 정복했을 뿐 고조선 본토는 무사했다고 주장한다. 고조선이 그토록 크고 막강한 국가였음에도 그 후에는 중국 쪽이건 우리 쪽이건 어떤 기록에도 등장하지 않는다는 모순은 그들에게 보이지 않는다. 오직 '김씨 왕조'의 지시에 따라야 하는 어용사가들이라 그런 것이다.

유사역사가나 북한 역사학계나 평양에 낙랑군이 있었다는 것을 거부하는 이유는 똑같다. 그렇게 해야만 일제가 세운 타율성론을 극복할 수 있다고 믿기 때문이다. 하지만 거짓말로 극복할 수 있는 사실은 아무것도 없다. 오히려 우리는 그 근본을 파괴해야 한다. 일제가 세운 타율성론의 핵심은 한민족이 독자적인 역사 발전을 이루지 못했다는 것이었다. 그러나 세상의 모든 문명은 상호 영향하에 성장해왔다는 기초적인 발상조차 무시한 폭력적인 타율성론에 얽매인다는 태도가 오히려 큰 문제이다. 또한 최근 낙랑 고고학은 고조선의 전통 위에 중국 문명이 어떻게 결합하고, 그 결과 어떤 새로운 것을 만들어냈는지를 따지기 시작했다. 북한은 전통 부분에만 병적으

낙랑대윤장
평남 대동군 대동강면 토성리 토성
에서 나온 봉니로, '낙랑대윤장(樂浪
大尹章)'이라고 쓰여 있다. 왕망이 태
수에서 대윤으로 관직을 바꾼 뒤에
만든 인장으로 찍은 것이다. 유사역
사가는 이런 시차를 모른 척하면서
위조라고 선전·선동한다.

로 매달려 독자성만을 고집하고 있는 셈이다.

낙랑군에 대한 유사역사학의 주장 중에는 일본의 건축사학자 세키노 다
다시(関野貞, 1868~1935, 도쿄제대 교수)의 행적에 관련된 것이 있다. 세키노가 중
국에 가서 유물을 구입한 뒤 평양에서 발굴된 한나라 유물과 낙랑군 유물로
둔갑시켰다는 주장이다. 이런 일이 정말 가능할까?

이렇게 의문을 제기하면, 일본은 원래 고고학 유물을 땅에 파묻었다가 찾
아낸 척하는 데 도가 튼 나라 아니냐는 답변이 돌아오곤 한다. 실제로 그런
짓을 저지른 일본인이 있기는 있었다. 그러나 사건을 일으킨 후지무라 신이
치(藤村新一)는 역사 전문가가 아니라 독학으로 고고학을 공부한 아마추어,
즉 재야 고고학자였다. 그의 조작 행위를 밝혀낸 곳은 일본고고학회다. 일본
고고학회는 그가 참여했던 발굴 유적을 전부 재검토했고 조작 사항을 남김
없이 밝혀냈다.

그런데 우리는 낙랑 유물 조작 의혹이 제기된 이의 조작 사실을 100년이 다 되어가도록 뚜렷하게 밝혀내지 못하고 있다는 말이다. 이런 일이 또한 과연 가능할까? 이에 대해서는 이 논문 한 편으로 의문점을 모두 풀 수 있다. 바로 국립중앙박물관 이태희 학예연구사가 쓴 「조선총독부박물관의 중국 문화재 수집」이다. 이 논문은 2014년 10월 28일부터 2015년 1월 11일까지 국립중앙박물관에서 열렸던 특별전 〈동양을 수집하다 — 일제강점기 아시아 문화재의 수집과 전시〉 도록에 수록되었다.

잠깐! 전시회도 있었단 말인가? 그렇다. 국립중앙박물관은 조선총독부박물관뿐만 아니라 이왕가박물관·미술관이 수집한 아시아 지역 문화재 약 1,600여 건을 소장하고 있다. 전시회만으로 그치지 않고 국제학술대회도 개최했다. 위 논문은 바로 이 학술대회에서 발표되었다.

유사역사학을 역사학이 아닌 사이비로 규정하는 이유가 바로 여기에 있다. 직접 조사하지도 않고, 선행 연구를 찾아보지도 않고, 자신들이 상상한 결론에 맞추기 위해 증거들을 수집하여 선전·선동에 이용하기 때문이다.

그럼 논란의 세키노 다다시는 대체 어떤 사람인지부터 알고 가자. 그는 1868년생으로 1895년 일본 도쿄제국대학 공부대학 조가학과(造家學科, 건축학과)를 졸업했다. 1896년 일본의 옛 수도였던 나라(奈良)의 고건축을 조사하면서 고건축 전문가의 명성을 쌓기 시작했다. 1901년 도쿄제대의 조교수를 거쳐 1910년 정교수가 되었고 공학박사 학위도 취득했다. 1902년에 처음 조선을 방문했으며, 1909년에는 대한제국 통감부 촉탁으로 고건축 조사를 했다. 강제병합 뒤인 1916년에 고적조사위원 및 박물관협의원으로 활동하며 식민지 문화 정책에 깊이 개입했다.

총독부는 1918년 3월 세키노에게 중국에서 물품을 수집하게 했다. 그것도 "중국에서 조선 및 내지 유물과 관계있는 물품을 수집하는 임무"였다. 유사역사학에서 이야기한 것이 맞다며 고개를 주억거리는 분이 있다면 글을 다시 한 번 천천히 보라고 말해주고 싶다. '조선 및 내지'라고 되어 있다. 내지는 일본을 가리킨다. 낙랑군 유물을 위조하라고 한 줄 알았는데 일본과 관계있는 물품을 수집하라고 했다니, 이게 대체 무슨 말인가?

세키노는 대략 1918년 3월부터 9월까지 중국에서 유물을 수집했다. 그 후에는 인도를 거쳐 유럽으로 이동했다. 그가 수집한 물품은 모두 물품청구서에 기재되어 있다. 물품청구서는 물품 수령을 증빙하는 문서로 총무국 물품 출납 담당에게서 교부받게 되어 있다. 수령 부서, 품명, 수량, 용도, 수령 일자 및 출납부 등록 일자를 기록하고 수령 부서의 부서장 및 담당자, 물품출납명령관, 물품회계 관리가 날인해야 한다. 세키노가 구입한 물품의 인수 일자는 1919년 6월 4일이다. 세키노는 총 136건 268점의 문화재를 구입하고 3,616.302원을 썼다. 전 단위 이하까지 철저하게 기록을 해놓았다. 세키노는 일기에 모든 내용을 기록했는데, 북경에서 어느 날 누구에게 물건을 구입했는지, 동행한 사람은 누구였는지까지 기록해두었다. 날조를 자행할 계획을 지닌 사람이 할 행동이 아니다.

세키노가 수집한 유물은 주로 한나라 시대의 것이었다. 그는 자신의 일기에 다음과 같이 기록했다.

1918년 3월 20일

유리창(流璃廠)의 골동점을 돌아보고 총독부박물관을 위해 한대(漢代)의 발굴품을 300여 원에 구매했다.

1918년 3월 22일

유리창의 골동점에는 비교적 한대의 발굴품이 많았는데, 낙랑 유적에서 출토된 물건 같은 종류는 대개 다 있었다. 나는 수집에 최선을 다했다.

세키노는 낙랑 유적에서 출토된 유물들이 한나라 유물과 동일한 것임을 증명하고자 했다. 낙랑 유적이 한나라의 영향력 아래에 있었다는 점을 확실히 하고자 한 것이다. 그것은 1929년에 일어난 한 에피소드를 통해서도 알수 있다.

세키노는 야마나카 사다지로(山中定次郎)라는 사람이 소유한 한대 유물인 '수정감입사엽금구(수정 감입 네 잎 금속 장식)'를 보고 그것이 낙랑 유물과 흡사하다는 점을 알고는 조선총독부에 구입을 요청했다. 조선총독부가 500원을 내고 그것을 사겠다고 하자 야마나카는 이 유물을 기증했다.

그럼 이런 유물들이 과연 낙랑 유물로 탈바꿈했을까? 전혀 아니다. 그런 일은 당연히 일어나지 않았다. 수정감입사엽금구는 국립중앙박물관에 잘보관되어 있다(유물등록번호 본관10621번). 세키노 다다시가 구입한 중국 문화재는 모두 국립중앙박물관에 등록되어 있다. 유물등록번호 본관6567부터 6702번까지다. 명칭까지 깔끔하게 정리되어 있다. 그러니 모르는 것이 있으면 제발 논문부터 찾아보자.

사실이 이러한데도 유사역사가들은 '세키노가 북경에서 낙랑 유물을 사들였다는 것은 낙랑이 북경에 있었다는 증거'라고 말한다. 세키노는 "낙랑 유적에서 출토된 물건 같은 종류"라고 말했다. 낙랑은 한나라의 군현 중 하나였고, 낙랑이라 추정되는 평양에서 발굴된 물건이 한나라의 유물이라는 점이 입증되어야 위치 비정이 가능하다. 평양 지방에서 나온 물건과 동일한 종류의 물건을 구입했다고 해서 그곳이 낙랑이 된다면 중국 전토가 낙랑이 되어야 한다. 유사역사가의 주장을 보고 있으면 그들의 논리 구조가 얼마나 왜곡되었는지를 새삼 느끼게 된다.

유사역사학에서는 세키노가 돈이 얼마나 많길래 이런 유물들을 마구 사 들였냐고 말한다. 그들은 세키노가 자기 돈을 쓴 것이 아니라는 점을 찾아 볼 생각도 하지 않는다. 그냥 자기들 생각에 따라 이해가 되지 않으면 이상 하다고 막 던지는 것이다. 모르면 부디 논문을 찾아서 읽어보기 바란다. 세 키노의 유물 구매는 본인의 일기, 물품청구서, 물품 목록, 남아 있는 실물로 모두 명확히 드러난다. 이런 사실을 모르니까 세키노가 뭘 하고 다녔는지 알 수가 없고, 그러다보니 자신들의 망상에 꿰어 맞춘 뒤 선전·선동을 하게 되는 것이다.

세키노는 낙랑을 한국사의 시발점으로 생각했다. 한나라의 문화를 수입 하여 역사가 시작되었다고 본 것이다. 이것이 바로 식민사관의 하나인 타율 성론이다. 하지만 오늘날 우리는 낙랑군의 유적에서 고조선으로부터 계승 된 고유 문물이 나온다는 사실도 잘 알고 있다. 타율성론은 더 이상 설 자리 가 없는 구시대의 이론이 된 지 오래다.

세키노가 식민사관을 만들기 위해 저질렀던 짓들이 이제 유사역사가에 의해 하나의 사기극으로 재해석되고, 낙랑군이 평양에 없었다는 증거로 변 해버렸다. 그러나 지금까지 살펴보았듯이 식민사관 타율성론은 있었을지언 정 사기극은 없었다. 사기극이 있었다고 소리치는 유사역사가들의 불성실 함만이 있을 뿐이다.

유사역사가들의 낙랑군 레퍼토리 중에는 '낙랑이 평양에 있었다는 사료 가 없다'는 주장도 있다. 그러나 『수경주(水經注)』에 보면 다음과 같은 구절이 나온다.

> 내가 번국의 사신에게 물어보니 성은 패수의 북쪽에 있으며 그 물줄기는 서
> 쪽으로 흘러 옛 낙랑 조선현을 지나친다 하였으니, 곧 낙랑국이 다스리던 곳으
> 로 한무제가 설치한 곳이다.

『수경주』는 후위(後魏) 때 사람 역도원(酈道元)이 지은 책으로, 5~6세기 초에 만들어졌다. 위 용문은 당대 고구려인의 증언이다. '평양'이라는 지명은 고구려 때 생겼다. 고구려 때 생긴 지명을 놓고 '낙랑이 평양이다'라는 내용의 당대 기록이 없다고 지적하는 것은 앞뒤가 맞지 않는 엉터리 주장일 수밖에 없다.

3세기에 쓰인 『삼국지』 「위지동이전」을 보면 고대 각국의 위치가 나온다. 각각의 나라 위치는 서로 상대적으로 쓰여 있다. 따라서 이들을 조합하면 낙랑이 현 평안도에 위치했었음을 자연스럽게 알 수 있다. 유사역사가들은 이런 논증을 할 줄 모르는 것이 아니라 모른 척하는 것이다.

일제는 조선을 점령하고 조선의 영토를 차지했다. 그리고 조선과 만주의 불가분성을 바탕으로 만선사관을 만들었다. 만일 요서나 중국 동북부가 고조선의 영역이었다면 거기까지 자신들의 영토라고 주장하기 위한 좋은 자료로 써먹을 수 있었을 것이다. 그런 증거를 굳이 은폐할 이유 같은 것이 일제에 있을 리 없었다는 것을 유사역사가들은 전혀 생각하지 못한다.

제10장

만리장성은 평양까지 이어졌었나?

전문적인 역사학자가 아닌 사람들이 인터넷상에 자기들 입맛에 맞는 정보를 만들어 올려놓는 것은 일면 어쩔 수 없는 일이기도 하다. 잘못된 정보

고조선

고조선과
한의 국경선

이병도의 설에 근거해
평양 남쪽 수안까지
이어진 중국의 만리장성

낙랑군   산해관

북경   창려현   진황도   평양   수안   동해

발해

현존하는
만리장성

서해

한   남해

출처: http://www.etoday.co.kr/news/section/newsview.
php?idxno=1363869

가 올라오는 것을 막을 방법은 없다. 그에 대한 비판 정보를 올려서 읽는 사람들이 스스로 판단할 수 있도록 하는 것이 최선이다. 서로 입을 막지 말고 떠들어대는 것이 민주주의이기도 하다.

왼쪽 지도와 비슷한 것들이 인터넷상을 유령처럼 배회하고 있다. 이 지도의 모태는 『고조선은 대륙의 지배자였다』(이덕일·김병기, 역사의아침, 2006) 108

쪽에 나오는 지도이다.

　이상한 점이 있다. 중국의 어느 책자에 만리장성이 저렇게 그려져 있는지를 아무도 설명해주지 않는다. 그럴 수밖에 없다. 대부분의 중국 지도는 만리장성을 수안까지 연결하지 않기 때문이다. 중국의 지도에서 만리장성이 한반도까지 연결된 경우, 일반적으로 끝부분의 위치는 평양 서쪽의 강서군이다. 이 분야에서 중국의 대표적 역사학자인 담기양(譚其驤, 탄치샹)의 지도를 보면 아래와 같이 표시되어 있다.

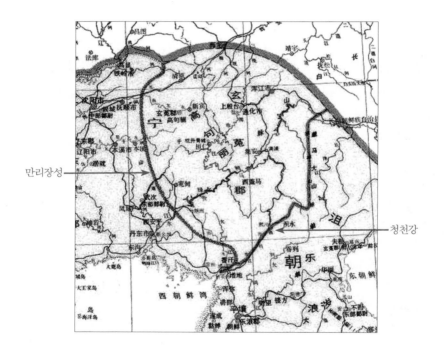

　보다시피 담기양의 지도에 보이는 장성은 황해도 수안까지 들어와 있지 않고 청천강을 경계로 끝이 난다. 그리고 담기양은 수성현을 황해도 수안이 아닌 평안남도 강서군(평양 서쪽)으로 비정하고 있다. 이게 대체 어떻게 된 일

일까? 그 의문을 파헤쳐보기로 한다.

시작은 역사학자 이병도의 책에서 비롯되었다. 1976년에 출간된 『한국고 대사연구』(박영사)라는 책에는 「낙랑군고」라는 논문이 실려 있다. 이 논문에 서 이병도는 낙랑군의 여러 지역에 대한 위치 비정을 시도했다. 그는 수성 현을 황해도 수안으로 비정했다. 여기서 모든 문제가 시작되었다.

중국의 삼국시대를 통일한 나라는 진나라다. 진(晉)나라의 역사를 다룬 『진서(晉書)』라는 책이 있다. 이 책의 지리지에 낙랑군 수성현에 대한 설명으 로 "진(秦)나라 장성이 여기에서 시작된다"는 구절이 들어 있다. 자, 그러니 낙랑군 수성현에서 진나라 장성이 시작되는데 그 수성현을 이병도가 황해 도 수안이라고 한 것이다. 결국 '만리장성'이 황해도 수안까지 이어졌다는 뜻이 된다!

완벽한 삼단논법인 듯하다. 그리고 여기서 끝나지 않는다. 원래 황해도 수 안을 낙랑군 수성현이라고 처음 이야기한 사람은 이병도가 아니다. 그런 주 장을 처음 한 사람은 일제강점기의 식민사학자인 이나바 이와키치였다. 친 일파인 이병도가 식민사학자의 연구를 가져다가 그대로 인용한 것이라고 말하는 사람들도 있다.

과연 그랬을까? 천만의 말씀이다. 이병도는 『한국고대사연구』에서 이렇 게 말한다.

수성현 조에는 ― 맹랑한 설이지만 ― "진축장성지소기(秦築長城之所起)"라는 기재도 있다. 이 진장성설은 터무니없는 말이지만, 아마 당시에도 '요동산'이란 명칭과 어떠한 장성지가 있어서 그러한 부회가 생긴 것이 아닌가 생각된다. 그 릇된 기사에도 어떠한 꼬투리가 있는 까닭이다.

이병도는 수안을 수성현으로 비정했지만 그곳에서 진나라 장성이 시작된다는 설은 부정하고 있다. 나는 한국고대사학회와 함께한 시민강좌에서 이 구절을 소개한 바 있다. 그때 유사역사학 신봉자 한 명이 "맹랑하다는 게 무슨 뜻이에요?"라고 시비를 걸어왔다. 역사 강의 자리에서 초등학생도 알 만한 단어를 물어오는 통에 기가 막혀 "국어사전을 찾아보시기 바랍니다"라고 답했더니 유사역사학을 옹호하는 인터넷 언론 매체에 건방진 강사라고 온갖 모욕적인 발언이 도배되었던 적도 있었다.

여기서 또 한 가지 주목할 점이 있다. '만리장성'이라는 말과 '진장성'이라는 말이다. 일반적으로 중국의 진시황이 유목민인 흉노를 막기 위해 쌓은 성이 만리장성이라고 알고 있지만, 그것은 일부만 진실이다. 중국은 진시황 전부터 장성을 쌓고 있었고, 진시황 이후에도 계속 쌓았다. 그러니 '진장성'이라고 하면 '진시황 때까지의 장성'을 가리키는 말로 이해해야 한다. 그런데도 대충 '만리장성'으로 뭉뚱그려서는 안 된다. 현존하는 만리장성은 대체로 명나라 때 완성된 것이다.

이나바 이와키치가 진나라 장성이 수안에서 시작되었다고 말한 것은 사실이다. 하지만 이병도는 그 설을 따르지 않았다. 또한 중국에서도 따르지 않았다. 담기양도 자신의 『중국역사지도집』에서 이렇게 말했다.

일본인 이나바 이와키치는 『진장성 동단 및 왕검성고』에서 진나라 장성 동단은 평양 동남의 수안에서 일어났다고 했는데, 살피건대 진나라 때 지금 평양 지방은 기자조선의 정치 중심지여서 진장성이 지금 평양시의 동남방에 도달하는 것은 불가능하다. 이나바의 설은 따를 수 없다.

이런 이유로 담기양이 만든 역사지도에는 만리장성이 수안까지 이어져 있지 않은 것이다. 위 글에 나온 이나바의 논문은 1910년에 발표된 것이다.

중국 쪽에서는 1930년에 왕국량(王國良, 왕궈량)이 『중국장성연혁고(中國長城沿革攷)』(商務印書館)라는 논문을 발표했는데, 거기에는 다음과 같은 지도가 실려 있다.

보다시피 평양을 지나 훨씬 남쪽인 황해도 수안까지 장성이 연결되어 있다. 갈석산도 표기되어 있다.

왕국량은 중국 사서들을 바탕으로 위와 같은 지도를 그렸다. 하지만 그의 설은 담기양에게 받아들여지지 않았다. 황해도 수안이 만리장성의 동쪽 끝이라는 학설은, 그것이 이나바의 것이든 왕국량의 것이든 이미 폐기된 지 오래다.

이병도 역시 수안에서 만리장성이 시작되었다는 설은 터무니없는 말이라고 부정했다. 황해도 수안에서 만리장성이 시작되었다는 학설은 거의 100년 전에 제출되었다가 지금은 죽어버린 학설이다. 이런 주장을 하는 국내 학자는 존재하지 않고, 중국 측의 지도 역시 이병도가 하지도 않은 주장을 추종해서 만들어져 있지 않다. 정확한 사실이 아닌 것을 들고나와 중국 학계에 항변한다면 중국 학계는 무슨 말을 하느냐고 어리둥절해하고 말 것이다. 중국이 주장하는 진장성 동단에 대해 연구하고 그 실체를 알려는 노력이 필요한 시기에, 있지도 않은 유령을 쫓게 만들어서는 안 될 것이다.

유사역사가들은 저 먼 과거에 나왔던 학설 말고는 아는 것이 없기 때문에 이런 해프닝이 계속 일어난다. 공부를 하면 좋겠지만, 공부를 하면 더 이상 유사역사학에 매달릴 수 없게 되므로 그들은 새로운 공부는 하지 않을 것이다.

제11장
『태강지리지』라는 사료

2015년 11월 16일 국회의원 회관에서 〈한국상고사 대토론회〉가 열렸다. 이 자리에서 공석구(한밭대 교수)는 낙랑군 위치 비정과 관련해 『태강지리지(太康地理志)』의 문제를 거론했다. 이번 이야기는 다소 전문적이고 어려울 수 있다. 오죽하면 토론장에 있던 이덕일이 이해를 하지 못한 채 "그런 건 중요하지 않고요"라고 퉁명스럽게 이야기했겠는가.

낙랑군 위치 논쟁에서 현 평양과 평안도 일대의 고고학적 유물을 무시하며 요서 일대가 낙랑군의 위치, 곧 고조선의 중심지였다고 주장하는 강력한 근거는 『태강지리지』라는 책이다. 이 책은 현재 전해지지 않지만 여러 사서에 그 기록이 남아 있다. 『사기』 하본기(夏本紀)의 하우 편 주석인 「사기색은(史記索隱)」에는 다음과 같은 내용이 적혀 있다.

> 『태강지리지』에 전하기를, 낙랑군 수성현에는 갈석산이 있는데 장성이 여기에서 시작한다.

오늘날 장성, 즉 만리장성은 북경 동남쪽의 갈석산에서 시작되고 있기 때문에 이렇게 위치가 분명한 곳이 낙랑군 수성현이라면 낙랑군이 바로 그곳이었다는 의미이며, 낙랑군 조선현이 고조선의 수도였다면 이 부근이 곧 고조선의 중심지가 된다는 주장이 근거를 얻는다.

고조선은 크고 위대해야 하기 때문에 한반도의 평양이 아니라 만주 벌판에 있어야 한다고 믿는 사람들에게 이 사료는 매우 귀중한 것이었다. 더욱이 요동을 넘어 요서까지 고조선의 영역이었다니 더욱 반가웠을 것이다.

그런데 사실 이 논리에는 약간의 문제가 있었다. 어쨌든 결국 고조선이 한나라에 점령되고 그 중심지가 한나라의 '식민지'가 되었다는 점은 변함이 없었던 것이다. 여기서 '식민지'라는 용어는 제국주의 시대의 식민지와는 개념이 전혀 다르지만, 유사역사가들은 그런 점에는 별 관심이 없다.

따라서 이 난점을 해결하기 위해 더욱 이상한 논리가 등장한다. 한무제가 점령한 곳은 거대한 고조선 제국의 변방국에 불과하며, 이곳은 기자의 후예가 다스리다가 위만에게 빼앗긴 땅이라는 논리였다. 한나라와 그 이후의 사서 어디에도 이 거대한 고조선이 언급되지 않는데 이런 망상을 하는 것은 참 재미있다.

물론 이런 문제는 거론하지 않은 채 그냥 '고조선은 거대했다'고 주장하기만 하는 사람들도 있다. 이들은 고조선이 한나라에 멸망당했다는 사실도 거짓말이라고 한다. 그럼 도대체 만리장성은 어떻게 건축된 것일까? 고조선 중심지에 한나라 사람들이 만리장성을 쌓는데 고조선 사람들은 그저 지켜보기만 했다는 말이 된다. 진시황도 갈석산에 올랐다는데, 진시황은 고조선의 중심지에 있는 갈석산에 외국 정상으로서 초대받기라도 했다는 말일까?

이처럼 『태강지리지』의 기록은 그 내용 자체가 이상하기 때문에 역사학계에서 중요하게 취급된 적이 없었다. 그러나 모순된 기록을 자기에게 유리한 방향으로 이용하는 데 탁월한 유사역사학에서는 이 문제를 집요하게 물고 늘어져왔다.

『태강지리지』에 대해서는 노태돈(서울대 교수)이 「고조선 중심지의 변천에 대한 연구」(『단군과 고조선사』, 사계절, 2000)에서 언급한 바 있다. 그는 이 글에서 『태강지리지』가 태강 3년(282)에 편찬된 것이 아니며, 최소한 태강 7년(286) 이후의 것이라는 점을 태강 7년에 개명된 합포라는 지명이 수록되어 있는 사실을 근거로 말하고 있다. 그는 '낙랑군 수성현에서 장성이 시작된다'는 기록은 진나라 장군 당빈(唐彬)이 만리장성을 복구한 기록과 혼란이 일어나면서 생겨난 오류라고 설명했다.

이후 2015년 11월 〈한국상고사 대토론회〉에서 공석구는 처음으로 『태강지리지』에 대한 본격적인 사료비판을 시도했다.

낙랑군에 수성현이 있었다는 사실은 『한서』 지리지에 처음 나온다. 낙랑군 조에 '수성'이라는 현 이름이 등장한 것이다. 그리고 이 수성현에 갈석산이나 진장성이 있다고 설명한 사료들은 다음과 같다.

A-1 (平州) 樂浪郡『漢書』(…) 遂城 "秦長城之所起"

낙랑군 『한서』 (…) 수성 "진장성이 여기서 시작한다."

— 『진서』 권14 志4, 지리 상 평주 낙랑군(648년)

A-2 『太康地志』云, 樂浪遂城縣 有碣石山, 長城所起.

『태강지지』에 전하기를, 낙랑 수성현에는 갈석산이 있는데 장성이 여기에서 시작한다.

— 『사기』 권2, 하본기 제2의 주석에 인용된 「사기색은」(8세기)

A-3 盧龍 : 漢肥如縣有碣石山 碣石而立 在海旁, 故名之. 『晉太康地志』同, 秦築長城 所起自碣石, 在今高麗舊界, 非此碣石也.

노룡 : 한나라 비여현에 갈석산이 있고, 갈석이 해변가에 서 있어서 그로 인해 이름이 붙었다. 『진태강지지』에 이르기를, 진나라가 쌓은 장성이 갈석에서 시작하는데 지금 고려의 옛 경계에 있어서 이 갈석(노룡현)이 아니다. ─ 『통전』 권178, 주군8, 고기주(古冀州) 상, 노룡현(801년)

A-4 碣石山 在漢樂浪郡遂城縣, 長城起於此山. 今驗 長城東戴遼水 而入高麗 遺址猶存.

갈석산은 한나라 낙랑군 수성현에 있는데, 장성이 이 산에서 시작한다. 지금 장성을 살펴보면 동으로 요수를 건너 고려로 들어가고 그 유적이 아직도 존재한다. ─ 『통전』 권186, 변방2, 동이 하, 고구려(801년)

A-5 『晉太康地志』云 秦築長城 起自碣石. 在今高麗舊界, 非此碣石也.

『진태강지지』에서 말하기를, 진나라가 쌓은 장성이 갈석에서 시작한다. 지금 고려의 옛 경계에 있어 이 갈석(노룡현)이 아니다.

─ 『태평환우기』 권70, 하북도19 평주 노룡현(979년)

A-6 碣石山 在永平府昌黎縣西北二十里 (…) 秦築長城, 起自碣石, 此碣石在高麗界中, 亦謂之左碣石: 杜佑曰 "秦長城 所起之碣石, 在漢樂浪郡遂城縣地". 今猶 有長城遺址, 東戴遼水 入高麗, (…) 此皆傳譌也.

갈석산은 영평부 창려현 서북 이십리에 있다. (…) 진나라가 쌓은 장성이 갈석에서 시작하는데, 이 갈석은 고려의 경계 가운데 있어서 또한 좌갈석이라고 일컬었다. 두우가 말하기를 "진장성은 갈석에서 시작하는데 (갈석은) 한나라 낙랑군 수성현에 있다."라고 했다. 지금 장성 유적을 살펴

보면 동으로 요수를 건너 고려로 들어간다. (…) 이것은 모두 잘못 전해진

것이다.　　　　　　　　　　　　　　　　—『독사방여기요』 권10, 북직1, 갈석(1678년)

사료 A의 낙랑군 위치를 평양 일대로 파악하는 견해는 일본 학자 이나바 이와키치에 의해 제시되었다. 1910년에 이나바는 만리장성의 동단을 대동 강 부근의 수안 일대로 비정했다. 그는 『진서』(A-1), 『사기』(A-2), 『태평환우 기』(A-5)를 근거로 만리장성의 동단을 수안이라고 주장했다.

중국에서는 왕국량(王國良)이 같은 주장을 내놓았다. 왕국량은 1928년에 내놓은 『중국장성연혁고』 30쪽에 황해도 수안에서 만리장성이 시작되는 지 도를 그려넣었다. 이 지도는 앞서 살펴보았다.

사료 A의 낙랑군 위치를 요서 지역으로 해석하는 견해는 윤내현, 복기대, 이덕일 등이다. 이것만 보면 사료 A의 낙랑군을 평양으로 보는 해석은 식 민사학이나 동북공정의 논리 같다. 당연히 그 반대편은 '정의로운 우리 편' 이고? 그럴 리가 있나. 공석구는 〈한국상고사 대토론회〉에서 발표한 내용 을 정리하여 「진 장성 동단인 낙랑군 수성현의 위치문제」(『한국고대사연구』 81, 2016)라는 논문을 썼다. 이제 본격적으로 공석구의 사료비판을 따라가보자.

①사료 A는 두 가지로 나눌 수 있다. A-1과 기타.

②A-1은 낙랑군 수성현과 진장성에 대해 말하고 있다.

③기타는 낙랑군 수성현과 진장성과 갈석산을 언급하고 있다.

이 점을 기억하고 후대 사료부터 역순으로 검토해보자.

첫 번째 분석 대상은 『독사방여기요』(A-6)이다. 『독사방여기요』의 내용을

『통전』(A-3, A-4)과 비교해보자.

● 『晉太康地志』同 秦築長城 所起自碣石, 在今高麗舊界, 非此碣石也.
● 碣石山 在漢樂浪郡遂城縣, 長城起於此山. 今驗 長城東戴遼水 而入高
　麗 遺址猶存.　　　　　　　　　　　　　　　　　　　　　—『통전』
● 碣石山 在永平府昌黎縣西北二十里 (…) 秦築長城, 起自碣石, 此碣石在
　高麗界中, 亦謂之左碣石. 杜佑曰 "秦長城 所起之碣石, 在漢樂浪郡遂
　城縣地. 今犹 有長城遺址, 東戴遼水 入高麗" (…) 此皆傳譌也.
　　　　　　　　　　　　　　　　　　　　　　　　　　　—『독사방여기요』

『독사방여기요』는 "두우(『통전』 저작자)가 말하기를(杜佑曰)"이라고 써서 『통전』을 참고했음을 분명히 하고 있다. 그러나 『독사방여기요』의 저자인 고조우는 『통전』을 신뢰하지 않았다. 이는 그가 『독사방여기요』 권38 산동9 외국부고, 점제성의 수성폐현 조에 두우의 말을 다시 적은 뒤 "모두 본래 『태강지리지』의 설인데, 이것은 모두 잘못 전해진 것이다(此皆傳譌也)"라고 적어놓은 데서 알 수 있다. 『독사방여기요』의 내용은 『통전』에서 가져왔지만, 정작 인용자가 그것을 신뢰하지 않았던 만큼, 참고 사료로서 가치가 없다.

　두 번째, 『태평환우기』(A-5)의 분석이다. 역시 『통전』(A-3)과 비교해본다.

● 『晉太康地志』同 秦築長城 所起自碣石, 在今高麗舊界, 非此碣石也.
　　　　　　　　　　　　　　　　　　　　　　　　　　　　　—『통전』
● 『晉太康地志』云 秦築長城 起自碣石. 在今高麗舊界, 非此碣石也.
　　　　　　　　　　　　　　　　　　　　　　　　　　　—『태평환우기』

글자 두 개만 다르고 똑같다. 『통전』에 나오는 동(同)은 운(云)의 오자로 보이므로 사실은 한 글자만 다를 뿐이다. 따라서 『태평환우기』는 『통전』을 베꼈을 뿐이기에 독자적인 사료 가치가 없다.

세 번째로 『통전』(A-3, A-4) 차례다.

●『晉太康地志』同 秦築長城 所起自碣石, 在今高麗舊界, 非此碣石也.

● 碣石山 在漢樂浪郡遂城縣, 長城起於此山. 今驗 長城東戴遼水 而入高
麗 遺址猶存.   —『통전』

『통전』은 A-3 '노룡현' 조와 A-4 '고구려' 조의 두 개 항목에서 갈석산을 소개하고 있다. 왜 이런 일이 생겼을까?

'노룡현' 조에서는 "진나라가 쌓은 장성(秦築長城)"이라고 했는데, '고구려' 조에서는 그냥 장성(長城)이라고만 썼다. 그런데 내용이 이상하다. "장성이 동으로 요수를 건너 고려로 들어가고 그 유적이 아직도 존재한다(長城東戴遼水 而入高麗 遺址猶存)"라고 말한다. 두우가 『통전』을 썼을 때는(766~796년 무렵) 고려 (=고구려)가 없었다. 더구나 저 말대로라면 갈석산에서 장성이 시작되어 고려로 들어간다는 말이 된다. 장성이 북방을 막기 위해 갈석산에서 서쪽으로 뻗어나갔다는 사실과도 맞지 않는다. 『통전』의 기록은 역사적 사실과 완전히 배치되기 때문에 사료적 가치를 가질 수 없는 오류라고 보는 것이 타당하다.

네 번째로 『진서』(A-1)를 살펴보자. 『진서』는 『태강지리지』를 인용하지는 않았지만 낙랑군 수성현과 장성에 대해 언급하고 있다. 그 내용은 다음과 같다.

(平州) 樂浪郡『漢置』(…) 遂城 "秦築長城之所起"

—『진서』권14, 지4, 지리 상, 평주 낙랑군

보다시피 "진나라가 쌓은 장성(秦築長城)"이라는 말이 나온다. 이 구절은 이후 『통전』, 『태평환우기』, 『독사방여기요』에 모두 『태강지리지』의 말로 인용되었다. 그런데 『진서』에는 저 부분에 주석이 없다. 인용 전거를 밝히지 않은 것이다.

왜 그렇게 되었는지를 이해하기 위해서는 진(晋)나라가 316년에 북방의 침입으로 멸망하고 남으로 도망쳐 동진을 새로 열었다는 점에 주목해야 한다. 도망친 이후에는 이 지역에 대한 정보가 불확실할 수밖에 없었다. 또한 『진서』가 편찬된 648년은 당과 고구려가 대립하고 있던 시기로, 요서·요동에 대한 당의 영토 인식이 편찬에 영향을 줄 수 있다는 점도 고려하면서 사서를 살펴봐야 한다.

『진서』의 평주 기사는 부정확한 것들이 많은데, 잘 살펴보면 평주는 274년에 설치되어 282년 7월에 폐지된다. 따라서 『진서』 지리지의 기록은 이 시기를 다룬다고 보아야 한다. 이런 이유로 중국의 일부 학자들이 황해도 수안에서 장성이 시작된다고 주장하게 된 것이다. 하지만 이를 뒷받침할 고고학적 증거는 전혀 존재하지 않는다.

여기에서 노태돈이 검토한 바 있는 『진서』 「당빈열전」을 다시 한 번 살펴볼 필요가 있다. 당빈(235~294)은 280~289년경에 북평 지역(지금의 북경 일대)에서 활동했다. 당빈은 이 지역을 평정하고 온성에서 갈석까지 장성을 복구했다. 당빈의 이 활약상이 『태강지리지』에 반영되었다고 보는 것이 타당하다. 공석구는 고고학적 자료를 이용해서 이때의 갈석산은 노룡현에 있었을

갈석산과 노룡현의 위치

진황도시(秦皇島市: 친황다오시)의 서쪽에 노룡현이 위치한다. 노룡현 남동쪽으로는 갈석산이 있고, 산해관은 진황도의 남동쪽 바닷가에 자리한다. 갈석산과 노룡현 모두 진황도에 속한다.

가능성이 높다고 말한다. 거기가 거기 같아서 많이 혼동하지만 현재 갈석산은 창려현(昌黎縣)에 속하고, 바닷가의 산해관은 산해관구에 있다. 모두 진황도(秦皇島)에 속해 있으며, 그 면적은 충청북도보다 크다는 점을 알면 대략 지역의 크기가 짐작될 것이다.

당빈은 북평 지역을 침공한 선비족을 물리치기 위해 출동했다. 그가 한반도에 있는 낙랑까지 갈 일은 없었다. 그가 활동한 지명에 갈석은 나오지만 낙랑군도 수성현도 등장하지 않는다. 공석구는 당빈이 복구한 진장성의 기록이 "진나라가 쌓은 장성이 갈석에서 시작한다(秦築長城 起自碣石)"로 남고, 낙랑군이 이 지역으로 교치된 이후에 "낙랑 수성현에 갈석산이 있다(樂浪遂城縣 有碣石山)"라는 기록으로 남아 있다가 『태강지리지』에서 두 기록이 합쳐진 것으로 해석했다. 그러려면 『태강지리지』가 낙랑군 교치 이후, 즉 313년 이후에 작성된 것이어야 한다. 과연 그러한가?

이를 알기 위해서는 『태강지리지』 자체의 분석이 필요하다. 이 책은 사서마다 조금씩 다른 이름으로 소개되고 있다.

『삼국지』 주 : 진태강삼년지기(晉太康三年地記) — 429년

『사기』 집해 : 진태강지기(晉太康地記) — 5세기 중엽

『송서』 : 태강지지(太康地志), 진태강지리지(晉太康地理志), 진태강지지(晉太康地志), 진태강삼년지지(晉太康三年地志), 진태강지기(晉太康地記), 진태강기(晉太康記) — 487년

『수경』 주 : 태강지도기(太康地道記), 태강지기(太康地記), 태강기(太康記), 진태강지리기(晉太康地理記), 진태강지기(晉太康地記), 진태강기(晉太康記) — 6세기 초?

『후한서』 주 : 태강지리지(太康地理志), 진태강지도기(晉太康地道記) — 6세기 초?

『한서』 주 : 태강지지(太康地志), 진태강지기(晉太康地記) — 6세기 중반?

『진서』 : 태강지리지(太康地理志) — 648년

『사기』 색은 : 태강지리지(太康地理志), 태강지지(太康地志), 태강지기(太康地記), 진태강지기(晉太康地記), 진태강지리기(晉太康地理記) — 8세기 중반

『사기』 정의 : 태강지리지(太康地理志), 태강지지(太康地志), 진태강지지(晉太康地志), 진태강지기(晉太康地記), 진지기(晉地記) — 736년

『통전』 : 태강지지(太康地志), 태강지기(太康地記), 진태강지지(晉太康地志) — 801년

『태평환우기』 : 태강지리지(太康地理志), 태강지지(太康地志), 태강지기(太康地記), 진태강지리지(晉太康地理志), 진태강지리기(晉太康地理記), 진태강지지(晉太康地志), 진태강지기(晉太康地記), 진지기(晉地記) — 979년

『독사방여기요』 : 태강지지(太康地志), 태강지기(太康地記), 진태강지지(晉太康地志), 진태강지기(晉太康地記) — 1678년

위와 같이 다양하게 불린 까닭은(공석구는 『진태강토지기』와 『태강주군현명』이라는 책도 『태강지리지』와 관련이 있을 것 같다고 말한다) 이 책이 일찌감치 망실되었기 때문에 다양한 필사 과정을 거치면서 책의 이름도 여러 가지로 분화했으리라고 추측된다.

『태강지리지』는 청대에 와서 집록이 시도되었다. 각 사서에 있는 내용을 모아 재편집하기 시작한 것이다. 그리하여 1748년 필원(畢沅)이 『진태강삼년지기』를, 1792년 왕모(王謨)가 『태강지기』를, 19세기에는 황석(黃奭)이 『진태강삼년지기』라는 명칭으로 집록 간행했다. 그중 가장 유명한 책이 필원이 작업한 『진태강삼년지기』이다. 앞서 본 A 사료에도 책 이름이 다양하게 나오지만 「사기색은」(A-2), 『통전』(A-3), 『태평환우기』(A-5)에 언급된 책은 모두 동일한 책이라고 판단할 수 있다.

『태강지리지』에는 '태강 3년(282)'이라는 말이 계속 나오기 때문에 그때 편찬된 책이라는 선입견이 생기기 쉽다. 하지만 이 부분은 앞서 노태돈이 그렇지 않음을 논한 바 있다. 이제 좀 더 자세히 알아보자.

필원의 책을 보면 '위무제가 만든 남향군을 진무제가 순양군으로 고쳤다'는 내용이 나온다. 태강은 진무제의 연호이다. 이 책이 진무제 생전에 집필되었다면, '진무제'라는 이름을 쓰지 않았을 것이다. 따라서 이 책은 최소한 진무제 이후, 즉 290년 이후에 만들어진 것이다.

『삼국지』 배송지(裴松之)의 주에 보면 『태강지리지』를 인용해서 서진의 인구를 377만 호라고 적었다. 그런데 『진서』에는 태강 원년의 서진 인구가 246만 호라고 나온다. 불과 2년 만에 인구가 이렇게 늘어날 리는 없다. 377만 호는 태강 3년의 인구일 리 없다. 그렇다면 언제일까? 진나라는 원강 6년(296)에 호구조사를 했다는 기록이 있다. 이 기록이 인용된 것이라 생각하면

『태강지리지』는 296년 이후에 편찬된 책이 된다.

『자치통감』에 호삼성(胡三省)이 붙인 주석을 보면 진나라 혜제로부터 원제에 이르는 시기에 세워진 군현들이 『태강지리지』에 나온다. 원제의 재위 기간은 318~323년이다. 이로 보면 『태강지리지』는 323년 이후에 편찬된 책이다. 그리고 평양에 있던 낙랑군이 소멸한 것은 313년의 일이다.

왕모가 집록한 『태강지기』에는 당나라 현종 때 편찬된 『초학기』에 실려 있는 『태강지리지』 기록이 들어 있다. 여기에는 북위(386~534) 때의 일이 적혀 있다. 이로 미루어 볼 때 『태강지리지』는 386년 이후에 편찬되었음을 알 수 있다.

물론 『태강지리지』 자체는 태강 3년에 편찬되었고 위의 자료들은 후대에 첨가되었을 수도 있다. 그렇다고 해도 문제는 남는다. 낙랑군 수성현에 대한 자료들도 후대에 첨가되었을 가능성이 있기 때문이다. 요컨대 1차 사료로서 가치를 부여하기 힘들다.

『태강지리지』가 처음 인용된 책은 위에 나오듯이 『삼국지』에 배송지가 붙인 주석이다. 배송지는 429년에 주석 작업을 했다. 따라서 『태강지리지』는 282~429년 사이의 어느 시점에 출현한 책이라고 볼 수 있다. 그렇게 가정하면 위의 검토 결과와 위배되는 사항이 사라진다.

따라서 『태강지리지』에 대한 사료비판 없이 담기양 등이 한반도까지 이어진 만리장성을 그려 넣은 것은 완전히 잘못되었다. 또한 『태강지리지』의 구절을 근거로 낙랑이 처음부터 요서 지역에 있었다고 주장하는 것 역시 잘못되었다. 원래 낙랑군이 현 평양 일대에 있었다는 증거는 무수하다. 교차되는 많은 증거들에 의해 보장되는 낙랑군 재평양설과 달리, 요서 지역에 낙랑이 있었다는 주장은 교치 이전의 유일한 증거가 『태강지리지』뿐이다. 그리고 그 증거는 지금 무효 선언을 받았다.

나는 『태강지리지』 문제를 이전의 책 『만들어진 한국사』(파란미디어, 2010)에서도 다룬 바 있다. 당시 사료비판을 공석구만큼 엄밀하게 할 수 없었기 때문에 졸렬한 내용이 실리고 말았었다. 학계의 엄밀한 연구 결과가 나와 참으로 다행스럽다.

제12장

훈민정음에 나오는 '중국'은 어디?

문화에서 최고를 가리는 것은 부질없는 일이지만, 그럼에도 우리나라 최고의 문화유산이라고 한다면 한글을 꼽는 게 당연할 것이다. 우리말을 이처럼 편리하게 표현할 수 있는 문자 체계가 15세기 조선에서 발명되었다는 사실이 참으로 신기하기 이를 데 없다.

1443년(세종 25) 12월에 훈민정음 28자가 만들어졌다. 정확한 날짜가 있으면 금상첨화일 텐데, 날짜는 따로 특정되지 않았다. 그 기록을 옮겨본다.

> 이달에 임금이 친히 언문(諺文) 28자를 지었는데, 그 글자가 옛 전자(篆字)를 모방하고, 초성·중성·종성으로 나누어 합한 연후에야 글자를 이루었다. 무릇 문자에 관한 것과 우리말에 관한 것을 모두 쓸 수 있고, 글자는 비록 간단하고 요약하지마는 전환하는 것이 무궁하니, 이것을 훈민정음(訓民正音)이라고 일렀다.

보다시피 처음 대목에서 임금이 친히 만들었다고 밝혀놓았는데도 세간에는 훈민정음을 세종대왕이 만든 것이 아니라고 말하는 이들이 있다. 그것은

서주시대 쇠솥인 송정(頌鼎)에 새겨진 전자(篆字)
"옛 전자(篆字)를 모방"했다는 말은 훈민정음 글자체의 모양이 기존 한자인 해서체와 같지 않고 사진에 보이는 글자 모양과 비슷하다는 뜻이다. 이를 두고 훈민정음이 전자를 모방하여 만들어졌다고 이해해서는 안 된다.

그 다음 구절 때문이다. "그 글자가 옛 전자(篆字)를 모방하"였다고 나온다. 그러니까 훈민정음은 뭔가를 모방해서 만들어진 것이라고 주장하는 사람들이 생겨났다. 이 '뭔가'가 무엇인지에 대해 의견이 조금씩 다를 뿐이다.

전자는 옛 중국 한자의 한 종류이다. 위 구절은 훈민정음을 쓰는 글자체의 모양이 기존 한자인 해서체와 같지 않고 이 전자와 모양이 비슷하다는 뜻으로 적은 것이다. 새로이 만든 문자인데 그 문자가 어떤 형태인지 설명하려다보니 중국의 전자를 예로 들었을 뿐이다. 이는 훈민정음 사용을 극렬하게 반대했던 최만리(崔萬理)의 상소문에서도 확인할 수 있다. 집현전 부제학 최만리는 1444년 2월 20일에 훈민정음 사용을 반대하는 상소를 올렸는데, 거기에는 이런 내용이 들어 있다.

> 글자의 형상은 비록 옛날의 전문(篆文)을 모방하였을지라도 음을 쓰고 글자를 합하는 것은 모두 옛것에 반대되니 실로 의거할 데가 없사옵니다.

최만리는 아주 분명하게 '글자의 형상(字形)'이라 말하고 있다. 즉, 훈민정음 창제에서 '모방'했다는 것은 글자의 형상임이 분명하다. 최만리는 훈민정음이 완전히 새로운 문자라는 점을 "실로 의거할 데가 없"다는 말로 명명백백하게 증명했다.

하지만 사료를 종합적으로 보지 못하는 사람들이 엉뚱한 주장을 늘어놓으면서 세종대왕의 놀라운 업적에 흠집을 내기도 한다. 한글의 창제 원리가 워낙 뛰어나다보니 도저히 일조일석에 만들어낼 수 없는 것이라고 말하기도 한다.

세종대왕 때도 만들어낼 수 없을 만큼 뛰어난 한글을 그보다 더 옛날에 만들어냈다고 생각하는 것은 대체 어떻게 가능한지 알 수가 없다. 『환단고기』의 가림토 문자와 같은 것이 한글의 원형이라는 얼토당토않은 주장이 바로 그것이다. 훈민정음의 창제 원리는 까마득한 고대로 올라갈 수도 없고 올라가지도 않는다. 이런 혼란이 생긴 근본적인 원인은 한글 창제 원리를 담은 『훈민정음 해례본』(국보 70호)이 1940년에서야 발견되었기 때문이다. 이를 통해 비로소 한글의 자모가 인체의 발음기관을 형상화해서 만들어졌음이 증명되었고, 세종대왕의 독창적 산물이라는 것 역시 분명히 밝혀졌다.

그러나 아직도 역사학의 물밑에는 훈민정음을 만든 세종대왕의 업적을 훼손하는 이상한 주장들이 수없이 떠돌고 있다. 이런 엉터리 주장 중 가장 놀라운 것은 『훈민정음』 서문의 내용을 괴이하게 해석하는 경우다.

중·고등학교 시절 국어 시간에 입이 닳도록 외운 『훈민정음』 서문을 다 들 기억하고 있을 것이다.(이 서문은 「훈민정음 언해본」에 나오는 글이다.)

나랏 말쌋미 듕귁에 달아 문쫑와로 서르 ᄉᆞᄆᆞᆺ디 아니홀씨 (⋯)

현대어로 바꾸면 '나라의 말이 중국과 달라 문자로는 서로 통하지 아니하니' 정도가 될 것이다. 세종대왕이 훈민정음을 만든 근본적인 이유가 저 구절에 들어 있다. 우리나라 말이 중국과 다르다는 것, 그래서 중국 문자인 한자를 가져다 의사소통하기가 불편하다는 것이다.

그런데 여기에 나오는 '중국'이라는 말에 시비를 건다. 중국이라는 국가명은 조선시대에 없었으며, 중화인민공화국 수립(1949) 뒤에나 사용되었다고 주장하는 것이다. 그런 다음 '중국'은 '나라 가운데'라는 뜻이라고 우긴다. 조선이 아주 광대한 나라였던지라 서울 부근과 지방 사이에 서로 말이 달라 의사소통이 되지 않았기 때문에 만든 것이 훈민정음이라는 주장이다. 정말 어이가 없다.

이런 주장이 나오게 된 계기는 조선이 한반도에 있지 않았다는 엉터리 주장을 합리화하기 위해서였다. 조선이 한반도에 있지 않고 사실은 중국 땅에 있었다는 주장을 하는 사람들이 증거랍시고 내미는 것이 바로 위와 같은 내용이다. 당연히 말도 되지 않는 소리인데, 의외로 이런 이야기를 믿는 사람들이 있어서 놀라울 뿐이다.

우선 '중국'이라는 단어는 고대로부터 중국에서 사용되었다. 『사기』, 『맹자』 같은 책에서도 얼마든지 찾을 수 있다. 세조 5년(1459)에 나온 『월인석보』(보물 745호)에 들어 있던 「훈민정음 언해본」 서문에는 '중국' 밑에 주석이 붙어 있다.

> 중국은 황제 계신 나라이니 우리나라에서 보통 말에 강남(江南)이라 하느니라.

우리 옛 속담의 '친구따라 강남 간다'는 말이나 '강남 갔던 제비가 돌아오

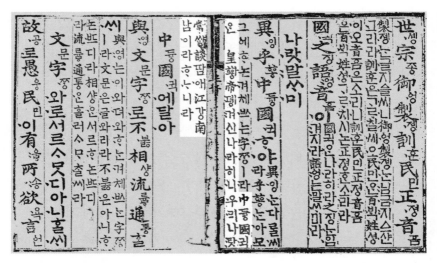

「훈민정음 언해본」(「월인석보」본)

「훈민정음 언해본」 서문에는 '중국' 밑에 주석이 달려 있다. "중국은 황제 계신 나라이니 우리나라에서 보통 말에 강남이라 하느니라."

는 춘삼월' 같은 관용어에 나오는 '강남'이 바로 이 강남이다. 조선시대에 중국에는 명나라가 있었고, 명나라의 처음 수도가 장강 아래의 남경(南京)이었다. 명나라는 남쪽에 근거지를 두고 북벌에 성공한 최초의 한족 왕조였다.

인간은 너무 당연하게 알고 있는 사실에 대한 반론이 등장하면 신선하게 보고 재미있어 하는 경향이 있다. 그냥 웃고 넘어가면 되지 않느냐는 반응부터 그런 주장이 사실일 수도 있지 않느냐, 일말의 가능성은 열어두어야 한다는 주장까지 나온다. 하지만 아닌 것은 아닌 것이고 잘못된 것은 잘못된 것이다. 역사학은 그런 것을 가리는 학문이다.

제13장

가림토 문자라는 허구

우리나라의 유사역사학에서는 조선이라는 나라를 무척 싫어한다. 식민사관 때문이다. 일제는 식민 지배 시절에 조선을 못난 나라로 인식시키기 위해 큰 노력을 기울였다. 그것이 바로 우리들이 흔히 말하는 '식민사관'이다. 조선은 독자적으로는 역사를 개척하지 못하고 남의 힘에 의지해야만 한다는 타율성론, 오랜 시간 변화가 없었다는 정체성론, 허구한 날 당파 싸움만 했다는 당파성론 등이 식민사관이다. 이 외에도 만주 없이는 발전할 수 없다는 만선사관, 일본과 조선은 같은 뿌리를 가지고 있다는 동조동근론, 큰 나라를 섬기는 일만 했다는 사대주의도 식민사관의 하나다.

일제의 이런 교육을 받아온 사람들 중 일부는 일제의 주장처럼 조선은 형편없는 나라라고 생각하게 되었다. 따라서 이렇게 보잘것없는 나라에서 한글이라는 세계적으로 자랑할 만한 문자를 만들어냈다는 것은 도저히 있을 수 없는 일이었다. 이런 모순을 해결하기 위한 쉬운 방법이 있다. 한글이 이미 만들어져 있으면 된다. 즉, 세종대왕은 이미 만들어져 있는 한글을 다시 사용하게 했을 뿐이라고 하면 문제없다. 위대한 한글은 우리 민족이 '가장

『환단고기』의 가림토 문자
3세 단군 가륵 2년 조에 "이에 삼랑 을보륵에게 명하여 정음 38자를 만들어 이를 가림토라 하니 그 글은 다음과 같았다"라고 나온다.

강성하던' 고조선 시대에 이미 만들어져 있었다고 유사역사학은 주장한다. 그 근거는 『환단고기』에 나오는 가림토 문자이다.

1979년 갑자기 나타난 『환단고기』에 고조선 시대의 문자라고 실린 그림을 가지고 아무 근거도 없이 한글의 원형이라 주장하는 것은 정말이지 말도 안 되는 이야기고, 실상 유사역사학 쪽에서도 그런 사실을 잘 알고 있다. 이 때문에 그들은 여러 가지로 가림토 문자의 근거를 댄다. 그러나 실체가 없는 것을 있다고 주장하려니 엄청난 무리수를 두게 된다.

일본에는 '신대(神代) 문자'라 부르는 고대 문자가 있었다는 주장이 있다. 이 신대 문자 중 하나가 '아비루(阿比留) 문자'인데, 누가 봐도 한글을 흉내 낸 것처럼 보인다. 실제로 아비루 문자는 한글을 흉내 내 후대에 조작된 것이다. 유사역사가들은 아비루 문자가 가림토 문자에서 가져온 것이라고 주장한다. 이미 한일 역사학자들이 모두 조작이라고 규정한 사안을 되살린 것이다. 일본의 극우파들은 세종대왕이 아비루 문자를 훔쳐서 한글을 만들었다고 주장하기도 한다.

이런 주장의 사례 중 또 하나는 인도에 가림토 문자가 있다는 이야기다. 인도의 구자라트 주에서 사용하는 구자라트 문자가 한글과 그 모양이 유사

신대 문자 중 한글과 모양이 흡사한 아비루 문자
위 글자는 아비루 문자 중에서도 이체자에 속한다. 아비루 문자는 다양한 형태가 존재한다.

하다고 해서 나온 주장이다.

얼핏 보면 과연 한글과 비슷해 보이는 글자가 있는 것 같기도 하다. 이런 주장이 제기되자 1999년에 김광해(서울대 국어교육과 교수)가 진실을 파헤치기 위해 직접 구자라트 주에 갔다. 그가 확인한 것은 참으로 어이없는 사실이었다. 구자라트 문자는 한글과 달리 문자 하나가 음 하나를 가지는 형태였고, 발음 또한 한글과 전혀 달랐다. 구자라트 문자 전체에서 형태상 한글과 비슷한 글자는 몇 개 되지도 않았다.

국어 연구자가 직접 현지를 방문하여 사실무근임을 확인하고 「한글과 비슷한(?) 구자라트 문자」(『새국어소식』 15, 1999)라는 논문까지 발표했음에도, 아

અ	આ	ઈ	ઈ	ઉ	ઉ	અં	એ	ઐ	ઓ	ઓ	ઔ	અં	અઃ
a	aa/A	i	I	u	U	E	c	ai	O	o	au	aM	a:
ક	કા	કિ	કી	કુ	કૂ	કે	કે	કૈ	કો	કો	કૌ	કં	કઃ
ka	kaa	ki	kI	ku	kU	kE	ke	kai	kO	ko	kau	kaM	ka:
ક	ખ	ગ	ઘ	ઙ	ચ	છ	જ	ઝ	ઞ	ટ	ઠ	ડ	ઢ
ka	kha	ga	gha	NGa	cha	Cha	ja	za	NYa	Ta	Tha	Da	Dha
ણ	ત	થ	દ	ધ	ન	પ	ફ	બ	ભ	મ	ય	ર	લ
Na	ta	tha	da	dha	na	pa	fa	ba	bha	ma	ya	ra	la
વ	શ	ષ	સ	હ	ળ	ક્ષ	જ્ઞ	ૐ		ૐ	ક	ૠ	ૠ
va	sha	Sha	sa	ha	La	kSha	Gna	Ddha		l	kra	kR	R

구자라트 문자의 발음
구자라트 문자의 발음을 정리한 표이다. 예를 들어 '래'와 비슷한 모양을 한 글자의 발음은 'a'이다. 한글 발음과 전혀 다르다.

직도 많은 이들이 인도에 한글의 원형 가림토가 있다는 말에 낚이고 있다. 김광해의 글 한 대목을 인용해보자.

> 이 문자는 현재 인도에서 공용어로 사용되고 있는 힌디 문자(데바나가리)와 모양이 기본적으로 같았으며, 따라서 문자의 기원도 결국은 산스크리트 문자로 이어지는 것이었다. 이 구자라트 문자들의 윗부분에다가 단어별로 줄을 죽죽 그으면 그것이 바로 힌디 문자였다. 그래서 힌디 문자를 읽을 줄 아는 사람은 이 구자라트 문자도 쉽게 읽는다. 결론적으로 말하면 이 문자는 한글과 닮아 보이는 형태가 몇 개 있는 것이었을 뿐 구조상으로나 기원상으로 한글과는 아무런 관계도 없었다. 한글과 비슷해 보이는 부분이 있는 것도 전적으로 우연일 뿐이었다.

몽골 초원에 가림토 문자가 새겨진 비석이 있다는 말도 있다.(만주에 있다고

톤유쿠크비(Tonyukuk monuments)
몽골 초원의 가림토 문자 비석으로 알려졌으나 사실은 돌궐의 지도자 빌게 톤유쿠크의 비석이다.

말하는 사람도 있다) 위 사진의 비석이 그것이라고 말하기도 하는데, 본래 돌궐의 지도자였던 빌게 톤유쿠크의 비석이다. 그가 사망한 727년 이후에 그의 업적을 새겨놓은 것으로 본다. 이 비석은 세계 학계에 널리 알려져 있고, 국내에도 정재훈(경상대 교수)이 쓴 『돌궐 유목제국사』(사계절, 2016)에 전문이 해석되어 있다.

과거에는 이런 엉터리 주장이 그럴듯하게 보이기 쉬웠다. 하지만 지금은 구글에서 검색만 몇 번 해봐도 얼마나 터무니없는 주장인지 금방 알 수 있다. 인터넷 세상에는 잘못된 정보도 무수하지만 제대로 된 정보도 많다. 수많은 정보의 진위를 가릴 수 있는 능력을 기르는 것이 필요하다.

유사역사학이라고 해도 모두의 의견이 통일되어 있는 것은 아니다. 어떤 사람들은 위대한 조선을 꿈꾸기도 한다. 이들은 조선이 사실은 '좁디좁은' 한반도가 아니라 '넓디넓은' 중국 땅에 있었고, 그래서 넓은 땅의 사람들이 서로 말이 통하지 않아 세종대왕이 한글을 만들었다고 주장하기도 한다. 이 이야기는 앞의 12장에서 자세히 다루었다.

다만 어느 쪽이든 '진짜' 조선을 창피하게 여기는 것은 동일하다. 역사를 지나치게 창피해하거나 과도하게 자랑스러워하는 것은 둘 다 문제가 있는 태도이다. 역사를 있는 그대로 직시하는 힘을 길러야 한다. 그럴 때만이 역사가 주는 교훈을 얻을 수 있다.

가림토는 대체 어디서 튀어나왔을까? 이에 대해서는 국어학자 권재선(대구대 교수)이 상세히 설명했다. 그는 가림토가 1906년에 나온 권정선(權靖善)의 『음경(音經)』을 차용한 것이라고 말한다. 글자꼴이 같고, 획 줄임이나 획 뻗침, 왼쪽이 터진 꼴 등 글자 변형 방법이 일치함을 밝혀냈다. 권재선은 가림토를 만든 사람도 권정선일 가능성이 높다고 추측한다. 당대 최고의 한글학자였던 주시경도 가림토에 대한 환상에 쐐기를 박는 발언을 한 바 있다.

단조(壇朝) 시대에 국문이 유하다 하는 자는 불소하나 차는 유언(流言)을 빙거할 뿐이요, 문헌의 확증은 미견한지라.

— 주시경, 「국문연구소 보고문」, 1909.

제14장

영문학자가 사이비 역사학자로 둔갑당하다

인류는 아프리카에서 기원하여 전 세계로 퍼져나갔다. 이 때문에 인류 최초의 문명도 아프리카 혹은 아프리카와 가까운 곳에서 발생했는데, 가장 유명한 곳이 바로 지금의 중동 지방이다. 유프라테스 강변에 위치했던 수메르는 자신들의 역사를 설형 문자로 남겼다. 인류 최초로 기록된 문명이 수메르에 있었던 것이다.

유사역사학에서는 이 수메르를 우리 민족이 세웠다고 주장한다. 수메르가 우리나라 말의 '소머리'란다. 이렇게 발음이 비슷한 단어를 가지고 세계 각국이 다 우리나라에서 유래했다고 우기는 일이 비일비재하다. 이집트는 '이 집의 터'라는 우리말이라고 주장하는 이도 있다.

'수메르'가 '소머리'에서 온 말이라고 할 수 없는 것은, '수메르'라는 말 자체가 수메르인들이 사용한 말이 아니기 때문이다. 수메르라는 말은 수메르를 멸망시킨 아카드 제국이 칭한 용어이다. 수메르인들은 자신들의 땅을 '키엔기르(Kiengir)'라고 불렀다.

수메르는 아주아주 오랜 옛날의 나라이기 때문에 수메르와 수메르인에 대해서는 아직도 모르는 부분이 많다. 유사역사학에서는 이 '모르는 부분'들을 은근슬쩍 우리 민족에 덧붙이려 한다.

이미 말했듯이 인류는 아프리카에서 출발해 유럽과 아시아로 퍼져나갔다. 그러니 우리 민족에서 수메르가 갈라져 나오려면 인류의 이동이 꾸며낸 거짓이거나 인류가 일단 각지에 자리를 잡았다가 다시 수메르를 향해서 돌아가야 한다. 돌아간다는 설정은 자기들이 생각해도 너무 말이 안 되니까 그들은 그냥 시베리아에서 인류가 발생했다고 우긴다. 유전자 분석 결과 인류가 아프리카에서 발생하여 퍼져나갔다는 사실을 부정하는 사람은 더 이상 없는 현실인데도 여전히 이런 주장을 하고 있다.

그들의 근거는 수메르에서 우리말과 같은 교착어가 사용되었다는 것과 검은 머리카락을 가지고 있었다는 것, 그리고 이들이 동쪽에서 왔다는 사실 등 세 가지다. 이런 것들이 주장의 근거가 될 수 있다면 전 세계의 검은 머리에 교착어 사용자들은 모두 우리 민족일 것이다.

수메르가 우리 민족이라는 주장의 결정적 증거로 사용되는 것 중 하나가 이들의 문자이다. 수메르는 설형 문자(쐐기문자)를 사용했는데, 점토판에 갈대를 잘라서 만든 필기구로 썼다. 이 문자는 필기구와 점토판의 특성상 뾰족뾰족한 쐐기처럼 보인다. 그런데 이 문자마저 동방에서 가져온 것이라고 주장하는 사람들이 있다. 그들은 이렇게 말한다.

일본의 우에노 교수가 "수메르족은 메소포타미아에서 자생한 민족이 절대 아니고 동방에서 이동해왔다. 그것도 문자를 가지고 왔는데 바로 태호복희가 쓰던 팔괘 부호(八卦符號)와 흡사한 문자를 가지고 5500년 전에 서쪽으로 옮겨 왔다"라고 말했다.

위에서 언급된 인물인 우에노 가게토미(上野景福)는 1910년에 태어났고 일본 쇼와 시대를 대표하는 영문학자이다(도쿄대학 영문학과 교수). 역사학자도 아니고 수메르를 연구한 사람도 아닌데 위와 같은 헛소리를 했다니 퍽 이상하다. 실제로 위의 주장은 '갑돌이가 기침을 했다'는 말이 몇 단계를 거치면서 '갑돌이가 죽었다'는 이야기로 변하는 흐름과 비슷하다. 국수주의에 빠진 이들에게서 흔히 보이는 인지부조화의 한 가지 예인 셈이다.

원래 위 주장은 송호수가 쓴 『민족정통사상의 탐구』(민족문화연구소, 1978)에 나온다. 송호수가 쓴 글은 아래와 같다.

> 뿐만 아니라 이들이 최초로 사용한 설형 문자(cuneform)는 BC 2800년대 후반기의 다구(太嘷, 단군 복희伏羲 씨가 사용했다는 팔괘 부호──중쟁지환中爭之渙) 등과 흡사하고, 소아시아에서 영국까지 이동한 켈트(Celt) 고음부(古音符)의 오감(Ogam) 문자인 「ㅗ, ㅛ, ㅛ, ㅛ, ㅛ(hatcg)」 등[105]과도 흡사한 것으로 보아, 중앙아(中央亞) 시대에 어떤 음표가 있어, 이것이 수메르족에서는 설형 문자, 그 후의 몽골로이드에서는 팔괘 부호, 아주 후기의 켈트족에서는 오감 문자적 부호로 각기 분화한 것을 추측케 해주고 있기 때문이다.

위 글의 주석 번호 105에 딸린 내용에서 우에노 가게토미가 등장한다.

105) 上野景福, 「アルフアベット」, 『語學的指導の基礎』(下), 東京: 昭和三四, 203쪽에서 부호 인용.

이는 우에노가 쓴 『어학적 지도의 기초』(1959) 하권의 '알파벳' 장(章) 203

쪽에 나오는 부호를 인용했다는 의미다. 우에노는 수메르 사람들이 동쪽에서 문자를 가져왔다는 말을 전혀 하지 않았다. 그저 송호수가 우에노의 책에서 오감 문자를 인용해 사용했을 뿐이다.

오감 문자는 아일랜드어와 픽트어를 표기하기 위해 아일랜드와 영국 지방에서 사용한 문자다. 가장 오래된 용례가 AD 4세기 무렵에 발견된다. 수메르와는 아무 관련도 없다. 심지어 송호수가 위의 글에서 말하고자 하는 것도 어떤 원형이 설형 문자와 팔괘 부호, 오감 문자로 발전했을 거라는 추측이었다. 자신도 모르는 새 수메르 역사 연구자가 된 우에노는 이런 사실을 과연 알기는 했을까?

어떤 글이 엉터리인지 아닌지 알아내는 좋은 방법 중 하나는 그 주장에 근거 자료, 즉 레퍼런스가 있는지를 살피는 것이다. 그런 철저한 검증 작업을 통해 물밑에서 저질러지는 사이비 주장을 파헤칠 수 있다.

제15장

나라의 맥을 끊는 쇠말뚝 괴담

일제강점기에 식민지 조선에서 큰 인물이 나오는 것을 막기 위해 일제가 명산에 쇠말뚝을 박았다는 이야기를 한 번쯤 들어보았을 것이다. 이 쇠말뚝을 뽑으러 다닌다는 사람도 있고, 쇠말뚝으로 인해 훼손된 민족정기를 바로 세워야 한다고 말하는 이들도 있다.

쇠말뚝을 땅에다 박아서 인재의 맥을 끊을 수 있다는 말 자체가 황당무계하다. 과학이 우주와 생명의 비밀을 헤쳐나가고 있는 21세기에, 지표면에 말뚝을 박아서 인간사에 영향을 미친다는 발상을 진지하게 믿는 것 자체가 어불성설이다.

그러나 이 터무니없는 미신은 사실 그 뿌리가 아주 오래되었다. 쇠말뚝 괴담의 원조 격인 이야기를 조선왕조실록 『태종실록』 6년 7월 16일 자 기사에서 찾을 수 있다.

나주에 불상을 받으러 가던 명나라 사신 황엄이 전라도 진원현(지금의 전남 장성군)을 지나가다가 그곳의 신령스러운 나무 백지수(百枝樹)에 구리못을 박았다. 수행하던 관원이 이를 눈치채서 구리못을 뽑고 조정에 이 사실을 알렸다고 한다. 나무에 구리못을 박았다는 이야기가 후대로 내려오면서 벼랑에 구멍을 팠다는 이야기로 과장되어 『동국여지승람』에 실렸다.

쇠말뚝 괴담은 임진왜란 때도 등장한다. 1934년에 선산에서 채록된 이야기를 보자.

> 임진왜란 때, 왜군이 경상도 선산까지 쳐들어와서 잠시 그곳에 머물러 있었는데 그때 왜군 중에 한 지사(地師)가 있어 그곳 산맥을 살펴보니, 많은 인재가 속출하고 국가는 나날이 흥기할 것 같이 보였었다. 그래서 왜군 지사는 이 산맥의 활기를 죽여버릴 양으로 군사들을 시켜 선산읍 뒤에 이어 있는 산맥에다 불을 성하게 이루어 숯을 구운 뒤 그곳에다 커다란 쇠말뚝을 박아 그 산맥의 활기를 죽였다고 한다. 그런 뒤로는 이상하게도 선산에는 인재가 나오지 아니하였다고 하며, 그 산맥이 근방 고을에까지 통하여 있었으므로 역시 근방 고을에서도 인재가 나오지를 아니하였다고 한다.
>
> — 최상수, 『한국민간전설집』, 통문관, 1958, 선산군 선산면 박 생원의 이야기.

그러니까 정작 일제강점기에는 임진왜란 때 꽂은 쇠말뚝 이야기가 돌아다니고 있었던 것이다. 이뿐만 아니다. 조선의 개혁 군주라고 불리는 정조도 1797년에 우의정 이병모(1742~1806)에게 이런 말을 한 적이 있다.

> 요즘 인재가 점점 옛날만 못해지고 있소. 명나라 초에 도사 서사호(徐師昊)가 우리나라에 와서 산천을 구경했는데, 단천(함경남도) 현덕산에 이르러 천자의 기운이 있다고 다섯 개의 쇠말뚝을 박아놓고 떠났으니 북쪽에 인재가 없는 것은 여기서부터 비롯된 것이오. (…)　　　　　　　— 『정조실록』, 21년 6월 24일.

서사호는 고려 공민왕 때 명에서 온 사신인데, 압승술(壓勝術, 주술이나 주문으로 화복을 누르는 일)로 유명한 도사였다. 공민왕은 서사호가 자신에게 압승술을 쓸까 두려워서 마중을 나가지 않았다고 한다. 그러나 실제로는 서사호가 쇠말뚝을 박기는커녕 고려의 안녕과 번영을 비는 비석을 세우고 돌아갔다. 정조는 그를 모함한 셈이다. 정조는 뒤이어 또 황당한 이야기를 한다.

> 서울에 내려온 맥은 삼각산이 으뜸인데, 과인이 듣기로 수십 년 전에 북한산
>
> 성 아래에 소금을 쌓고 그 위를 덮은 뒤 태워서 소금산을 만들어 맥을 멈추게
>
> 하였으니 서울에 인재가 없는 이유가 이것이 아니라 할 수 있소?

신하들이 얼른 찬동하고 나서자, 정조는 정말 소금산을 헐어버리려 했다. 하지만 소금산이 있어야 허물 것이 아닌가? 이것 역시 괴담에 지나지 않았다. 아무도 소금산을 본 이가 없었다.

일제가 쇠말뚝을 꽂았다는 괴담의 주인공으로 종종 나오는 인물은 일본 육군 장군 야마시타 도모유키(山下奉文)다. 전범재판 당시 야마시타는 자신이 소장 시절 조선 땅 365곳에 혈침을 박았노라고 조선인 통역관 신세우에게 고백했다고 한다. 이는 있을 수 없는 이야기다. 야마시타의 통역관은 조선인이 아니라 하마모토라는 일본인이었다. 또한 야마시타는 1936년 2·26쿠데타에 동정적이었다는 이유로 조선 용산에 주둔하던 40여단장으로 좌천되었다가, 1937년에 중일전쟁이 일어나자 다시 호출을 받고 출전했다. 좌천되어 조선에 온 야마시타가 1년여 만에 한반도 곳곳에 365개의 혈침을 박는 대작업을 완료했다는 것은 불가능한 이야기다.(야마시타는 엄청난 황금을 숨겨놓았다는 일명 '야마시타 골드'의 주인공이기도 하다.)

백두산에 박은 쇠말뚝?
이 사진은 백두산 천지에서 일본인들
이 쇠말뚝을 꽂는 의식이라고 알려졌
으나(『주간조선』 1792호, 2004년 2월 26일),
이는 잘못된 전해진 것이다. 신도텐코
쿄(神道天行居)라는 종교 집단의 의식 행
사이다.

　일제가 이런 일을 했다는 증거는 아무 데도 없다. '그런 이야기를 들었다'
는 괴담만 존재한다. 쇠말뚝을 박아서 땅의 기운을 억누른다는 미신을 믿고
비밀리에 추진한다는 게 과연 가당키나 한가. 이런 반론에 부딪치면 풍수를
믿는 조선인들을 맥 빠지게 하려는 일제의 심리적 술책이었다고 말한다. 비
밀리에 작업하면서 조선인들을 심리적으로 위축시킨다는 게 대체 어떻게
가능한가? 일제는 이런 일을 하지 않고도 교육을 통해 얼마든지 조선인을
위축시켰고, 창씨개명 등으로 민족의 뿌리를 뽑아내는 데 거침이 없었다.

　그렇다면 산에서 뽑아냈다는 쇠말뚝은 대체 뭔가? 이는 여러 가지 설명
이 가능하다. 군사용 막사를 세울 때 사용된 것, 무속인들이 주술 의식으로

꽂아둔 것, 측량용으로 꽂은 것 등이 섞여 있을 것이다. 이런 이야기는 지금까지 몇 번이나 지적되었지만, 일본제국이라면 능히 이런 짓을 할 만하다는 확신이 괴담에 끈질긴 생명력을 부여해왔다.

쇠말뚝 괴담은 결국 강한 상대에 대한 피해 의식의 발로라 할 수 있으며, 상대를 바꿔가면서 계속 살아남았다. 명나라가, 임진왜란 때 왜군이, 일제강점기의 일본인이 했던 짓들 때문에 우리에게 인재가 없다고 스스로를 위로하는 용도로 사용되었다. 증거도 없고 이치에 맞지도 않는 허무맹랑한 미신을 일제의 만행으로 규탄할 때, 우리가 진짜 알아야 하고 규탄해야 할 만행은 오히려 잊힐 수도 있다. 우리는 그런 점을 더 조심해야 한다.

제16장

조선 총독은 돌아오지 않는다

인터넷이 등장한 이후 여러 가지 많은 변화 가운데 한 가지는 정보의 가치가 달라졌다는 점이다. 과거에 비해 정보를 많이 아는 사람의 중요성이 떨어졌다. 웬만한 정보는 인터넷 포털사이트에서 검색해보면 우르르 쏟아지기 때문이다. 강사의 강연을 듣는 중에도 저 사람 말이 맞는지 스마트폰을 꺼내 인터넷 검색으로 검증해보는 이들이 있을 정도다. 하지만 그와 동시에 엉터리 정보가 계속 재생산되어 사라지지 않는 폐해도 생겼다. 특히 그런 정보가 자신의 평소 생각을 강화시켜주는 것이라면 더욱 그러하다.

아베 노부유키(阿部信行, 1875~1953)라는 사람이 있다. 식민지 조선의 9대 총독이다. 1944년에 부임해서 1년간 총독으로 있었다. 그가 조선을 떠날 때 남겼다는 예언, 혹은 저주가 인터넷 공간을 떠돈다.

우리는 패했지만 조선은 승리한 것이 아니다. 장담하건대, 조선민이 제정신을 차리고 찬란하고 위대했던 옛 조선의 영광을 되찾으려면 100년이라는 세월보다 훨씬 더 걸릴 것이다. 우리 일본은 조선민에게 총과 대포보다 무서운 식민교육을 심어놓았다. 결국은 서로 이간질하며 노예적 삶을 살 것이다.

보라! 실로 조선은 위대했고 찬란했지만 현재 조선은 결국 식민 교육의 노예로 전락할 것이다. 그리고 나 아베 노부유키는 다시 돌아온다.

이 말은 일제 치하에서 고생했던 조상들에 대한 회한과 현재 일본의 반성 없는 태도에 분개하는 심정을 강하게 자극한다. 그리하여 진위 같은 건 알아볼 새도 없이 "내 이럴 줄 알았다!"는 확신으로 굳어져 아무 말이나 믿어 버리게 되는 일이 종종 벌어진다.

아베 노부유키가 위와 같은 말을 했다는 근거는 아무 데도 없다. 하지만 중앙 일간지조차 이 말을 아베의 발언으로 인용한다. 심지어 아베 노부유키가 현 일본 수상인 아베 신조(安倍晋三)의 할아버지라는 주장까지 있다. 일본식 독음을 외래어표기법에 따라 한글로 적으면 똑같이 '아베'이지만 한자로는 아부(阿部)와 안배(安倍)로 완전히 다른 성이다. 이는 흡사 유(劉) 씨와 유(柳) 씨가 같은 성이라고 주장하는 것이나 마찬가지다.

아베 노부유키의 말 일부가 어느 책엔가 실려 있다고 하는데, 그 내용도 일부에 불과할 뿐만 아니라 출전도 제시되지 않아 신빙성이 없기는 매한가지다. 인터넷상에는 이런 엉터리 이야기가 차고 넘친다.

인터넷과 각종 프로그램의 발달로 인해 더 어이없는 해프닝도 벌어진다. 위의 엉터리 이야기를 구글 번역기를 이용해서 일본어로 번역하여 더 그럴 듯하게 보이도록 위장하는 행동도 서슴지 않는다. 하지만 번역기의 성능은 아직 완벽하지 않기 때문에 그 안에는 전문가들이 볼 때 너무 황당하여 아연케 만드는 문구도 들어가게 마련이다. 어처구니없는 문장으로 인해 엉터리 위장이 더 확실하게 탄로 나게 되니, 자업자득이라고도 할 수 있겠다.

최근에도 위대한 고조선의 역사를 위장하기 위해 러시아어 번역기를 돌려서 문서를 만든 어이없는 일이 발생한 적이 있다. 구글 번역기는 나라 이름인 조선(朝鮮)을 배를 만든다는 조선(造船)으로 이해하고 번역해버렸다. 잘못된 번역을 깨닫지도 못한 채 '위대한 배 만드는 역사'를 고조선의 역사랍시고 소리 높여 자랑하고, 여기에 많은 사람들이 미혹되어 그 글을 퍼 나르는 일이 생긴다. 유사역사학 기관지 노릇을 하는 해당 인터넷 언론사는 부끄러운 줄도 모르고 아직도 그 기사를 인터넷상에 버젓이 올려놓고 있다. 구글 번역으로 만든 엉터리 러시아어 덕분에 러시아어를 할 줄 아는 사람들은 모두 배꼽 잡았다는 것을 그들은 모른 척한다.

엉터리로 만들어진 위대한 우리 민족 이야기의 배경에는 역사학계를 비난하는 속셈이 도사리고 있는 경우가 대부분이다. 아베 노부유키의 말에도 "실로 조선은 위대했고 찬란했지만"이라는 표현이 들어 있다. 마치 아침 드라마의 악역이 속마음을 입 밖으로 꺼내서 되뇌이는데 주인공이 문 뒤에서 그 말을 엿듣고 있는 것 같은 상황이다.

인터넷에 떠도는 잘못된 정보 가운데 조선 총독 사이토 마코토(齋藤實)의 교육 시책이라는 것도 있다. 아래와 같은 내용이다.

먼저, 조선 사람들이 자신의 일, 역사, 전통을 알지 못하게 만듦으로써 민족혼, 민족문화를 상실하게 하고, 그들의 조상과 선인들의 무위, 무능, 악행을 들춰내 그것을 과장하여 조선인 후손들에게 가르침으로써 조선의 청소년들이 그 부조(父祖)들을 경시하고 멸시하는 감정을 일으키게 하여 그것을 하나의 기풍으로 만들고, 그 결과 조선의 청소년들이 자국의 모든 인물과 사적(史蹟)에 관하여 부정적인 지식을 얻어 반드시 실망과 허무에 빠지게 될 것이니, 그때에 일본 사

적, 일본 인물, 일본 문화를 소개하면 그 동화의 효과가 지대할 것이다. 이것이

제국 일본이 조선인을 반일본인으로 만드는 요결인 것이다.

결론부터 말하자면, 이런 교육 시책은 존재하지 않았다. 이 내용은 원래 문정창이 쓴 『군국 일본 조선 점령 36년사』 상권에 실려 있는데, 원래 해당 대목에도 이것이 사이토 마코토의 교육 시책이라고 되어 있지 않다. 하지만 그는 같은 책 중(中)권에서는 마치 이것이 사이토 마코토의 교육 시책으로 공포된 것처럼 착각할 수 있게 기술했다. 그 덕분에 인터넷 세상에서 지워지지 않는 '떡밥'이 되어 오늘도 사람들을 낚아 올리고 있는 중이다.

일제는 원래 나쁘니까 누명을 써도 되고 모함을 해도 된다고 생각하면 곤란하다. 거짓말로 공격하면 진짜 나쁜 일은 묻혀버린다. 없는 이야기를 지어내지 않아도 일제강점기의 악행은 헤아릴 수 없이 많다.

제17장

허왕후, 과연 인도에서 왔는가?

『삼국유사』에는 가야를 세운 김수로왕의 왕비인 허왕후가 아유타국(阿踰陀國)에서 왔다는 이야기가 적혀 있다. '아유타'는 어디에 있는 나라일까? 허왕후는 배를 타고 왔으므로 아마도 바다 건너 있는 나라였을 것이다.

아유타는 불경에 그 이름이 나온다. 하지만 어떤 나라인지는 나오지 않는다. 그냥 그런 나라가 있다고만 적혀 있을 뿐이다. 그렇긴 해도 불경에 언급되었으니 고대 인도에 있던 나라였을 듯싶다. 그렇다. 아유타는 인도에 있던 나라이고, 허왕후는 인도에서 온 공주였다. 아주 먼 인도에서 수로왕의 왕비가 되기 위해 이 땅을 찾아온 공주가 허왕후였다.

하지만 이는 신화일 뿐, 역사적 사실은 아니다. 아유타라는 나라 자체가 역사적 사실로 존재하는 나라가 아니기 때문이다. 허왕후 신화가 어떻게 만들어지고 천 년에 걸쳐 살이 붙은 끝에 유사역사학과 결합하여 오늘날 우리 사회의 골칫거리가 되었는지 추적하는 책이 있다. 인도 고대사를 전공한 이광수(부산외대 교수)가 쓴 『인도에서 온 허왕후, 그 만들어진 신화』(푸른역사, 2017)이다.

엉터리 이야기가 역사로 둔갑하기는 매우 쉽다. 그럴듯해 보이는 몇 가지 사실들을 자기 마음대로 엮어놓기만 하면 된다. 문제는 그것이 거짓임을 밝혀내는 일이 매우 어렵다는 데 있다. 보통 사람들에게 마치 상식처럼 보이는 것들 자체가 잘못된 인식이라면 더욱 그렇다. 왜 잘못 알고 있는지 알려줘야 하는데, 그건 한두 가지 오류만 수정해서는 해결할 수 없는 문제일 때가 많다. 그 때문에 엉터리라고 지적하기는 쉬워도, 하나하나 논박하기는 쉽지 않다.

이광수는 인도사에 대한 해박한 지식과 불교에 대한 깊은 이해를 바탕으로 허왕후 신화에 덕지덕지 붙은 더께들을 털어낸다. 불교가 한반도로 오면서 어떤 과정들을 거쳤는지 모른다면 쓸 수 없는 무거운 내용이 책 안에 담겨 있다.

유사역사학에서는 허왕후가 왔다는 아유타를 오늘날 인도 북부의 아요디야로 보고 있다. 이광수는 그것이 왜 허구인지 이야기한다. 아유타는 힌두의 라마야나 신화에 나오는 꼬살라국의 수도이다. 불교를 대표하는 도시가 아니며, 인도를 대표하는 도시도 아니다. 아유타라는 단어가 한반도에 알려진 것은 8세기 이후의 일이다. 그때에 이르러서야 이 단어가 한역된 불경에 등장하기 때문이다. 그러므로 아유타라는 말은 나말여초기의 누군가에 의해 수로왕과 허왕후 이야기에 삽입된 단어일 뿐이다. 물론 인도를 의미하는 뜻으로 사용되었다.

허왕후 신화는 『삼국유사』에 두 가지가 나온다. 하나는 가락국기에 실려 있고 다른 하나는 파사석탑 설명에 실려 있다. 가락국기 쪽이 더 단순하여 좀 더 오래된 설화임을 알 수 있다. 파사석탑 설화는 허왕후가 풍랑을 만나 길을 떠나지 못해 돌아와서 파사석탑을 실었는데, 그러자 무사히 항해를 할 수 있었다는 이야기다. 이광수는 고대 인도의 여러 면을 들어 이 설화가 사실이 아니라는 점을 증명한다. 그와 함께 파사석탑이 김해 지역의 돌로 만들어졌을 가능성도 이야기한다. 그는 허왕후 신화를 구성하는 요소들을 하나하나 파헤쳐나간다.

사실 이런 증명은 어려운 것이 아니라고 할 수도 있다. 애초에 신화이니 역사적 사실과 일치할 리가 없다. 그런데 대체 왜 신화가 역사가 된 것인가? 바로 이 점이 진짜 어려운 부분이다. 이광수는 그 과정을 추적한다.

그 시발점은 한 아동문학가의 글이었다. 1977년 이종기는 『가락국탐사』(일지사)라는 책을 낸다. 이 책 자체는 큰 반향을 일으키지 못했다. 이 책은 박정희 정권의 민족주의적 기세를 타고 어린이에게 꿈과 희망을 주고 싶다는 아동문학가 나름의 순수한 의도에서 역사적 사실처럼 윤색되었다. 소설가의 상상력이라는 측면에서 이 정도는 용인될 수도 있었다. 하지만 이 책은 뜻밖에도 전문가에게 영향을 주었다. 바로 고고학 연구자 김병모에게 큰 감명을 준 것이다. 김병모는 이종기의 상상에 역사를 덮씌워 역사적 사실로 재구성하고 1987년과 1988년에 두 편의 논문으로 발표했다.

고대에 한반도와 인도가 교류했다는 주장은 민족주의적 감성을 자극했다. 이런 주장은 우리 한민족이 세계사의 주역이었던 것 같은 착시를 제공한다. 중국을 통하지 않고 불교와 차가 들어왔다는 점도 중국에 대한 열등감을 극복하는 데 도움이 된다. 언론은 대중이 이런 것을 요구한다는 점을 잘 알고 있었고, 바로 기름을 부어 불길을 일으켰다.

대학 교수의 논문에 중앙 일간지의 지원사격이 더해지자, 허왕후 신화는 거침없이 역사로 둔갑하기 시작했다. 일부 역사학자들도 무비판적으로 받아쓰기를 했다. 이광수와 김태식(홍익대 교수) 등 인도와 가야사 전문가들이

비판 논문을 내놓았지만, 학계 안에서 잠깐 맴돌았을 뿐 대중에게 아무런 영향력도 미치지 못했다. 바로 그 때문에 이광수는 『인도에서 온 허왕후, 그 만들어진 신화』를 대중서로 집필하기에 이르른 것이다.

이쯤에서 '신화는 원래 역사적 사실을 그 안에 담고 있는 건데 조금 과장된 측면이 있다 한들 그게 무슨 문제냐'는 지적이 나올 수 있다. 이광수는 바로 그 점을 위의 책 제10장 '사이비역사학과 우파 민족주의'에서 통렬하게 비판했다.

아요디야의 사리유 강가에는 허왕후 탄생비가 건립되어 있다. 2002년에 가락중앙종친회가 세운 것이다. 당시 인도 집권 여당인 인도국민당은 탄생비 건립을 적극 후원했다. 인도국민당은 힌두 민족주의를 이념으로 삼는 극우 파시즘 정당이다. 이들에게 위대한 힌두의 힘이 한반도에까지 미쳤다는 것은 좋은 선전거리가 아닐 수 없다. 그런 파시스트들에게 동조하고 있는 상황이 작금의 우리 현실이다. 이광수의 말을 경청할 필요가 있다.

> 역사학 연구는 연구실에서 이루어지지만 대중을 향해야 한다. 연구실 책상 앞에서 연구하는 교수가 연구에만 전념할 뿐 대중화에 별 관심이 없을 때, 일단의 정치 세력은 역사를 왜곡하여 정치 무기로 삼는다.

그러나 그의 노력에도 불구하고 대한민국 주인도대사관은 인도의 아요디야에 '허황후 기념공원'을 짓겠다고 발표했다. 유사역사는 이렇게 우리의 돈을 잡아먹고 다른 나라의 수구 세력을 돕는다.

제18장

광개토왕비에 얽힌 엉터리 이야기들

광개토왕비는 우리나라 역사에서 엄청나게 중요한 비석이다. 우선 높이가 6.39미터로 우리나라 비석 중 최대 크기를 자랑한다. 건립 연대가 414년으로 삼국시대의 비석 중 가장 오래된 비석이기도 하다.

광개토왕비가 원래는 다른 곳에 있었는데 현재 위치로 옮겨졌다는 등의 이상한 이야기를 하는 사람들이 있다. 압록강 너머에 있는 이 큰 비석의 존재는 『용비어천가』에도 나온다. 다만 그것이 광개토왕비인지 몰랐을 뿐이다. 북한산 위에 있는 진흥왕순수비가 신라 왕의 것인지 몰랐던 것처럼 말이다.

근대에 와서 이 비를 발견한 사람이 일본의 밀정 포병 대위 사코 가게아키(酒勾景信, '사코 가게노부'라고도 부른다)이기 때문에 비문 위조설도 광범위하게 퍼졌다. 사코는 비문을 탁본해서 육군참모본부에 가져갔다.

비문은 비교적 빨리 해독되어 다음 해인 1884년(빨리 해독되는 데 1년이 걸린 것이다) 아오에 슈(青江秀)가 『동부여 영락대왕 비명 해(解)』라는 책을, 요코이 다다나오(橫井忠直)가 『고구려 고비 고(考)』라는 책을 썼다. 1889년에는 요코

광개토왕비

1918년 구로이타 가쓰미(黑板勝美)를 중심으로 한 조사대가 길림성(吉林省) 집안(集安) 등 현지 조사를 하고 찍은 광개토왕비이며, 『조선고적도보』에 실려 있다.

이 다다나오의 연구를 바탕으로 비문과 해석이 『회여록(會余錄)』 제5집에 실렸다. 앞의 두 책은 간행되지 않았으나 『회여록』은 광개토왕비문을 알리는 데 결정적인 역할을 했다.

광개토왕비문에서 가장 문제가 되는 구절은 신묘년(391) 조의 기사로, 위조된 것이라는 주장도 이 기사 때문에 나왔다. 이 기사는 왜가 신라와 백제를 공격하여 신민으로 삼았다는 내용이다. 하지만 비문의 내용을 잘 살필 필요가 있다.

광개토대왕이 병신년(396)부터 기해년(399)까지 백제를 토벌하고, 경자년(400)에는 신라를 도와 임나가야를 정벌했으며, 갑진년(404)에는 다시 백제와 손을 잡은 왜를 격멸했다는 내용이 신묘년 조 다음에 적혀 있다. 일본에서 주장하는 신묘년 조의 기사, 즉 왜가 신라와 백제를 공격하여 신민으로 삼았다는 내용이 사실이라 해도 비문이 결국 이야기하는 바는 왜(일본)의 대패이다. 광개토왕비는 왜군의 패배, 그것도 대패가 기록된 비석이다. 오늘날 한·중·일 학계는 모두 신묘년 기사가 고구려의 허풍이 들어갔다고 보고 있다. 상대가 막강해야 쳐부순 맛이 난다는 거다.

일본 역사학자 시라토리 구라키치(白鳥庫吉)는 광개토왕비를 일본으로 가져갈 생각을 했다. 이 무렵 일본은 러일전쟁을 치르던 중이었다. 고대로부터 현재까지 일본은 한반도를 장악하기 위해 북쪽 세력과 싸워왔다는 것이 시라토리의 생각이었다. 그 점을 광개토왕비가 증명한다! 그런데 정작 시라토리는 그 비를 자랑스럽게 생각해서 일본으로 가져가려 한 것이 아니었다. 1905년 8월에 쓴 「만주지명담 호태왕 비문에 대하여」라는 글에 이런 내용이 있다.

> 다만 이 비문에는 일본에게 재미없는 것이 적혀 있다. 사실 일본은 고구려에게 졌던 것 같다. 고구려에 패하고부터 일본의 세력이 떨치지 못하게 되었으므로 일본이 대륙의 전쟁에서 패했다면 다시 대륙으로 진출하기는 쉽지 않다. 이번 전쟁에서 반드시 러시아를 이기지 않으면 안 된다. 옛 역사가 이미 증명하고 있는 것이다.　　　　　　　　　　　　— 이성시, 『만들어진 고대』, 삼인, 2001에서 재인용.

그는 1907년에 일본 군부에 요청하여 비석을 옮기려 했지만, 다행히도 그 계획은 실행되지 않았다. 그는 자랑스럽지도 않은 이 비석을 대체 왜 일본에 가져가려 했을까? 1907년에 그가 한 강연 내용을 보면 답이 나온다.

일본의 패배를 적은 비를 내가 가지고 오자고 말하면 어쩌면 재미없는 일을 말하는 자라고 생각할 사람이 있을지도 모른다. 그러나 내 생각으로는 이처럼 패한 것을 있는 그대로 우리 후세에 알린다면 자손의 앞날에 비상한 인상을 주어 분개심을 가지게 할 수 있을 것이라 생각한다. 그것은 패한 결과를 알게 하는 데 이익이 있기 때문이다.　　　　　　　— 이성시, 앞의 책에서 재인용.

광개토왕비를 일본에 가져가려 한 이유는 그 비에 적힌 패배를 보고 일본 국민으로 하여금 분발하게 만들고 싶었기 때문이었다.

이처럼 시라토리는 패배를 직시하여 분발하자고 했지만, 일본의 국수주의자들은 패배를 인정할 수 없었다. 그리하여 『남연서(南淵書)』라는 위서가 등장한다. 견수사로 중국 수나라를 다녀오던 일본 사신 미나부치노 쇼안(南淵請安)이 귀국하다가 광개토왕비를 보고 그 전문을 적어 온 책이 『남연서』라는 것이다. 『남연서』에 따르면 왜는 고구려에 대승을 거두었다고 한다. 결국 패배했다는 열등감이 위서를 낳았다고 볼 수 있다. 우리나라에서 나온 위서 『환단고기』 역시 똑같은 심리에서 비롯되었다.

2006년에 북한에 돌아가 화제가 되었던 북관대첩비(한국의 반환운동으로 일본 측이 2005년에 한국에 반환했다. 이듬해 이 비의 원래 위치에 복원하기 위해서 북한에 전달했다)도 광개토왕비와 같은 맥락에서 이해할 수 있다. 야스쿠니 신사(靖國神社)에 옮겨 세워진 북관대첩비. 이것은 가토 기요마사(加藤淸正)를 무찌른 정문부(鄭文孚)의 전공을 기록한 비석이다. 일본인들은 왜 조상의 치명적인 패배를 기록한 이 비석을 조선에서 가져가 야스쿠니 신사로 옮겼던 것일까? 이 비석을 약탈해 간 시기가 1905년, 곧 러일전쟁 기간이었음을 알면 이해가 된다. 이 역시 북방 세력에 지면 안 된다는 반성의 표시로 옮겨간 것이다. 패배도 분발의 계기로 삼고자 했던 것이 당시 일본의 정서였다.

　이런 생각은 조급해지면 가질 수 없는 것이기도 하다. 파리를 불태우려 했던 나치의 마지막 광기나, 일제가 제2차 세계대전 말기에 우리 유적을 파괴하려 했던 것을 봐도 알 수 있다. 1943년 조선총독부는 각도 경찰부장에게 「유림의 숙정 및 반시국적 고적의 철거에 관한 건」이라는 명령을 하달하여 항일 기록이 새겨진 고비들을 폭파하도록 지시했다. 이 명령은 실제로 행해졌다. 남원의 황산대첩비도 지금은 복원해놓았지만 이때 부서졌다. 이런 행위야말로 광기에 사로잡힌 자들의 패망의 징조라고 할 수 있겠다.

제19장

삼국은 정말 중국 땅에 있었을까?

유사역사가들 사이에서도 가끔씩 논란이 되는 대목이 삼국이 중국 땅에 있었다는 주장이다. 위대한 환국과 고조선이 아시아 일대를 다스렸기 때문에 이 영토의 축소가 언제 일어났는가 하는 점은 유사역사가들에게는 중요한 논점이다.

한편에서는 자연스럽게 삼국 역시 중국 땅에 있었다는 주장이 나오기 시작했다. 이런 주장은 오재성이라는 유사역사가가 제일 먼저 내놓은 것 같다. 그는 1990년에 『우리(右黎)의 역사는?』(리민족사연구회)이라는 책에서 삼국이 중국 땅에 있었다고 주장했다. 또한 이중재라는 유사역사가의 『상고사의 새 발견』(명문당, 1997)과 전직 기상청 출신의 정용석이 쓴 『고구려·백제·신라는 한반도에 없었다』(동신출판사, 2000)라는 책도 나왔다. 이들도 삼국이 중국 땅에 있었다고 주장했다. 물론 이런 주장은 전혀 주목받지 못했는데, 그 사이 뜻밖의 일이 벌어진다.

1994년에 박창범·라대일의 논문 「삼국시대 천문현상 기록의 독자관측사실 검증」(『한국과학사학회지』 16)이 나온 것이다. 이 논문에서 박창범은 초기 신라가 양자강 중류 지대에 있었으며 백제는 북경 일대에 있었다고 주장했다.

이 논문에 오재성이 환호작약했을 것은 명약관화하다. 오재성은 박창범을 찾아가 인사하고, 그의 논문을 자기 책 『『삼국지』 동이전은 황해 서쪽에서 활동한 우리 역사 기록』(리민족사연구회, 1995)에 수록하기까지 했다.

이전까지 그들의 주장은 전형적인 유사역사학 방법으로 이루어졌다. 역사상의 예외적인 부분에 주목하고 단편적인 기록들을 엉터리 한문 독법으로 읽어내서 자신의 주장에 끼워 맞췄던 것이다. 『삼국사기』의 지진 기록을 가져와서 지진이 이렇게 많이 일어났으므로 한반도에 삼국이 있지 않았다고 했다. 또 메뚜기 피해 기록을 가져와서 메뚜기가 이렇게 창궐하는 것은 중국 땅에서만 가능하다고 주장했다. 한자음이 비슷한 지명들을 가지고 와서 이렇기 때문에 중국 땅에 삼국이 있었다고 주장했다.

이렇듯 근거가 너무나 박약한 주장이라 전혀 주목을 받지 못하던 참에 박창범의 논문이 등장한 것이다. 삼국이 중국 땅에 있었다는 "과학적인 증거"가 주어졌으니 환호할 만도 했다.

조사 결과가 현실과 동떨어진 형태로 나오면 그 내용에 의문을 가져야 한다. 벼룩을 가지고 실험한 연구자가 있었다. 벼룩에게 "뛰어!"라고 말하면 벼룩이 팔짝 뛰었다. 연구자는 벼룩의 다리를 떼어낸 뒤 다시 "뛰어!"라고 말했다. 벼룩은 뛰지 못했다. 연구자는 만족스러운 미소를 띠며 연구 노트에 이렇게 적었다. '벼룩은 다리를 떼어내면 명령을 듣지 못한다.' 연구자는 완전히 잘못된 결론을 내렸다. 다리가 없어져서 뛰지 못한 것을, 명령을 듣지 못하기 때문에 뛰지 않았다고 생각한 것이다. 뜻밖에도 이런 우스개 같은 일이 학문 세계에서도 일어나곤 한다.

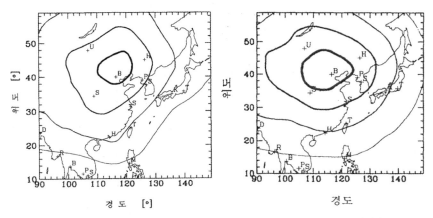

백제 일식 20개의 평균식분도(왼쪽) B와 + 표시 부분이 최적 관측 지점이 된다. B는 북경이다.
후한에서 기록된 일식의 평균식분도(오른쪽) B와 + 표시 부분이 백제 관측과 동일하게 최적 관측 지점
으로 나오고 있다.

위 그림은 박창범이 계산한 백제와 후한의 일식 관측 최적 위치이다. 좌측
이 백제이고 우측이 후한이다. 두 지도를 보면 동일한 지역을 최적 관측지
로 꼽았음을 알 수 있다. 그러나 박창범은 이런 결과가 나온 이유에 대해 단
한마디도 설명하지 않았다. 심지어 자신의 책 『하늘에 새긴 우리 역사』에서
는 후한의 최적 관측지 지도를 빼버렸다. 누가 봐도 의문을 품을 수 밖에 없
는 결과물이 나왔는데 그는 왜 이 점에 대해 아무 말도 하지 않았던 것일까?

박창범 등의 주장은 기본적인 오류를 가지고 있다. 일식은 범위가 아주 넓
어서 관측할 수 있는 영역도 매우 크다. 이 영역이 겹치는 곳의 중심이 일식
을 관측한 곳이라고 볼 수는 없다. 특히 고대사의 경우 관측 기록, 즉 표본
이 너무 적기 때문에 유의미한 결과를 낼 수 없다. 이 점은 이기원(대구가톨릭
대 교수)이 쓴 논문 「A study of solar eclipse records during the three kingdoms
period in Korea(삼국시대의 일식 기록에 대한 연구)」(『한국지구과학회지』 29, 2008)에 잘

논파되어 있다.

이 논문은 영문으로 작성되었기에 챙겨 읽을 만한 사람이 많지 않다. 그러다보니 유사역사학 쪽에서는 박창범의 주장은 논파된 적이 없다고 큰소리를 친다. 천문학자의 논문을 반박하려면 천문학자를 데려와야 한다고 목소리를 높인다. 그런 논리라면 역사학자의 논문을 반박하기 위해서는 역사학자를 데려와야 하는 것 아닌가? 이중 잣대가 심해도 이만저만이 아니다.

유사역사학 쪽에서는 "역사란 역사가의 전유물이 아니다"라고 말하면서 누구나 역사를 연구할 수 있다고 말한다. 맞는 말이다. 그런데 나를 향해서는 일개 소설가 나부랭이가 역사책을 쓴다고 비난한다. 역사가의 전유물이 아닌데 그들은 왜 내가 역사에 관한 글을 쓸 수 없다고 주장하는 것일까?

제20장
역사는 제대로 알고 독립운동 하시나요?

인터넷상에 떠도는 유사역사학 측의 레퍼토리 중에는 이런 것도 있다.

> "역사는 제대로 알고 독립운동을 하시는가요?"
>
> 장개석(蔣介石)이 이시영(李始榮) 임시정부 전 부통령에게 한 질문인데, 중경(重慶)으로 후퇴한 장개석 총통이 함께 피난 온 상해임시정부 일행을 위로하며 연 초대 만찬에서 자기 고향(양자강 남쪽 절강성)이 옛 백제 땅이었다는 사실을 밝히면서 우의를 다졌다는 일화가 있습니다.

인터넷의 엉터리 정보를 판별하는 방법은 간단하다. 출전을 찾아보는 것이다. 그 정보가 제대로 된 것이라면 근거 있는 출전이 등장하게 되어 있다. 하지만 저 이야기는 출전을 찾을 수가 없다. 저 이야기 자체만 끝없이 되풀이된다.

장개석(蔣介石, 장제스)이 임시정부 요인들을 초청한 만찬에서 저런 말을 했다면, 그 이야기가 이시영의 문집이든 김구의 『백범일지』이든 나와야 정상이다. 하지만 어디에서도 저 이야기를 찾을 수가 없다. 그럼 대체 어디에서 나왔을까?

이 이야기를 처음 지어낸 사람은 『환단고기』를 조작한 이유립인 것 같다. 이유립은 월간 『자유』 1977년 12월호에 「국사편찬위원회에 보내는 공개장」이라는 글을 실었는데 여기에 이런 내용이 나온다.

> 김구(金龜) 씨가 처음 손문(孫文)을 만나 한국 독립의 지원을 청한 일이 있었는데, 그 즉석에서 "한국은 어떤 나라인가요. 한국의 역사나 말해보시오" 하니 김구 씨는 단군 천 년, 기자 천 년, 그리고 위만 등 삼조선을 비롯하여 이야기하자 손문은 머리를 흔들면서 "그것은 남의 역사지 어디 한국 역사인가요. 제 나라 역사도 모르고 무슨 독립운동이요" 하고는 다시 아무 말이 없었다.
>
> ─ 장건상(張建相)·윤하진(尹河鎭)·오완선(吳梡宣) 삼씨담(三氏談).

위에 나온 김구는 바로 백범(白凡) 김구(金九) 주석이다. 이름의 '구' 한자를 거북 구(龜)에서 나중에 아홉 구(九)로 바꾸었다. 우리에게는 아홉 구로 쓰인 이름이 훨씬 익숙한데 이유립은 굳이 거북 구를 사용했다.

세 사람의 이름을 들어 자기주장에 신빙성이 있는 것처럼 글을 썼지만, 터무니없는 얘기다. 장건상 선생은 임시정부 외무차장 출신이지만 1920년에 임정에 실망하고 사회주의 독립운동과 무장독립투쟁에 나섰던 분이다. 중국 당국에 위험 분자로 몰려 옥고를 치르고, 또 일제에 체포되어 모진 고문을 당하다가 탈출하여 중경으로 들어간 뒤 다시 임정의 일을 맡기도 했다. 이분의 이야기에 손문(孫文, 쑨원)이 등장하는 일은 없었다.

뒤의 두 사람은 정체를 알 수 없는데, 윤하진은 독립운동 중 일경에 체포되었다가 동료들의 정보를 불어 옥사를 시킨 비운의 인물이 있기는 하지만 동일 인물인지 확신할 수 없다.

애초에 백범이 손문을 만났다면 그 중대한 일이 『백범일지』에 실리지 않을 이유가 없다. 김구가 장개석을 만난 이야기는 『백범일지』에 자세히 나온다. 1933년 5월에 백범은 안공근(安恭根), 엄항섭(嚴恒燮), 박찬익(朴贊翊)을 대동하고 장개석을 만나러 갔다. 『백범일지』에 따르면, 장개석 면담 후에 따로 열린 연회 자리에서 중화민국이 군사 양성을 지원하겠다는 이야기가 오갔다고 한다. 이 만남은 남경에서 있었다. 만남이 성사된 것은 바로 윤봉길(尹奉吉) 의사의 홍구공원 폭탄 의거 덕분이었다. 그러니 장개석보다 더 중요한 인물을 만났다면, 아무도 모르는 잡지 귀퉁이에 근거도 없이 실릴 것이 아니라 당연히 그 기록이 어디든 남아 있어야 한다.

임시정부에서 손문에게 보냈던 사람이 있기는 하다. 임시정부의 외교총장을 맡았던 신규식(申圭植)이 그 주인공이다. 물론 신규식이 손문에게서 핀잔을 들었다는 이야기도 전해지지 않는다.

이유립은 자기주장을 강화하기 위해 백범을 우리 역사도 모르는 바보로 만들어놓았다. 이 이야기가 뒷날 변형되어 주인공이 이시영으로 바뀌었다고 볼 수밖에 없다. 김구와 손문의 일화는 너무 지나쳤다고 생각한 누군가가 이야기를 바꾼 것이다.

이시영은 독립운동가 이회영(李會榮)의 친동생이며 임시정부에 초창기부터 관여했던 독립운동가이다. 해방 후 귀국하여 대한민국 초대 부통령이 된다. 위의 엉터리 글에는 이시영이 "임시정부 전 부통령"이라고 되어 있는데, 기본적인 사실도 틀렸다. 그는 임시정부 초대 법무총장, 국무위원을 역임했다. 국권을 피탈당한 뒤 그는 형들과 함께 막대한 재산을 처분하고 압록강을 건너가 신흥무관학교를 설립했으며 그 학교의 교장이 되어 독립군을 가르쳤다. 그는 대종교의 영향을 깊게 받아서 고조선과 단군에 대한 대종교적인 인식을 가지고 있었다. 이는 그의 저서인 『감시만어(感時漫語)』(1934)를 통해 잘 알 수 있다. 당대에 대종교는 고조선에 대한 가장 깊은 지식을 가진 종교였다. 이시영이 『감시만어』를 쓴 이유는 중국인 황염배(黃炎培, 황옌페이)가 일제의 도움을 받아 간행한 『조선』이라는 책이 한국의 역사를 폄하했기 때문에 그것을 바로 잡기 위해서였다. 즉, 그는 우리나라 역사를 옹호하고 수호한 인물이다. 이런 그가 자국의 역사도 모르는 사람이 된다는 것은 그야말로 어림도 없는 일이다. 재산을 바치고 목숨을 걸고 이역만리에서 간난고초를 겪은 독립운동가들을 자기 나라 역사도 모르는 사람으로 만드는 꼴을 보고 있으면 정말 기가 막힐 따름이다.

저런 이야기가 지금도 사람들에게 먹혀드는 것은, 독립운동가에 대한 폄하라는 생각은 할 틈도 없이 중국 땅이 우리 것이었다는 주장을 중국의 지도자가 했다는 데 미혹되기 때문이다. 하나만 보지 말고 넓게 두루 살펴야 한다. 이것이야말로 정보 범람의 시대에 더더욱 필요한 덕목이라 하겠다.

제21장

900여 차례 침공당했다는 한민족의 진실

1981년 11월 27일 국회에서는 국사 교과서 내용 시정 요구에 관한 청원에 따른 공청회가 열렸다. 이 자리에 청원인 중 한 사람의 자격으로 나선 임승국은 이런 이야기를 한다.

> 제가 문교부에서 설정한 어떤 교육기관에 가서 강의한 얘기를 해야겠습니다. 피교육자는 바다 건너 일본에서 온 남녀 교포 대학생들이었습니다. 거기에 가서 강의를 마지막 날 마지막 시간에 했습니다. 제 강의를 절반쯤 하였을 때 여학생들이 울기 시작해요. 당황했습니다.

여학생들이 운 이유는 무엇이었을까? 그것은 임승국 앞에 강의를 한 사람들의 이야기 때문이었다고 한다. 한 강사는 우리나라가 936회 외침을 받았다고 했고, 다른 강사는 3,000여 회 외침을 받았다고 이야기했다는 것이다. 그렇게 못난 조상인 줄 알았는데 임승국이 "조국사의 영광"에 관한 강의를 하자 너무 감격해서 울었다는 내용이다. 임승국은 그런 주장을 했다는 역사가들을 신랄하게 비난한다.

> 아마 이런 외침의 기록을 가지고 있는 민족이라면 분명히 세계 최고 기록만 수록하고 있는 『기네스북』에 우리 민족이 올라가야 됩니다. 패배주의 통계 내는 것이 사학의 본분인 줄 아는 모양이죠? 왜들 이럽니까? (…) 우리 한국사를 이런 '스타일'로 표현해선 안 됩니다. 자, 보세요. 뭐라고 있는고 하니 '이 책 속에는 우리 조상들의 웃음보다 한숨, 기쁨보다 눈물이 주름져 있다.' 참 좋쇠다! (…) 자, 이런 글 쓰지 마세요. 패배주의 넋두리입니다. 알기 쉽게 얘기합시다. 우리 조국을 패배주의 전통에 빛나는 조국이다 이렇게 생각한다면 우리 마음속에 내 조국을 사랑하는 애국심은 나오지 않을 겁니다.

역사를 알고 애국을 하는 것은 좋은 일이다. 하지만 애국을 위해 역사를 감추고 숨기며 입맛에 맞는 단것만 찾아가는 행태는 잘못된 일이다. 그런 바탕 위에서 어떻게 나라를 사랑하는 마음을 가질 수 있겠는가.

그런데 위 글을 읽으면서 생기는 의문이 있다. 대체 어느 역사학자가 936회의 침략을 받았다고 수를 헤아렸을까? 그 기준은 도대체 무엇이었을까? 임승국은 강사가 936회라고 말했다 하지만 이 숫자는 여기저기에 조금씩 다르게 나타난다. 만화가 이원복의 베스트셀러인 『먼 나라 이웃나라』에는 3,000여 회의 침공이 있었다고 나온다. 가수 김장훈은 역사 시간에 우리나라가 936회의 침공을 받았다고 배웠다 한다. 하지만 한국사 교과서에는 이런 숫자가 나오지 않는다. 역사 교사들이 말했을 수도 있다. 그런데 과연 그 근거는 무엇일까?

이 숫자의 근거는 한 논문에 있다. 동빈 김상기 박사 고희기념 사학논총으로 발행된 『백산학보』 제8호(1970년 6월)에 실린 유봉영의 논문 「외구(外寇)와 감결(鑑訣) 소위 십승지지(十勝之地)」가 그것이다.

유봉영은 평안북도 철산 출신이며 교사로 재직하다가 3·1운동에 참여하여 중국 상해로 망명했고 임시정부에서 활동했다. 체포되어 옥고를 치르기도 했다. 그는 1936년에 『조선일보』 기자가 되어 폐간 때까지 재직했다. 광복 후 『조선일보』에 다시 들어가 1971년 퇴직 때까지 근무하며 부사장 자리까지 올랐다. 1966년에 백산학회를 창립하고 1971년에는 민주공화당 전국구 의원으로 국회에 입성하기도 했다.

그는 1976년에 안호상, 문정창, 박창암, 이유립 등과 함께 '국사찾기협의회'를 결성했다. 국사찾기협의회의 요구로 열린 국회 공청회에서 그들의 대표 주자로 나온 임승국이 '패배주의 넋두리'라고 공격한 주장의 근거가 자신의 동료인 유봉영이 쓴 논문이었던 것이다. 아마도 유봉영은 이후에 국사찾기협의회의 엉터리 주장에 놀라 이 단체에서 빠졌을지도 모른다. 1976년에는 역사학계가 국사찾기협의회를 비판하는 성명에 동참하기도 했기 때문이다.

유봉영은 무슨 근거로 900여 회의 침공을 받았다고 주장했을까? 우선 그의 논문에서 주장한 외침의 숫자는 931회이다.

유봉영의 논문은 원래 『정감록』이 왜 민간신앙화 되었는지를 밝히는 데 목적이 있었다. 그는 『정감록』의 핵심이 화난을 피할 수 있는 '십승지지(十勝之地)'에 있다고 주장하고, 백성들이 '십승지지'에 매달리게 된 것은 우리 민족이 수없이 외침을 당했기 때문이라는 가설을 세운다. 그에 따라 얼마나 많이 자주 외침을 당했는지를 따지기 위해 숫자를 세보기로 한 것이다.

그가 세운 원칙은 이러했다. 외침의 시대를 넷으로 나누어 삼국시대 이전,

삼국시대, 고려시대, 조선시대로 한다. 대륙 방면의 침공과 해양 방면의 침공을 구분한다. 수십만의 대규모 침공과 100여 명 내외의 침구(侵寇)도 모두 포함한다.

유봉영은 삼국이나 후삼국 간에 벌어진 전쟁은 세지 않았는데, 전란의 폐해로 '십승지지'를 찾았다고 한다면 그것이 이른바 우리 민족끼리의 전쟁이건 그렇지 않건 가릴 필요가 없는데도 외부의 요인만 분석하려 했다. 매우 부정확한 기준인 데다 숫자만 나열했을 뿐이라 제대로 계산했는지조차 검증할 수가 없다.

그는 위만조선 이전의 2천여 년간 11회의 침공을 받았다고 적었는데, 이 시기의 침공으로 기록에 남은 건 연나라 진개의 침공과 한나라 무제의 침공뿐이다. 어떻게 11회라는 숫자가 나왔는지 알 수가 없다. 한나라 군과의 접전을 하나하나 세기라도 했던 것일까?

이어 삼국시대에는 143회, 고려시대에는 417회, 조선시대에는 360회의 침공이 있었다고 제시하지만, 이 수치 역시 터무니없다. 조선이 전화를 겪었다고 할 수 있는 사건은 임진왜란과 양대 호란뿐이다. 억지로 더 넣어봐야 을묘왜변이나 삼포왜란 정도일 것이다. 변경에서 일어난 국지적 약탈 행위와 『정감록』의 '십승지지'는 무슨 연관이겠는가. 차라리 도적 떼의 창궐이나 반란 사건이 더 큰 영향을 주었을 것이다. 더구나 이런 기준으로 다른 나라의 경우를 따져보고 비교해보지 않았으니 우리나라만 엄청나게 침공을 당했다는 논리 자체가 성립할 수 없다.

임승국이 유봉영의 논문에서 나온 이야기로 역사학계를 공격하는 것은 자기들이 함정을 파고 그 안에 들어가서 함정에 빠졌다고 말하는 자작극처럼 보인다. 그러나 역사학계에서 이와 같은 허술한 논문에 대한 대응을 제대로 하지 않아서 도리어 일반 대중에게 역사학계가 이런 주장을 하고 있다는 식의 인식을 갖게 한 것은 유감스러운 일이다. 이제 우리에게는 잘못된 사실들을 지적하는, 대중을 위한 역사학이 필요하다.

'침공만 당한 한민족'이라는 말을 '평화를 사랑하는 한민족'이라는 말로 바꾸는 것은 의미가 없다. 알고보면 우리는 침공도 하고 침략도 당했었다. 고조선은 연나라를 공격하려고 했으며, 신라는 고구려·백제를 정벌하고 당과도 싸웠으며, 고려는 여진 정벌과 일본 원정을 감행했고, 조선은 압록강·두만강 유역의 여진을 몰아내고 4군 6진을 설치했다. 이성계는 고려 말에 요동성을 점령하기도 했다.

제22장

유사역사학이 아끼는
『만주원류고』라는 역사책

유사역사학 쪽에서 아주 좋아하는 역사책이 하나 있다. 청나라에서 만든 『만주원류고』라는 책이다. 정식 명칭은 『흠정만주원류고(欽定滿洲源流考)』인데, 흠정이라는 말은 '황제가 직접 썼다'는 뜻이다. 실제로 이 책은 건륭제가 직접 제작을 지시하고 검토한 책이다.

유사역사가들은 학문보다 권위에 기대기 때문에 황제 권력이 직접 개입한 이 책이 아주 훌륭한 거라고 믿는다. 정치가 학문에 개입하면 왜곡을 낳을 뿐이지만, 유사역사학에서는 자기들 주장에 이용할 수만 있다면 다른 면은 살피지도 않는다. 이미 유사역사학의 난동이 있었던 1981년 국회 공청회 때도 그들은 『만주원류고』를 들고나온 바 있다. 안호상은 역사학자들이 『만주원류고』의 문제점을 지적하자 이렇게 말했다.

> 김철준 씨와 이용범 씨가 『흠정만주원류고』는 사료적 가치가 없다고 주장할 뿐더러 이미 8년 전에는 그 책이 등외 사료라고까지 신문에 혹평하고 떠들었습니다. 그러나 이것은 대단히 잘못입니다. (…) 이 『흠정만주원류고』는 역사 자료

중에도 상자료입니다. 이것이 가치가 없다 잡동사니다 하는 것은 아마 이 책을 못 보신 탓입니다.

그러나 이 『만주원류고』는 조선시대에도 잘 인용되지 않았다. 왜 그랬을까? 박인호(금오공대 교수)는 「명·청대 중국 지리서에 나타난 대조선(對朝鮮) 역사지리인식」(『경북사학』 21, 1998) 논문에서 그 이유를 상세히 밝혔다.

『만주원류고』가 작성되던 당시 청나라에는 『성경통지(盛京通志)』, 『대청일통지(大淸一統志)』 등 만주 지역을 다룬 지리서가 있었다. 『만주원류고』의 지리 비정은 『성경통지』와 비슷하다. 비슷한 데는 사실 이유가 있다. 『만주원류고』를 쓴 아계(阿桂)는 그 책을 쓰기 전에 『성경통지』를 수정하라는 명을 받은 상태였다. 그러나 『만주원류고』를 쓰라는 칙명이 떨어지자, 먼저 1년 동안 『만주원류고』를 완성하고(청 건륭 43년, 1778), 그 뒤에 『성경통지』를 수정했다. 한 사람의 손을 탔기 때문에 두 책이 유사해진 것이다.

『성경통지』는 우리나라 상고시대 지명들을 대부분 요동에 비정하고 있으므로, 조선 숙종 이후에 수입된 이래 요동에 고대 지명을 비정하고 싶어 하는 조선 학자들에게 적극 이용되었다. 또한 『대청일통지』는 동북 지방만 다루지는 않았기에 조선에 대한 기록 자체가 소략하기는 하지만 조선 항목을 따로 편제하여 소개하고 있다. 『성경통지』와는 다르게 한반도 안에 지명 비정을 하고 있다. 그러나 이 책들은 모두 지명 고증이 잘못된 부분이 많아 『요사』 지리지와 함께 많은 비판을 받았다. 『성경통지』와 유사함에도 불구하고 『만주원류고』가 인용되지 않았던 것은 그 책 자체가 가지고 있는 성격 때문이었다.

『만주원류고』는 '부족' 조에서 부여, 읍루, 삼한, 물길, 백제, 신라, 말갈, 발해, 완안, 건주 순으로 숙신과 관련된 자료들을 열거한다. 책 제목 그대로 만주족의 원류를 파악하겠다고 쓴 책인데 여기에 부여, 삼한, 발해와 같은 한민족 국가들을 다 집어넣었다. 즉, 부여, 삼한, 발해를 여진족의 변방 부족으로 구성한 책이다. 언어와 음성적 유사성을 근거로 만주의 길림 지방이 신라의 계림이라고 말하는 등, 학문적 신빙성과는 거리가 먼 책이다.『만주원류고』'강역' 조에서도 부여, 삼한, 옥저, 백제, 신라, 발해까지 전부 만주에서 활동한 것으로 만들어 청나라의 전사(前史)로 취급하고 있다.

그러나 정작 만주의 지배자였던 고구려는 전혀 언급하지 않았다. 만주의 원류를 따지는데 만주를 통치했던 고구려를 쏙 빼놓는다는 것이 합당한가? 그렇게 만들어진 책을 정상적인 역사책이라고 볼 수 있을까? 바로 이런 책이『만주원류고』이다.

그렇다면 왜 그들은 고구려를 빼놓은 왜곡된 역사책을 만들었는가? 만주 지역의 역사적 주인공은 여진족이어야 하기 때문이었다. 1981년 국회 공청회에서 김철준(서울대 교수)이『만주원류고』를 평가한 말을 들어보자.

> 『만주원류고』는 뭐냐 하면 청이 명나라를 멸하고 중국을 점령했지만 원래부터 문화적인 콤플렉스가 있었을 뿐만 아니라 여진족이 자꾸 중국 문화에 의해 해체당하고 흡수당하고 그러니까 자기의 어떤 전통을 세우기 위하여 만주 지역에서 일어난 흥망성쇠의 기록을 전부 종합하고 그 안에 있었던 민족은 다 자기 부족이라고 주장한 것이지, 다른 것이 아니에요. 그 여진족의 이름 아래 신라, 백제가 있고 부여가 있는 것입니다.

이용범(고려대 교수)의 일갈도 들어보자.

청에서 『만주원류고』의 편찬이 문화적 전통이 없는 소수의 만주족이 높은 문화 가치를 가졌을 뿐만 아니라 수십 배 인구를 가진 한족을 통치하는 데 있어서 자기네들이 지녀야 하는 열등감을 감추지 못해서 지금 전 세계의 인류학자 사학자 고고학자들을 총동원해서도 해결할 수 없는 중국 고전에 이 숙신을 비롯해서 읍루, 말갈, 여진뿐만 아니라 한반도 역사까지도 그들의 것으로 여기다가 만들어 그들의 문화 전통의 역사를 가식하려는 의도가 숨겨져 있는 것입니다. (…) 우리의 역사를 송두리째 빼앗아서 그들의 것으로 하려는 의도가 분명히 나타나고 있습니다. (…) 우리가 식민지사관 쫓아내자고 그래놓고 이제 와서 『만주원류고』를 믿으면 어떻게 하자는 거예요. 이것 어떻게 하자는 것입니까?

이런 왜곡을 조선시대의 학자들도 당연히 알고 있었기 때문에 『만주원류고』를 이용하지 않았던 것이다. 어차피 그 내용의 대부분은 『성경통지』에 들어 있으므로 『만주원류고』처럼 여진족을 미화하려고 만들어진 책을 군이 이용할 필요도 없었다.

『성경통지』 같은 책을 이용한 사람은 우리 역사의 강역을 확대하고 싶어 하던 학자들이었다. 남구만(南九萬), 이세구(李世龜), 신경준(申景濬), 이만운(李萬運) 등이다. 그리하여 영·정조대의 『동국문헌비고』와 『증보문헌비고』의 '여지고'에 적극적으로 이들 자료가 인용되기도 했다. 박지원(朴趾源), 유득공(柳得恭), 김정호(金正浩) 등도 긍정적인 입장이었다. 그러나 이런 자료들이 결국 『만주원류고』처럼 우리 역사를 여진족의 역사에 집어넣을 위험성이 있음을 간파한 학자들도 있었다. 정약용(丁若鏞), 한진서(韓鎭書), 윤정기(尹廷琦) 등이다. 그리고 이들의 뒤를 김택영(金澤榮), 장지연(張志淵) 등 개화기 역사지리 연구자들이 이어나갔다. 이처럼 잘못된 역사지리 연구가 배척되어가고 있었는데, 불행히도 새삼 『만주원류고』를 주목하는 세력이 등장하게 된다. 바로 일본인들이었다.

만주국을 중국과 분리시켜 일본제국주의의 만주 진출을 합리화하는 침략 논리를 개발하고 있었던 일본 학자들에게 『만주원류고』는 입맛에 딱 맞는 책이었다. 『만주원류고』는 식민사관인 만선사관에 안성맞춤으로 어울렸던 것이다. 이 만선사관은 만주를 차지해야 한민족의 영광이 있다고 생각하는 유사역사학에 그대로 계승되어 있다. 이것이야말로 유사역사학에서 『만주원류고』가 사랑받는 진짜 이유 아닐까?

제23장

유사역사가들이 떠받드는 부사년의 진실

유사역사가들이 떠받드는 외국 학자들이 몇 명 있다. 사실을 알고보면 거의 다 오독의 결과이다. 그 학자들이 주장하지 않은 학설, 또는 과장에 불과한 것이 대부분이다. 그런 학자 중에 북경대 교수 출신으로 중국 분리 후 대만대 총장을 역임한 부사년(傅斯年, 푸쓰녠, 1896~1950)이 있다.

유사역사학에서 부사년은 고조선의 실체인 동이를 인정한 뛰어난 학자로 존경을 받는다. 부사년의 『이하동서설(夷夏東西說)』은 국내에 번역 출판되기까지 되었다(정재서 옮김, 우리역사연구재단, 2011). 부사년은 동서로 대립했던 이족과 하족이 모두 중화족의 일족이라고 주장했는데, 이는 현 중국의 모든 영역이 옛부터 중국 것이었음을 밝히려는 의도였다. 그러나 이후 고고학의 발전으로 부사년이 주장한 이족과 하족의 대립은 성립하지 않는 것으로 증명되었다.

그렇게 부사년의 학설은 폐기된 듯했지만, 작금의 현실을 보면 중국 쪽 유사역사가들과 우리나라 유사역사가들이 그를 지지하고 있다. 양국의 유사역사가들은 목적이 완전히 달라 서로 대립·충돌하고 있는데, 둘 다 부사년이 자신들에게 유리한 말을 했다며 믿고 있는 것이다. 코미디가 따로 없다.

중국 쪽 유사역사가들은 이족은 중화의 한 갈래이고 한민족은 은나라의 후손이기 때문에 다 자기네 족속의 한 부류에 불과하다고 주장하면서 기자가 조선으로 간 것은 바로 은나라 고향으로 간 것이라고 말한다.

부사년은 1931년 만주사변이 일어나자 '구국의 역사학'을 외치며 오늘날 동북공정의 단초가 되는 『동북사강(東北史綱)』을 내놓았다. 당시 일본은 만주를 중국으로부터 분리하기 위해 만선사 연구를 진행했기 때문에, 중국 학자들의 위기감도 점차 고조되고 있었던 것이다. 만주사변이 발발하자 부사년은 비분강개한 어조로 "서생들은 어떻게 조국에 헌신해야 할 것인가"라고 물었다. 그들은 만주 지역이 본래 중국의 영토였다는 점을 증명함으로써 '구국'의 책임을 다한다고 생각했다. 그리하여 부사년은 동북 지방, 즉 만주에 대해서 아래와 같이 말했다. 이것을 읽고도 유사역사가들은 부사년을 칭송할 것인가?

> 발해를 둘러싼 삼면은 모두 중국 문화의 발상지이며, 요동 일대는 영원토록 중국의 군현이었고, 백산과 흑수 일대는 오랫동안 중국의 번병이었다. (⋯) 2천년의 역사를 볼 때, 동북이 중국이라는 사실은 강소성이나 복건성이 중국이라는 것과 다르지 않다.　　　　　　　—부사년, 『동북사강(東北史綱)』, 1931.

오늘날 중국에서 만주 지방을 동북 지방이라 부르는 것도 부사년의 제안에 따른 것이다. 그는 선사시대부터 만주에 중국인들이 거주했다고 주장했다. 또한 국내 유사역사가들이 '은=동이'로 동일시하는 것과 달리 은과 동이를 다른 종족으로 파악했다. 부사년은 은나라가 만주에서 발원하여 산동 지방에 있던 동이를 정복했다고 말한다. 부여와 고구려에 대해서는 이렇게 말한다.

> 부여와 고구려의 통치 계층은 중국의 북변에서 이주하여온 자들이었고, 수
> 백 년 동안 이 지역을 통치한 부여는 한·위 시기에 동북에 있었던 최대의 속국
> 이었다.

신라에 대해서도 "당나라를 잘 섬겨 왜에게 망하지 않았다"라고 말했다. 부사년이 원래 말한 동서의 대치, 즉 이족과 하족의 대립이란 중국과 비중국의 다툼이 아니라 중국 내에서의 대치일 뿐이었다.

'이하동서설'은 이렇게 중국 내 동서 간의 대립이기 때문에, 부사년은 진(서)↔육국(동), 유방(서)↔항우(동), 조조(서)↔원소(동) 등 삼국시대까지 동서 간의 대립이 이어졌다고 말한다. 그러다 손권의 오나라 때부터 강남이 개발되면서 동서의 대치는 줄어들고 남북 대치가 늘어났다고 주장한다.

동북에서 일어난 한민족이 남하하여 은나라를 세우고 '동족'인 동이족을 정벌하는 등 위엄을 떨친 것으로 보면 되지 않느냐는 유사역사가들이 있다. 그러나 부사년은 이런 설정을 허용하지 않는다. 그는 한무제의 정벌 이전에 이미 중국어를 사용하는 중국인 집단이 폭넓게 거주하고 있었다고 본다. 그가 중국인을 '한어(漢語)를 사용하는 한족(漢族)'으로 정의하기 때문에 자신의 입장에서는 당연한 주장일 수 있다. 그는 『방언(方言)』에 나오는 '북연조선(北燕朝鮮)'이라는 말을 단서로 연나라와 조선은 같은 말을 썼다고 주장하고, 한무제가 조선을 침공한 것은 다른 민족과의 싸움이 아니라 이 지역을 다스리던 중국인 통치 집단을 통제하기 위한 전쟁이었다고 판단한다. 위만조선 정

복이 서역과 치른 긴 전쟁과 달리 1년이라는 짧은 시간 내에 완수된 것은, 원래 중국과 밀접한 지역이었기 때문이라고 해석했다.

부사년은 한족이 문화적으로 가장 우수했기 때문에 한족과의 접촉 빈도에 따라 문화적 우열이 가려진다고 주장했다. 예컨대 읍루는 한족과 많이 접촉하지 못해 가장 열등했고, 예족은 한족과 빈번히 접촉한 덕분에 가장 우수한 문화를 가질 수 있었다는 식이다. 부사년의 『동북사강』을 영역한 이제(李濟, 리지)의 *Manchuria in History*는 훨씬 더 직접적으로 이런 점을 강조하고 있다. 비중국계 민족이 일시적으로 중국에 대해 자립할 수는 있지만, 결국 그들은 우수한 중국 문화에 동화된 뒤 다시 중국에 흡수된다는 것이 주장의 핵심이다. 만주사변을 당하여 집필한 책인 만큼, 부사년은 동북 지방을 위해 수천만 명이 희생되어도 거리끼지 말아야 한다고 주장한다. 국가와 민족의 흥망성쇠가 오직 동북에 달려 있다고 외치는 극단적인 민족주의자의 모습이다.

만주는 본래부터 중국의 영역이었다는 부사년의 주장은 지금의 '동북공정' 논리와 동일하다. 부사년에 따르면, 고구려와 삼한은 종족이 다르고, 은나라의 후예인 고구려는 중국의 품으로 돌아왔다. 동북공정에 맞선다고 입으로만 떠드는 유사역사학에서 이같이 주장하는 부사년을 찬양하는 걸 보고 있노라면 답답하기가 이루 말할 수 없다.

증오를 가르치는 것은
역사가 할 일이 아니다

유사역사학에 빠져드는 이유는 열등감 때문이다. 교과서에서 배운 한국사가 부끄럽다고 생각하기 때문이다. 이렇게 생각하는 이들은 한국사가 주변 국가에게 깡패 노릇을 해본 적이 없고 침략만 당했다고 생각한다. 당나라의 침략으로 자랑스러운 고구려가 멸망했고, 일본의 침략으로 한심한 조선도 멸망했다. '자랑스러운 고구려'라고 하지만, 교과서만 보면 그저 만주 구석에서 뚝딱거렸을 뿐 여진족의 청나라나 몽골족의 원나라처럼 중국 땅을 다 먹어치우고 세계사에 족적을 남기는 멋진 일은 해보지 못했다. 창피하기 짝이 없다.

그런데 이 모든 것이 자랑스러운 역사가 은폐되어왔기 때문에 생긴 오해였다면? 한민족은 전 세계를 호령하고 세계 4대 문명보다 더 오래되고 더 훌륭한 문명을 보유했던 멋진 민족이었다면? 그럼 왜 역사학자들은 이 멋진 역사를 말하지 않는 걸까?

상식적인 대답은 물론 '그런 일은 없었으며, 있을 수도 없었다'는 것이다. 하지만 유사역사가들은 더 멋진 음모론을 준비해놓았다. 역사학자들이 그 사실을 은폐해온 것은 그렇게 해야만 할 절대적인 이유가 있었기 때문이라고 그들은 주장한다. 일제가 조선을 식민지로 삼은 다음에 식민사학이라는 프레임을 짜서 한민족은 열등하다는 공식을 세워놓았는데, 그 후 역사학자들은 모두 이 공식을 따라갔다. 왜?

따라가지 않으면 교수 자리를 못 얻고, 교수 자리를 못 얻으면 권력도 돈도 가질 수 없기 때문이라는 게 그들의 주장이다. 그런데 역사학과 출신들은 너무나 많고, 그중 교수가 되는 이는 소수에 불과하다. 교수직이나 권력과 거리가 먼 역사학도들은 왜 '식민사관'을 옹호하는 건지? 음모론은 헛점으로 가득한데, 유사역사학 추종자들은 이런 말을 믿는다. 왜?

그 말을 믿어야만 자랑스러운 고대사가 '사실'이 되기 때문이다. 판타지를 믿으려면 현실 세계를 부정할 수밖에 없다. 오랜 세월에 걸쳐 유사역사가들은 대중에게 역사학계는 식민사학을 따르고 있다고 속삭여왔다. 그 결과 어떤 이들은 역사학계를 불신하는 심리를 기본적인 인식으로 갖게 되었다.

그러다보니 평생 임나일본부설을 비판해온 학자를 가리키며 『일본서기』를 인용했으니 친일사학자다'라고 선동해도 박수를 치고, 정작 '호남이 왜의 본거지였다'는 주장도 '우리 편'이 하면 이의를 제기하지 않는다. "하버드대학의 한국사 교수가 사기꾼"이라고 소리치면 그대로 믿으면서, 케임브리지대학이 그 사기꾼에게 한국사 개설서의 편찬을 맡긴 이유에 대해서는 생각해보지 않는다. 역사학계는 다 친일파라는 선동에는 홀딱 넘어가지만, 정작 독립운동가 집안 출신의 역사가들 이야기에는 귀를 막는다. 사료비판의 기초가 없어서 본문과 주석을 구분할 줄 모르고, 후대에 단 주석에도 본문과 같은 가치가 있다고 착각하기도 한다.

유사역사학에 빠진 사람들은 역사학이 민족에 봉사해야 한다고 생각한다. 자랑할 것이 없다면 그런 역사는 차라리 없는 게 낫다고 생각한다. 무엇이 자랑거리인지에 대한 기준도 지극히 천박하다. 넓은 영토, 다른 국가에 대한 침략. 박정희 통치 기간에 주입된 '민족중흥의 역사적 사명'이 남긴 각인이 너무나 깊은 탓이다. 자신들을 특수하고 우월한 민족이라고 여겼던 이들이 제2차 세계대전을 일으켰다는 사실을 상기하자. 마거릿 맥밀런 (Margaret MacMillan, 옥스포드대학 교수)은 이렇게 말한다.

> 나는 민족주의 집단들이 불만이나 복수심을 불러일으키려고 역사를 사용하는 것은 정말 위험하다고 생각합니다. 그런 것은 과거의 한쪽밖에 보여주지 않는 왜곡된 역사죠. ─마거릿 맥밀런 지음, 권민 옮김, 『역사 사용 설명서』, 공존, 2009.

유사역사가들은 자신들의 목적에 방해된다는 이유로 역사학계를 식민사학자, 매국 집단이라고 비방해왔다. 그들은 일본과 중국에 대한 증오심을 불러일으켜서 돈을 번다. 식민사학과 동북공정은 전혀 어울릴 수 없는 조합이지만 이들에게는 그런 것도 전혀 상관없다. 그들이 불러일으키는 증오의 시간에 기꺼이 지갑을 여는 대중이 있는 한.

우리나라가 식민지에서 벗어난 지 벌써 70여 년이 넘었다. 대한민국은 세계 선진국의 대열에 올라 있다. 이런 나라를 대체 어디다 팔아먹는단 말인가? 아직도 독립운동의 시기란 말인가?

유사역사학 추종자들은 흔히 "일본과 중국은 없는 역사도 만드는데 우리는 있는 역사도 챙기지 않는다"고 말한다. 그 '있는 역사'라 주장하는 것이 세계 학계에서 누구도 인정해주지 않는 국수주의에 물든 유사역사학이다. 그들은 자신들이 지지하는 몇몇 외국 학자들의 이름을 나열하며 반박하지만, 그 절반은 역사학자가 아니고 나머지는 유사역사학 추종자들의 오해와 오독의 결과에 불과하다. 부사년처럼 동북공정의 전초를 만든 학자의 이론을 가져와 단장취의하는 파렴치한 짓들이 되풀이되는 것이다.

유사역사학에 맞서는 것은 쉬운 일이 아니다. 이성적이고 합리적인 의견 교환 같은 것은 없다. 왜냐하면 유사역사학은 '다른' 것이 아니라 '틀린' 것이기 때문이다. 누군가가 지구는 네모나다고 주장한다면 그건 그냥 틀린 것일 뿐, 어떤 의견도 아니다. 과거 어느 시점에는 그렇게 믿었지만 오늘날에는 모두 지구가 둥글다는 사실을 안다. 그런데도 그 주장을 존중하고 하나의 의견으로 취급해줘야 하는가? 바로 그런 종류의 주장을 유사역사학에서 한다.

물론 대중은 증오할 대상을 정해주고 위대한 조상에 대해 말해주는 것을 좋아한다. 이렇게 내버려둘 것인가? 맥밀런의 말을 보자.

> 전문 역사가들은 자기 영역을 그렇게 쉽게 넘겨줘서는 안 된다. 그들은 역사의 모든 풍부함과 복잡성 안에서 과거에 대한 대중의 인식을 향상시키기 위해 최선을 다해야 한다. 또 저기 바깥의 대중 영역에 있는 편향되고 틀리기까지 한 역사서에 맞서 싸워야 한다. 만약 그렇게 하지 않으면 그들은 우리의 지도자와 여론 형성가들이 역사를 악용해 거짓 주장을 강화하거나 어리석은 불량 정책을 정당화하는 것을 용납하게 된다.

맥밀런은 또 이렇게 조언한다.

> 우리는 역사의 이름으로 내세우는 거창한 주장이나, 진실을 단정적으로 내

뱉는 자들을 경계해야 한다. 요컨대, 내가 들려주고 싶은 조언은 이것이다. 역사를 사용하고 즐기되, 언제나 신중하게 다루어라.

역사는 증오하기 위해서 배우는 것이 아니다. 역사는 우리 조상이 세상에서 제일 잘났다는 걸 알기 위해 배우는 것도 아니다. 우리의 삶이 풍부해질 수 있도록 인간과 삶에 대해 배우는 것이 역사의 본질이다.

유사역사학은 역사학 자체를 오도하면서 역사 연구의 목적이 자국의 영광을 되살리는 것이라 현혹하고, 현재 시점에서 수치스러운 역사는 은폐해야 한다는 생각으로 유도한다. 또한 한민족이 가장 뛰어난 민족이라는 생각을 퍼뜨려 다른 나라 사람들을 깔보고 업신여기게 만든다. 이런 역사관을 가졌던 이들이 나치와 일본제국주의였다. 그들이 행한 일들을 우리가 또 답습해야 하는가?

유사역사학이 대중의 관심을 차지하게 되자, 고대사 연구자들 가운데는 자신의 연구가 유사역사학에 이용될지도 모른다는 생각에 자기검열을 하거나 연구를 포기하는 이들마저 생겨났다. 이웃 나라 연구자들이 이런 걱정 없이 자유롭게 연구해나가고 있을 때 우리는 오해받거나 왜곡되기 쉬운 연구는 피하려 하게 되니, 그 피해는 누가 감당할 것인가.

우리가 잘되려고 시작한 일이 우리를 못나게 만든다는 것은 얼마나 큰 모순인가. 그것은 유사역사학에서 고대로 갈수록 화려한 국가였다고 주장하는 것이 결국 그 많은 땅을 잃어버리고 못난 후손이 되어버린 현재를 보여주는 결과로 나타나는 것과 마찬가지다.

많은 역사학자들이 이런 황당한 논리에 시민들이 매혹당하는 현실을 이해하지 못했다. 학문의 세계에서 계속 정진하면 사이비는 자연스럽게 도태

되리라고 생각했던 것이다. 하지만 역사학은 그렇게 쉬운 학문이 아니고, 역사학계의 성과는 시민들에게 빠르게 전달되지 않는다. 그 틈새를 파고든 유사역사학은 어느새 역사학계와 시민 사이를 한참 벌려놓는 데 성공했다. 이 간극이 더 벌어지지 않도록 역사학계가 대중과의 소통에 적극 나서야 할 것이다.

『역사는 왜 가르쳐야 하는가』(역사비평사, 2017)에서 키쓰 바튼(Keith Barton, 인디애나대학 교수)은 '역사를 배우는 목적'을 간명하게 설명했다.

> 역사 교과야말로 학생들을 다원화된 민주 사회의 공적인 삶에 참여하는 시민으로 준비시킬 수 있는 힘을 지니고 있다.

하지만 우리의 역사교육은 대학을 가기 위한 암기 위주의 교육으로 이루어져 있다. 점수의 변별력을 위해 매우 세밀하고 아무 쓸모도 없는 역사 지식을 암기해야 한다. 이런 문제는 대학 입시에 한국 교육이 종속되어 있는 한 역사 교과만으로는 해결할 방법이 없는 딜레마이기도 하다. 이런 과정을 거치며 역사와 멀어진 상태에서 현실의 어려움을 회피할 수 있도록 위안을 주는 역사를 찾다보면 손쉽게 유사역사학에 빠져들게 된다. 일단 빠져들면 "주류 역사학에 반론은 제기할 수 있는 거 아니냐"라든가 "유사역사학이라는 낙인찍기를 하지 말라"는 이야기를 하게도 된다. 그러나 단지 주류 역사학계에 대한 반론을 제기한다고 해서 유사역사학이라고 규정하지 않는다. 특히 우리나라에서는 역사학계를 식민사학이라 매도하고 매국노 취급을 하면서 자신들의 견해에 도덕적 정당성을 부여하는 행위가 덧붙여져 있다.

역사는 단순하지 않다. 우리는 오늘날 벌어지는 일들이 매우 복잡하고 유기적으로 얽혀 있다는 사실을 잘 알고 있다. 과거도 그러했다. 다만 남아 있는 것들이 적고, 그 안에서 역사가들이 흐름을 찾아내다보니 과거가 점점 단순하게 보일 뿐이다. 역사가들은 이런 복잡성을 이해하고 있다. 그 때문에 역사가들은 어떤 문제에 대해서도 명쾌하게 단정 짓지 못하고 애매하게 들릴 수 있는 이야기를 자주 한다. 반면에 유사역사가들은 딱 잘라 단정적으로 이야기한다. "낙랑군이 평양에 있었다는 한 가지 증거만 가져오라"는 식이다. 창조론자들은 "진화의 증거가 되는 화석 하나만 가져오라"고 말하고, 홀로코스트 부정론자는 "유대인이 가스실에서 죽임을 당했다는 증거 하나만 대보라"고 말한다. 그들은 이런 식으로 대중의 주목을 받는다.

역사를 통해 시민에게 국수주의를 주입하고 환상의 역사를 믿게 하는 행동은 유사역사가들이 주장한 바와 같이 독일과 일본이 저질렀던 일이고, 그 결과는 제2차 세계대전이었다. 우리가 역사로부터 정말 무엇인가를 배운다면, 바로 이런 일을 되풀이하지 말아야 한다는 교훈일 것이다.

해방 후 70년 이상의 세월이 흘렀다. 어떻게 역사학자들이 그 긴 세월을 일본의 식민사관에 붙들려서 같은 말만 반복하면서 보낼 수 있었겠는가? 그런 선전·선동을 어찌 그리 쉽게 믿을 수 있는가? 의문을 품고 사실을 살피는 것이 역사학의 길이다. 이 책을 읽은 독자 여러분도 그 길에 함께 갈 수 있으면 더 바랄 것이 없다.

한 권의 책에서 '유사역사학'의 모든 부분을 다룰 방법은 없다. 또한 이 책을 본다 해도 이미 확증편향에 사로잡힌 사람이 진실을 받아들일 수 있을지는 미지수다. 더 깊이, 더 자세히 다뤄야 할 문제들을 설렁설렁 쓴 것 같은 불편함에 맺음말을 쓰는 이 순간까지도 괴롭다. 공부를 할수록 모르는 것이 자꾸 눈에 띄고, 그것을 뒤지다보면 또 새로운 자료들이 솟아오른다. 하지만 시간과 자원은 한정되어 있다. 어느 순간 끊을 수밖에 없다.

이 책을 쓰면서 많은 분의 도움을 받았다. 이 책의 많은 부분은 기존 학자들의 연구 결과들이다. 일반 독자를 위한 읽기 쉬운 책으로 쓰자는 생각에 일일이 주석을 달지는 않았지만, 참고한 연구서와 논문들은 모두 책 뒤에 수록했다. 앞서서 하나하나 문제를 풀어가주신 여러 학자 여러분께 깊은 감사를 드린다.

이유립이 발행한 『커발한』은 장신 선생님과 '아기백곰' 님의 도움으로 구해볼 수 있었다. '환인' 글자에 얽힌 미스터리에 대해서는 하일식 선생님과 조경철 선생님의 도움을 받았다. 『환단고기』 재판본은 서영대 선생님의 도움으로 살펴볼 수 있었다. 『삼국유사』 순암수택본 사진은 Gim Soon 님이 제공해주셨다. 투라니즘에 대해서는 서혁준 님의 도움이 있었다. 특히 이글루스 블로거들에게 큰 도움을 받았다. 지금은 활동하지 않는 munbba 님을 비롯하여 경군 님, shaw 님, 환단위서 님, 야스페르츠 님, 을파소 님, 연성재거사 님, 진성당거사 님의 도움이 컸다. 이 모든 분들에게 감사함을 전한다. 언제나 격려해주신 조인성 선생님, 강인욱 선생님께도 감사를 드린다. 이 책을 내게 꼬드긴 역사비평사 정순구 대표님과 정말 꼼꼼하게 교정·교열을 해주신 정윤경 편집자께도 깊은 감사를 드린다. 유사역사학에 대한 서릿발 같은 비판의 글을 내놓고 있는 기경량 선생님, 안정준 선생님에게도 감사의 말을 전한다.

참고문헌
유사역사학과 역사학의 자료들

類似歷史學 批判

참고 도서 — 역사학 계열

강인욱, 『진실은 유물에 있다』, 샘터, 2017.

강종훈, 『한국 고대사 사료비판론』, 교육과학사, 2017.

강창일, 『근대 일본의 조선 침략과 대아시아주의』, 역사비평사, 2003.

고운기, 『도쿠가와가 사랑한 책』, 현암사, 2009.

권덕규, 『조선사』, 정음사, 1945.

김선자, 『만들어진 민족주의 — 황제 신화』, 책세상, 2007.

김인희, 『소호씨 이야기』, 물레, 2009.

김인희, 『치우, 오래된 역사병』, 푸른역사, 2017.

김성환, 『일제강점기 단군릉수축운동』, 경인문화사, 2009.

김현구, 『식민사학의 카르텔』, 이상, 2017.

Levy Mcload, *Korea and the Ten Lost Tribes of Israel*, Yokohama: Published for the author partly at C. Levy and the Sei Shi Bunsha Co., 1879.

로널드 프리츠, 이광일 역, 『사이비역사의 탄생』, 이론과실천, 2010.

로버트 이글스톤, 김원기 역, 『포스트모더니즘과 유대인 대학살의 부인』, 이제이북스, 2004.

로버트 T. 캐롤, 한기찬 역, 『회의주의자 사전』, 잎파랑출판사, 2007.

마거릿 맥밀런, 권민 역, 『역사 사용 설명서』, 공존, 2009.

마이클 셔머, 류운 역, 『왜 사람들은 이상한 것을 믿는가』, 바다출판사, 2007.

리지린, 『고조선 연구』, 과학원출판사, 1963.

박정희, 『국가와 혁명과 나』, 향문사, 1963.

박정희, 『우리 민족의 나갈 길 — 사회 재건의 이념』, 동아출판사, 1962.

브루스 링컨, 김윤성 외 역, 『신화 이론화하기』, 이학사, 2009.

심재훈, 『고대 중국에 빠져 한국사를 바라보다』, 푸른역사, 2016.

오구마 에이지, 조현설 역, 『일본 단일민족신화의 기원』, 소명출판, 2003.

유영인·이근철·조준희, 『근대 단군 운동의 재발견』, 아라, 2016.

윤종영, 『국사 교과서 파동』, 혜안, 1999.

이경란, 『일제하 금융조합 연구』, 혜안, 2002.

이광수, 『인도에서 온 허왕후, 그 만들어진 신화』, 푸른역사, 2017.

이광수·한형식, 『인도 수구 세력 난동사』, 나름북스, 2016.

이도학, 『꿈이 담긴 한국 고대사 노트』(하), 일지사, 1996.

이문영, 『만들어진 한국사』, 파란미디어, 2010.

이선근, 『한민족의 국난 극복사』, 휘문출판사, 1978.

이성시, 박경희 역, 『만들어진 고대』, 삼인, 2001.

임지현, 『근대의 국경 역사의 변경』, 휴머니스트, 2004.

전상진, 『음모론의 시대』, 문학과지성사, 2014.

젊은역사학자모임, 『한국고대사와 사이비역사학』, 역사비평사, 2017.

정재훈, 『돌궐유목제국사』, 사계절, 2016.

J. 스콧 버거슨, 주윤정·최세희 역, 『발칙한 한국학』, 이글리오, 2002.

중앙문화재연구원 엮음, 『낙랑 고고학 개론』, 진인진, 2014.

찰스 윈·아서 위긴스, 김용완 역, 『사이비 사이언스』, 이제이북스, 2003.

톰 니콜스, 정혜윤 역, 『전문가와 강적들』, 오르마, 2017.

한국고대사학회 편, 『우리 시대의 한국 고대사』 1·2권, 주류성, 2017.

한국정신문화연구원, 『한국 상고사의 제문제』, 한국정신문화연구원, 1987.

한홍구, 『대한민국사』 3, 한겨레출판사, 2005.

참고도서 ─ 유사역사학 계열

고준환, 『붉은 악마의 원조 치우천황』, 메트로신문사, 2002.

김산호, 『대쥬신제국사』 1~3, 동아출판사, 1994.

김세환 편저, 『국사광복의 횃불』, 국사찾기협의회후원회, 1985.

김종윤, 『한국인에게 역사는 있는가』, 책이있는마을, 2000.

문정창, 『군국 일본 조선 점령 36년사』 상, 백문당, 1965.

문정창, 『군국 일본 조선 강점 36년사』 중, 백문당, 1966.

문정창, 『군국 일본 조선 강점 36년사』 하, 백문당, 1967.

문정창, 『근세 일본의 조선 침탈사』, 백문당, 1964.

문정창, 『단군조선 사기 연구』, 백문당, 1966.

문정창, 『고조선사 연구』, 백문당, 1969.

문정창, 『조선농촌단체사』, 일본평론사, 1942.

문정창, 『한국농촌단체사』, 일조각, 1961.

문정창, 『한국-슈메르 이스라엘의 역사』, 백문당, 1978.

박창범, 『하늘에 새긴 우리 역사』, 김영사, 2002.

부사년, 정재서 역주, 『이하동서설』, 우리역사연구재단, 2011.

송호수, 『민족정통사상의 탐구』, 민족문화연구소, 1978.

송호수, 『한민족의 뿌리사상』, 인간연합, 1983.

양종현, 『백 년의 여정』, 상생출판, 2009.

안경전 역주, 『환단고기』, 상생출판, 2012.

안동준·임승국, 『한국고대사관견』, 경인문화사, 1978.

안호상, 『국학의 기본학』, 배영출판사, 1977.

안호상, 『나라역사 육천 년』, 한뿌리, 1987.

안호상, 『배달·동이는 동이 겨레와 동아 문화의 발상지』, 백악문화사, 1979.

안호상, 『배달의 종교와 철학과 역사』, 어문각, 1964.

안호상, 『우리의 취할 길』, 문화당, 1947.

안호상, 『일민주의 본바탕(일민주의의 본질)』, 일민주의연구원, 1950.

육군본부, 『통일과 웅비를 향한 겨레의 역사』, 육군본부, 1983.

육군본부 정훈감실, 『한민족의 용틀임 — 위대한 각성과 웅비』, 육군본부, 1983.

이덕일, 『고조선은 대륙의 지배자였다』, 역사의아침, 2006.

이덕일, 『매국의 역사학, 어디까지 왔나』, 만권당, 2015.

이덕일, 『우리 역사의 수수께끼』, 김영사, 2002.

이유립, 『세계문명동원론』, 단단학회, 1973.

이유립, 『커발한문화사상사』, 왕지사, 1976.

이유립, 『환단휘기』, 단단학회, 1971.

임승국 역주, 『한단고기』, 정신세계사, 1986.

최동,『滿蒙問題 ─ 朝鮮問題を通して見たる』, 1932.
최동,『조선상고민족사』, 동국문화사, 1966.

참고 논문 ─ 역사학 계열

강인욱, 「'벨레스서'로 본 러시아의 위서와 21세기 유라시아 역사분쟁」,『역사비평』118, 2017.

고송무, 「'람스테트'와 한국어 연구」,『한글』166, 한글학회, 1979.

공석구, 「중국역사지도집의 평양까지 연결된 진장성 고찰」,『선사와 고대』43, 2015.

공석구, 「秦 長城 東端인 樂浪郡 遂城縣의 위치문제」,『한국고대사연구』81, 한국고대사학회, 2016.

권재선, 「가림토에 대한 고찰」,『한글』224, 한글학회, 1994.

김광해, 「한글과 비슷한(?) 구자라트 문자」,『새국어소식』15, 한국어문진흥회, 1999.

김시덕, 「위서 비판에서 위서 연구로 ─ 일본 위서의 검토 및 한국 위서와의 비교」,『역사비평』118, 2017.

김정열, 「홍산 문화론 ─ 우하량 유적과 중국 초기 문명론을 중심으로」,『한국고대사연구』76, 2014.

김종곤, 「1960년대 '민족주의'의 재발견과 질곡 그리고 분화」,『진보평론』69, 2016.

김지연, 「전두환 정부의 국풍81 ─ 권위주의 정부의 문화적 자원 동원 과정」, 이화여자대학교 정치외교학과 석사논문, 2013.

김지형, 「1960~1970년대 박정희 통치 이념의 변용과 지속 ─ 민주주의와 반공주의 및 상호관계를 중심으로」,『민주주의와 인권』13, 전남대학교 5·18연구소, 2013.

김창규, 「부사년의 민족 문제 이해와 동북 인식」,『역사학보』193, 역사학회, 2007.

김한식, 「상고사 연구에 관련되는 문헌 비판」,『교수논총』36, 국방대학원, 2004.

박광용, 「대종교 관련 문헌에 위작 많다 ─『규원사화』와『환단고기』의 성격에 대한 재검토」,『역사비평』12, 1990.

박미라, 「근대 유교의 국조론 연구」,『한국사상과 문화』28, 한국사상문화학회, 2005.

박성현, 「박정희 정권의 '화랑도' 교육 — 내용의 연원과 관철의 방식」, 『역사와 현실』 96, 한국역사
연구회, 2015.

박인호, 「명·청대 중국 지리서에 나타난 대조선 역사지리 인식」, 『경북사학』 21, 경북사학회, 1998.

삿사 미츠아키(佐佐充昭), 「한말·일제시대 단군신앙운동의 전개」, 서울대학교 철학과 박사학위
논문, 2003.

연정은, 「안호상의 일민주의와 정치·교육 활동」, 『역사연구』 12, 역사학연구소, 2003.

오미일, 「1920년대 부르조아민족주의 계열의 협동조합론」, 『역사학보』 169, 역사학회, 2001.

유봉영, 「외구(外寇)와 감결(鑑訣) 소위 십승지지(十勝之地)」, 『백산학보』 8, 백산학회, 1970.

윤병석, 「한국사와 역사의식」, 『역사교육』 24, 1978.

은희녕, 「안호상의 국가지상주의와 '민주적 민족교육론'」, 『중앙사론』 43, 중앙대 중앙사학연구회,
2016.

이기원, "A study of solar eclipse records during the three kingdoms period in Korea", 『한국지구과학회지』
제29권 제5호, 2008.

이도학, 「재야사서 해제」, 『민족지성』 9, 1986.

이문영, 「『환단고기』의 성립 배경과 기원」, 『역사비평』 118, 2017.

이문영, 「1960~1970년대 유사역사학의 식민사학 프레임 창조와 그 확산」, 『역사문제연구』 39, 역
사문제연구소, 2018.

이병호, 「동북공정 전사 — 부사년의 『동북사강』 비판」, 『동북아역사논총』 20, 동북아역사재단,
2008.

이성규, 「고대 중국인이 본 한민족의 원류」, 『한국사시민강좌』 36, 일조각, 2005.

이신철, 「국사 교과서 정치도구화의 역사 — 이승만 박정희 독재정권을 중심으로」, 『역사교육』 97,
2006.

이유진, 「누가 왜 예를 말하는가」, 『동북아 활쏘기 신화와 중화주의 신화론 비판』, 동북아역사재단,
2010.

이형식, 「'조선 군인' 가네코 데이이치(金子定一)와 대아시아주의 운동」, 『역사와 담론』 84, 호서사
학회, 2017.

장신, 「유교 청년 이유립과 『환단고기』」, 『역사문제연구』 39, 역사문제연구소, 2018.

장신, 「일제말기 동근동조론의 대두와 내선일체론의 균열」, 『인문과학』 54, 성균관대학교 인문학연
구원, 2014.

장영주, 「『환단고기』 성립 과정 — 내용 변화를 중심으로」, 인하대학교 융합고고학과 석사학위논문, 2017.

정요근, 「박근혜 정부의 비호 아래 진행된 국수주의 유사 역사의 세력 확장」, 『내일을 여는 역사』 70, 2018.

정요근, 「청산되어야 할 적폐, 국수주의 유사역사학」, 『역사와 현실』 105, 한국역사연구회, 2017.

정태헌, 「'민주적 민족적 국민' 형성의 장정에서 본 '박정희 시대'」, 『역사문제연구』 9, 역사문제연구소, 2002.

조광, 「민족사관과 우리의 학문 — 한국사 연구에서 민족사관의 문제」, 『나라사랑』 114, 외솔회, 2008.

조경철, 「단군신화의 환인·환국 논쟁에 대한 판본 검토」, 『한국고대사탐구』 23, 한국고대사탐구학회, 2016.

조인성, 「재야사서 위서론 — 『단기고사』·『환단고기』·『규원사화』를 중심으로」, 『단군과 고조선사』, 사계절, 2000.

하일식, 「『삼국유사』 파른본과 임신본의 비교 검토」, 『동방학지』 162, 연세대학교 국학연구원, 2013.

홍승현, 「중국과 일본 학계의 연·진·한장성 연구와 추이」, 『동북아역사논총』 35, 동북아역사재단, 2012.

황병주, 「국민교육헌장과 박정희 체제의 지배담론」, 『역사문제연구』 15, 역사문제연구소, 2005.

후지이 다케시, 「조선민족청년단의 기원에 대한 재검토」, 『역사연구』 23, 2012.

참고 논문 — 유사역사학 계열

박성수, 「『환단고기』 탄생의 역사」, 『삼균주의연구논집』 3, 삼균학회, 2010.

박창범·라대일, 「단군조선시대 천문현상 기록의 과학적 검증」, 『한국상고사학보』 14, 1993.

박창범·라대일, 「삼국시대 천문현상 기록의 독자관측사실 검증」, 『한국과학사학회지』 16, 1994.

유철, 「『환단고기』 위서론의 발생과 최근 동향」, 『세계환단학회지』 5권 1호, 세계환단학회, 2018.

기타 — 잡지 및 언론 기사, 사전 등

권정선, 『음경』, 1906.

김용삼, 「金泳三 정부는 '風水정권'인가? — '日帝 쇠말뚝'을 찾아서…」, 『월간조선』 187, 조선일보사, 1995. 10.

김재중, 「이성을 마비시킨 집단최면의 주술, 쇠말뚝」, 월간 『말』 235, 2005. 12.

단단학회, 『커발한』.

박성수, 「민족의 무신, 치우천황」, 『한배달』 43, 1999.

송호수, 「천부경의 시원 탐구」, 『국조단군』 제2집, 1984.

안호상, 「히틀러, 아인스타인, 오이켄 제씨의 인상」, 『조광』 1938년 11월호.

안호상, 「학도호국대 결성의 의의」, 『조선교육』 3, 1949.

이기혁, 「이색논단: 한글의 비밀을 밝힌다 — 『해설』 히브리 문자 기원설을 계기로 본 훈민정음」, 『신동아』 1997년 5월호, 동아일보사.

이문영, 「환상적 민족주의에 젖은 '위대한 상고사'」, 『한겨레21』 1167호, 2017.

이정훈, 「환단고기의 진실」, 『신동아』 2007년 9월호, 동아일보사.

자유사, 『자유』.

최상수, 『한국민간전설집』, 통문관, 1958.

친일반민족행위진상규명위원회, 『친일반민족행위관계사료집 IX. 주요 친일단체(1937~1945)』, 친일반민족진상규명위원회, 2009.

한배달 편집부, 「민족사 정초의 선구 한암당 리유립」, 『한배달』 1995년 9월호.